Méditations Pascaliennes

Pierre Bourdieu

パスカル的省察

ブルデュー

加藤晴久訳

藤原書店

Pierre BOURDIEU

MÉDITATIONS PASCALIENNES

This book is published in Japan by arrangement with les Éditions du Seuil, Paris
through le Bureau des Copyrights Français, Tokyo.

パスカル的省察／目　次

序 論　7

I　スコラ的理性批判　23

内含《アンプリカシオン》と暗黙的なもの《ランプリシット》　24　スコラ的性向の両義性　28　スコラ的性向の生成　34　大きな抑圧　36　スコラ的自負心　46　根底的懐疑を根底化する　51　添え書き1　非個人的告白　56　添え書き2　歴史の忘却　72

II　スコラ的誤謬の三つの形態　87

スコラ的認識中心主義《エピステモサントリスム》　89　実践論理　95　スコラ的障壁　101　余談　わたしの批判者への批判　106　利己的普遍主義としてのモラリスム　113　純粋な快楽の不純な条件　124　理性の両義性　131　余談「純粋」思考の「習性的」限界　137　象徴的暴力の究極の形態　139　添え書き　アウクトールをいかに読むべきか？　141

III　理性の歴史的諸根拠　159

暴力と法　161　ノモスとイルーシオ　165　余談　サンス・コマン　167　制度化された視点　169　余談　権力の分化と正当化の回路　174　ある合理主義的歴史主義　180　科学的理性の二つの顔　184　界の検閲と科学的昇華作用　188　起源の想起《アナムネーシス》　194　反省性と二重の歴史化　200　普遍化の諸戦略の普遍性　206

IV　身体による認識　219

位相幾何学〔analysis situs〕　225　社会的空間　229　内含／理解〔La compréhension〕　231　スコラ的盲目についての余談　233　ハビトゥスと身体化　235　行動する論理　242　一致　249　二つの歴史の出会い　255　性向と位置の弁証法　263　ずれ、不一致、不調　270

V　象徴的暴力と政治闘争　281

リビドーとイルーシオ　282　身体による拘束　287　象徴的権力　294　二重の自然化とその効果　307　実践感覚と政治の仕事　312　二重の真理　321　ケーススタディ1　贈与の二重の真理　326　ケーススタディ2　労働の二重の真理　343　認識様式の認識　348

VI　社会的存在、時間、実存の意味　353

未・来への現存　357　「継起・相続の順序」　365　願望とチャンスのあいだの関係　369　余談　さらにいくつかのスコラ的捨象　373　ある社会的経験——未来のない者たち　377　時間の複数性　382　時間と権力　388　願望とチャンスのあいだの関係再論　393　自由の余地　397　正当化の問題　402　象徴資本　407

訳者あとがき　421

人名索引　438

パスカル的省察

凡例

一、本書は、Pierre Bourdieu, *Méditations Pascaliennes*, Éditions du Seuil, 1997. の全訳である。

二、原文でイタリック体になっている語句には傍点を振った。ただしルビを付した語句はその限りではない。

三、原著者による補足は〔 〕内に、訳者による補足は〔 〕内に記した。

四、フランス語原文の語句を示すことが有益と思われる場合には、訳語の後に（ ）内に併記した。

五、原著者が英語、ドイツ語、ギリシア語、ラテン語、アラビア語で示している語句については、訳語の後に（ ）内にそれぞれの言語でその語句を提示した。

六、注に言及されている文献のうち、ブルデューの著作で邦訳のあるものについては、そのレフェランスを記した。

七、注に言及されている文献には邦訳のあるものがかなりあるが、そのレフェランスは記さなかった。煩瑣にわたるのを避けるためである。また、翻訳にあたってそれら邦訳を参照しなかったからである。

序論

できれば哲学に任せておきたいと考えていたいくつかの問題をわたしが提起する気になったのは、問題提起をあれほど好む哲学がこれらの問題は提起しないでいたからである。また哲学は、とりわけ社会科学に関して、わたしには必須と思われない問題を問いかけることを止めないから――それでいながら、そうした問いかけの理由と、とくに原因（哲学的でないことが多い原因）をみずから問おうとしないから――である。わたしは学者的理性の（カント的な意味での）批判を、問いの作業が普段は触れないでおく点にまで、推し進めようと思った。そして、スコレー――すなわち、世界の緊急事と世界とに対する自由な、解き放たれた関係を可能にしてくれるところの、世界の緊急事から解き放たれた自由な時間――の状況のなかに書き込まれた諸前提を明示化しようと思った。こうした前提を哲学者たちは、考えることを仕事とする他の者たちと同じく、自分の実践に投入しているのだが、それだけでなく、これらの前提に（それらを分析するためよりは正当化するために）言説《ディスクール》の地位を与えたのである。

わたしは本書が、哲学が原因で到達することが難しくなっている諸真理に通じる道を拓くことを願っている。この企てを正当化するためにわたしは、あのヴィトゲンシュタインのように、哲学の第一の任務は幻想――とりわけ哲学的伝統が生産し再生産する幻想――を取り除くことである、と主張したために哲学者たちから哲学の敵と見なされかねない思想家たちの権威にすがることもできたであろう。しかしわたしは、いずれ納得してもらえることになるだろうさまざまな理由から、本書をパスカルの加護のもとに置くことにした。だいぶ前から、マルクスとの関係如何という、たいていは腹に一物ある質問を受けることがよくあったが、わたしはその度に、いろいろ考えてみると、また、どうしても類縁関係を探すとなれば、自分はむしろパスカル派だ、と答えるようになった。これはとくに、象徴的権力に関連することを考えてのことであった。パスカルとの親近性は象徴的権力をめぐってもっとも明白である。また、根拠づけの野心の拒否のような、パスカルの思想のあまり気付かれることのない他の側面を考えてのことでもあった。しかしわたしは何よりも（わたしの理解するかぎりでのことだが）「一般の人々」と「民衆の健全な意見」を尊重する彼の——一切の大衆迎合的素朴さとは無縁の——態度から教わることが多かったこと、そしてまた、そうした態度と不可分のことだが、常に「結果の理由」を探そうとする彼の意志から教わることが多かったことをパスカルに感謝している。「結果の理由」を探すとはつまり、一見、まったく辻褄の合わない、あるいは愚にも付かない（「終日ウサギを追い回す」といった）人間の行動について、（とかく「哲学者ぶろうとする」）、そして、普通の意見の空虚さに異常に驚いて見せて驚かそうとする「半可通」のように、そうした行動に憤激したり嘲笑したりするのでなく）、その存在理由《レーゾン・デートル》を探すことである。

「真の哲学は哲学を嗤う」というパスカルの言葉の正しさを確信していたわたしは、スコラ的世界の礼儀に妨げられて、彼のこの格言にそのまま従うことができないことをしばしば残念に思った。哲学の名においてしばしば行使される、しかもまず哲学者たち自身の上に行使される象徴的暴力に対抗して、この象徴的暴力の効果を抑止するためによく使われる武器（皮肉、模倣《パスティッシュ》、パロディ）を使ってみようかという気持ちに一度ならず駆られたことだった。ハイデガーのキッチュぶりをからかったトマス・ベルンハルトやドイツ観念論者たちの雲を掴むようなたわごとを嘲笑したエルフリーデ・イェリネクのような作家たちの自由闊達さ、あるいは、自分の制作活動そのもののなかで芸術信仰と芸術家信仰をくつがえすことを止めなかった、デュシャンからドヴォートゥールにいたる、芸術家たちの自由闊達さを心底うらやましく思ったものである。

哲学に、そして知識人の発言に、巨大かつ即時的な影響力を付与することの虚しさはショーペンハウアーが「ペダンティックな喜劇」と呼んだものの典型的なケースであるとわたしには思われる。芝居の中に登場して舞台の上で糞をする馬さながら、予期されていなかった行動をしてしまったときに陥る滑稽なみじめさのことである。ところで、「モダン」派にせよ「ポストモダン」派にせよ、わが哲学者たちがさまざまな対立を越えて共有しているものがあるとすれば、それはまさに言説の力に対する過度の信頼である。レクトール〔lector〕に典型的な幻想である。レクトールというのは、アカデミックな注釈を政治的行為と、あるいはテクスト批判を抵抗の行動と取り違える、そして、コトバの次元の革命をモノの次元の革命として生きる輩である。

偉大な英雄的役割への恍惚とした自己同一化の衝動を掻き立てるこの全能という夢に陥らないようにするには、どうすればよいのだろうか。わたしはなによりもまず、思考と思考の力の限界だけでなく、思考を行使する際の諸条件について考えを巡らすことが大切だと思う。社会的経験は地理的にも社会的にも必然的に部分的かつローカルで、社会世界の——そしてまた(援用される引証が往々にしてただ一つの学問分野と一国の伝統に限られるという閉鎖性が示しているように)知的世界の――いつも同じ小さな区域に局限された経験である。にもかかわらず、多くの思想家にそうした経験の限界を逸脱させてしまう諸条件について考えを巡らすことが大切である。世界の流れを注意深く観察すれば思想家はより謙虚になるはずである。というのも、知的権力というものは、社会秩序の内在的傾向の方向に行使されるときにこそ、もっとも大きな効力を発揮するのであるからである。また、その結果、世界の諸力の効果《エフェ》（これもまた知的権力をとおして発現する）が看過《オミッシオン》あるいは馴れ合い《コンプロミッシオン》によって議論の余地なく倍加するのであるからである。

わたしがここで述べること――長い間わたしはそれを理論的な事柄に関する実践感覚の暗黙性《アンプリシット》のうちに（すくなくとも部分的に）置いておこうと考えてきた――がひとりの人間の個別的な、そしてきわめて限定された経験に深く根を下ろすものであることは、わたしはよく分かっている。また、この世のさまざまな出来事が、あるいは大学人としての生活の諸般の事情が、人々の意識・無意識に深く影響するものであることもよく分かっている。わたしの述べることはそれによって特殊化、あるいは相対化することになるのだろうか。ポール・ロワイヤルの隠士たちが、終始、権威と服従について大きな関心を持っていたのは、また、彼らがこの権威と服従の原理を解明することに躍起になっていたのは、（とくに文化的な観点からすれば）非常に特権的な存在ではあったが、彼らがほとんどすべて法服貴族《ノブレス・ド・ローブ》というブルジョア的貴族に属していたからだという説がある。この法服貴族というのは、他の者たちから見ても彼ら自身にとっても、まだ武家貴族《ノブレス・デペ》とははっきり区別される社会カテゴリーであり、武家貴族の権柄ずくを苦々しく思っていたのである。貴族的諸価値と、権威（とくに称号の権威）の象徴的根拠とについて隠士たちが透徹した見方をしていたのは、彼らの不安定な位置――教会や国家の現世的権力に対して批判的な性向に傾かせる位置――に一因があるのかもしれない。しかしだからといって、彼らの明晰さが露にした真理の価値が失われることはない。

いかにも認識論的な問題提起の背後に宗教的あるいは政治的なモラリスムの残滓が隠れていることが少なくないが、これは排除しなければならない。思想の領域にはニーチェが言っているように処女懐胎は存在しない。かといって、原罪も存在しない。真理を発見した者が真理を発見することに利害関係《アンテレ》を持っていたと発見したからといって、真理発見の意義が低減するわけではない。「純粋」思考の奇跡を信ずることを好む人々は好むと好まざるとにかかわらず次のことを認めるべきである。それは、真理あるいは徳に対する愛は、他のすべての性向と同じく、その愛が形成された諸条件、すなわち社会的な位置と軌跡にかならず何らかのものを負っているということである。知的活動にはわれわれは多くの投資をするし、それゆえにこの知的活動は、パスカル言うところの「知ることの拒否」とか「真理の憎悪」とかがとくに強烈であり、また（しばしばルサンチマンという似非の倒錯した洞察力の形をとって）広く行き渡っている領域であるが、いずれにせよわたしは、知的活動を考える際には、ヴェールを剥ぐこと（これを告発として告発する向きもあるわけだが）に幾ばくかの個人的利害関係を持つのは悪いことではないと考えている。

だが、歴史諸科学の極度の脆弱さ（歴史諸科学が導入する相対化という危険に最初に晒されるのはまさしく当の歴史諸科学である）にも利点がないわけではない。第一に、まさにそれらを常に考察の対象とするという事実によって必然的に養われる、知的流行や虚飾の命令や誘惑に対する強い警戒心である。それにもまして、あれこれの直感あるいは先取り《アンティシパシオン》の起源となりえた衝動や反撥、義憤に加えた批判と検証、加工の作業、一言で言えば昇華の作業である。わたし自身その一員である世界を容赦なく検討に委ねる仕事をしていたとき、わたしは自分が必然的に自分の分析作業に晒されることを自覚しないわけにはいかなかった。また、自分に向け返されるかもしれぬ道具を提供していることを思い知ったのである。自業自得〔l'arroseur arrosé〕の譬えどおりとも言えようが、実はこれこそがわたしが集合的な企てとして考えている反省性《レフレクシビリテ》のもっとも効果的な在り方の一つなのである。

　プラトンの言葉だが「真面目に遊ぶ」ことができる境遇にある者たち（それは彼らの身分〔état〕が、そして今日では国家〔État〕が、そうする手だてを彼らに保証してくれるからなのだが）に与えられた特権がわたしの思考を方向づける、あるいは制約することがあり得ることをわたしは自覚していた。それゆえに、自分が持っていた徹底的に客観化的な《オブジェクティヴァン》認識手段に対して、わたし自身の自己認識の手段であることを、また何よりもまず「認識主体」としてのわたし自身の自己認識の手段であることを、いつも要求してきた。その点でわたしは、社会的に遠く離れた二つの世界でおこなった二つの研究から多くのことを学んだ。(1) わたしの生まれ故郷の村とパリの大学を対象としたこの二つの研究のおかげでわたしは、客観主義的観察者として、自分の主観性のもっとも奥深い領域を探査することができた。知的な世界を論議の対象とする場合、格別の寛大さと思いやりが求められ認められるのが普通である。しかしわたしは、そうした馴れ合いをいっさい排除した客観化の作業だけが思考のある種の限界、とくに特権から生じる限界を（それを乗り越えることをめざして）明らかにすることを可能にしてくれると確信している。

パスカル言うところの「大言壮語」に対して、断定的なテーゼ（大きな知的野心はよくこの体裁を取って現われる）を厳かに宣言することに対して、わたしはいつもある苛立ちを感じてきた。また、たぶんいくらかは、認識論的・理論的前提を長々と展開する嗜好に対する、また規範的著作家についての延々として終わることのない注釈に対する反発から、わたしは民族学者あるいは社会学者の職《メティエ》の作業のうちもっとももつつましいとみなされているもの、つまり直接的観察、面接調査、データのコーディング、統計分析といった作業を進んでおこなってきた。「フィールドワーク」を通過儀礼として絶対視したり、「データ」に対する実証主義的な物神崇拝に陥ったりするのとは無縁のところで、これらの作業は（付け加えておくが、これらは他の作業に勝るとも劣らぬくらい知的な作業である）、そのより質素でより実際的な内容からして、また、世界への脱出を可能にしてくれるがゆえに、スコラ的閉塞状況——職業上の必要から接する機会のあった、書斎や図書館で過ごす人々、講義や言論をもっぱらとする人々が囚われている閉塞状況——から逃れるためにわたしに与えられたチャンスであると感じていた。こうした次第で、わたしは、その気になれば、自分の書く一行一行に経験的研究の成果（その中にはわたしがその行を書いている時点から三〇年も前におこなった研究の成果もある）を参照させる注を付することもできたであろう。その度に十分な論拠を示すことなく、また、ときには唐突すぎると思われるかもしれない口調で、一般的命題を提起することがあったけれども、これらの命題はいずれも経験的研究の前提になったものであるか、経験的研究によって定立されたものであり、だからこそわたしとしてもそれらを提起することが許されると考えたわけなのである。(2)

社会学者は社会世界《モンド・ソシアル》の事象を語ること、それもできる限りあるがままに語ることを職務とする者という特殊性（特権ではない）を持っている。これ自体は当然のこと、陳腐なことでさえある。ところが社会学者をパラドクサルな立場、ときには苦しい立場に追いやるひとつの事実がある。それは彼を取り巻く人々が、社会世界を無視する、したがって社会世界について語ることのない者たち（断っておくが、芸術家や作家や科学者がそれぞれの仕事に没頭するのを非難する気はまったくない）であるか、あるいは社会世界に関心を寄せ、社会世界について（ときにはおおいに）語るのだが、社会世界をあまりよく知らない者たち（お墨付きの社会学者のなかにもこういう人々がいる）であるという事実である。よくあることなのだが、急に有名になってその気になったとか、知的ゲームの流行とモデルに引きずられたとかして、社会世界について語る仕儀にいたることがある。これが無知、無関心、あるいは侮蔑をもとにおこなわれると、あらゆる機会に社会世界について語る、しかし、あたかもそれについて語っているのではないかのように、あるいは、ひたすら社会世界を忘れるため、忘れさせるために語るのであるかのように、一言で言えば、社会世界を否認しながら、語ることになる。
かくて、自分の為すべきことをしているだけで、社会学者は集合的否認《デネガシオン》の魔法の輪を断ち切っていることになる。抑圧《ルフーレ》されたものを蘇らせることに努めることによって、知識の世界が（とりわけおのれ自身について）知ることを欲しないことを知ることに、また知らしめることに努めることによって、社会学者はゲームのからくりを明かす者とみなされる危険にさらされる。その結果、彼がそのためを思って働いた人々と袂を分かつことになる。自分が発見し明らかにしたこと、あるいは告白したこと（当然のことながら、告白というのはいささか陰険なものである。というのも告白の内容は告白をする者の同輩すべてに当てはまるものであるから）に対する感謝などは期待すべくもない。

社会的現実に関わるものすべてを抑圧しようとする傾向は思想の純粋かつ完全な世界に深く根を下ろしている。この抑圧《ルフールマン》とたたかおうとすれば、どんな目に合うことになるかをわたしはよく知っている。客観化の努力をその根拠からして拒絶する人々の、汚らわしいとでも言いたげな憤激に立ち向かわなければならないだろうことをよく弁えている。彼らは、「主体」の非還元性を振りかざして、あるいは主体は時間の中にどっぷり浸かっているがゆえに不断に変化し独自であるとして、「主体」を科学の対象に変換するいっさいの試みを、神的《ディヴァン》属性の簒奪であると主張する（キルケゴールはこの点では彼の多くの追随者たちよりもずっとはっきりしていて、『日記』のなかで「涜神行為《ブラスフェーム》」だと言っている）。あるいはまた、自分の例外性を確信しているために、「主体」を科学の対象に変換する試みのうちにある種の告発しか見ようとしない。そうした試みの対象（哲学、芸術、文学など）に対する「憎悪」に発する告発だというのである。

「創造」の社会的諸条件を想起させようとするのは唯一のもの《リュニーク》を類《ル・ジェネリック》に、個別的なもの《ル・サンギュリエ》を種《ラ・クラス》に還元する意志の表れだとすること。社会世界はもっとも「純粋な」思考、科学者や芸術家、作家の思考にも種々の拘束と限界を課すると認定するのは誹謗を旨とする輩の仕業だとすること。社会学者は決定論者だとさかんに非難されるが、その決定論とても、リベラリズムや社会主義、あるいはあれこれの美学的または政治的選好と同じく信念《クルワヤンス》の問題であるとすること、あるいは反対したり擁護したりするために自分の立場を表明すべき党派的問題だとすること。学問へのアンガージュマンは、社会学の場合、すべての知的「大義」（個別性と自由、侵犯と転覆、差異と異議、開放と多様などなど）に対する（ルサンチマンに発する）偏見であるとすること。これらはいずれもひとの気をそそる（そして利益をもたらす）選択肢である。

わたしはよく、わたしの仕事を「告発」だとする偽善的な告発に対してマラルメの事跡に倣わなかったのを悔いたものだった。「人前で、虚構《フィクシオン》の冒涜的な分解、したがって文学のメカニズムの冒涜的な分解をおこなって、主要な部品すなわち無をさらけ出す[3]」ことを拒否したマラルメは、この根本的な虚無を否認というやり方でのみ言表することによって、虚構と、ゲームへの集合的信仰とを救うことを選んだのであった。かといってわたしは、芸術や文学、科学、法学、哲学のように威信と神秘に包まれた社会的ゲーム、そしてもっとも普遍的かつ神聖であると広く認められている価値を担っている社会的ゲームのメカニズムを公に言表すべきかどうかについてのマラルメの回答に満足するわけにはいかなかった。秘密を守ると決めること、あるいはマラルメのように、しっかりとヴェールに覆われた形でのみ秘密を明かすと決めることもひとつの方法ではある。しかしそれは、少数の選ばれた者だけが、虚構と物神崇拝との謎の真実に迫るために必要なヒロイックに透徹した知性と意志的に高邁な精神を持つことができると決めつけることに等しい。

自分の仕事が数々の期待を裏切らざるをえないこと、「人間主義的な」確信や「芸術主義的な」信仰という検討抜きのドグマに挑戦せざるをえないことを自覚していたわたしはよく、そのような割の合わない役割——数世紀にわたる文学・芸術・哲学崇拝を継承した思考習慣や認識的利害、文化的信念の重さという途方もない社会的勢力に、理性的言説の武器だけをもって、たたかいを挑む役割——をそれと知りながら演ずることをわたしに強いる運命（あるいは論理）を呪ったものである。

この感情は、スコレーについて、またいま挙げたその他のことどもについて書いているあいだ、自分の言葉のブーメラン効果を感じざるをえなかっただけに、ますますわたしを束縛した。わたしは自分の企図の奇妙さをこれほどまで強く感じたことはなかった。いわばこれは、自己破壊的と思われるかもしれない否定的哲学《フィロゾフィ・ネガティヴ》なのではないか。他の仕事の場合には、危惧や不安を鎮めるために、ときには公然と、代書人の役を自分に与えて、わたし自身に、また、一緒の仕事に巻き込んだ人々に、これまで言われたことがない、しかし言われるに値することを言うことは間違いなく有益なことであると確信させることができた。しかし、ひとたびこの、言うなれば「公共奉仕《セルヴィス・ピュブリック》」的な任務を脇に置くことにすると、どんな正当化が残るであろうか？

わたしはいまだかつて、自分が知識人として存在することが正当化されると感じたことはない。本書においてもそうだが、わたしはいつも、自分の思考のなかでこの知識人というステイタスに結び付きうるすべてのものを、たとえば哲学的主知主義を、払いのけようとしてきた。わたしは自分のなかの知識人が好きになれない。わたしが書くもののなかに反主知主義が読み取れるとすれば、それはとりわけ、わたしの努力にもかかわらず、わたしのうちなる主知主義ないしは主知性の残滓（たとえば、わたしの自由には限界があるということをなかなか認めようとしない、知識人に典型的な傾向）に向けられている。

この予備的考察を終える前に、わたしは読者諸氏に、もっとも好意的な読者諸氏にも、わたしの仕事について、また、より一般的に社会科学について、諸氏が抱いているかもしれぬ先入見あるいは偏見は棚上げにしていただくことを求めたい。そうした先入見や偏見が存在するために、本書でも、わたしとしてはずっと前に解決したと考えている問題にもどらざるをえないことがあるかもしれない。しかしこの種の説明と、研究の（感知できないことが多い）進展が要求する再論議ないし繰り返しとを混同しないで欲しい。実はわたしはかなり誤解されてきたという感じを抱いている。たぶんそれは、ある程度までは、学校で教えられたことの漠然とした記憶に囚われている人々が、あるいは不幸にして売れっ子社会学者（残念ながら彼らは社会学について政治的かつジャーナリスティックなイメージを強化するばかりである）に目を奪われている人々が、社会学について持っている考えが原因であろう。社会学というパリア科学の地位の低さゆえに、視力の弱い人々は、自分は自分を超越するものを超越できると思いこむことになる。また、悪意のある人々は（「愛《シャリテ》の原理」の歴然とした侵犯に対してふつう加えられる処罰を蒙ることなしに）ことさら矮小化したイメージを作り出すことになる。こうした偏見はきわめて不当あるいは不適切であるとわたしには思える。というのも、わたしの仕事の一部は、社会世界の分析において通用していた多くの思考様式（政治的所属を越えて、いく世代にもわたって人々の頭脳を暗雲で曇らせてきた俗流マルクス主義の残滓をはじめとする）を覆すことであったからである。にもかかわらず、わたしが提起した分析とモデルはしばしば、まさにこれらの分析とモデルのなかでその無効が証明された思考カテゴリー（機械論／目的原因論、客観主義／主観主義、全体論《オリスム》／個人主義といった二元論的思考の定番である二者択一のような）をとおして捉えられることになったのである。

だがわたしは、自分にも原因があることを忘れていない。上手に説明することができないもどかしさ。あるいは説明することを潔《いさぎよ》しとしない気持ち。それにまた（とりわけ社会的事象に関しては）理解を妨げる要因は、ヴィトゲンシュタインが言っているように、知力の側にではなく、意志の側にあるのだという事実もある。自分の言っていることは完全に分かっていると思いつつ昔から述べていたことを本当に理解するために、どんなに時間がかかったか（たぶん、それはまだ終わっていない）、自分で驚くことがよくある。同じテーマを繰り返し取り上げ、同じ対象、同じ分析に何度も立ち返ることがあるが、それはいつも螺旋状に上昇する運動であって、いつもそれをつうじて、明示化《エクスプリシタシオン》と理解のより高次の段階に達することが可能になる。また、それまで気がつかなかった関係と隠されていた特性の発見が可能になるのである。「自分の著作の良し悪しを執筆中に判断することは不可能である。画家と同じようにしてみなければならない。離れたところから見てみるのである。しかし、あまり遠くてもいけない」(4)とパスカルが言っている。わたしもまたそれに倣って、自分の仕事の総体が(「執筆中に」気が付いた、そしてあまり近くから見ると拘泥してしまう不分明で曖昧な点は脇に置いて)一望できる地点を見つけようとした。わたしはどちらかと言えば物事を実践的な次元に留めておこうとする気質であるから、自分の仕事で活用した手続き〔modus operandi〕の原則と、そしてまた、わたしが不可避的に自分の科学的選択に投入した「人間」観とを明示化するために費やす時間と努力はけっして無駄ではないのだと、自分に言い聞かせることが必要だった。うまくできたかどうか、わたしには分からない。いずれにせよわたしは、社会世界以上に認識するのが難しい対象はそう多くないということを人々が確信するにいたるならば、社会世界はよりよく認識され、そして社会世界に関する言説はよりよく理解されることになるであろう、という確信を得ることができた。社会世界を認識するのは難しい。それは、社会世界はそれを分析することに努める人々の頭脳に取り憑いているからである。また社会世界は、一見いかにも卑近な事象——どんな研究者でもアクセスできる、メディアが扱う日常的通俗的な事象——の下に、人間とは何かという問題でわれわれが知ることを避けている事柄について、思いも寄らなかった啓示を隠しているからである。

注

（1）P. Bourdieu, *Le bal des célibataires, Crise de la société paysanne en Béarn*, Paris, Éditions du Seuil, « Points Essais » 2002〔邦訳『結婚戦略——家族と階級の再生産』丸山茂・小島宏・須田文明訳、藤原書店、二〇〇七年〕; *Homo academicus*, Paris, Éditions de Minuit, 1984.〔邦訳『ホモ・アカデミクス』石崎晴己・東松秀雄訳、藤原書店、一九九七年〕

（2）わたし自身の仕事、あるいは、わたしにとって有益であった他の研究者の仕事を参照文献として挙げるにあたっては、さらなる研究を推進しようとする人々にとって不可欠と思われる著作に限ることにした。その都度、関連する哲学者、民族学者、社会学者、歴史学者、経済学者、心理学者などの名前を数えあげることもできたし、またそうすべきであったかもしれない。あるいは参照文献をまったく挙げないこともできたかもしれない。迷ったあげくわたしが選んだ中間的な道は窮余の策に他ならない。

（3）S. Mallarmé, « La musique et les lettres », *Œuvres complètes*, éd. H. Mondor et G. Jean-Aubry, Paris, Gallimard, « Bibliothèque de la Pléiade », 1970, p.647.

　わたしはこのテクストについて、天使的な「不在の詩人」マラルメのこのテクストの敬虔なる司祭たち（彼らはこのテクストを見てみないふりをしている）を震えおののかせるような分析を試みた。P. Bourdieu, *Les Règles de l'art. Genèse et structure du champ littéraire*, Paris, Éditions du Seuil, 1992, p.380-384.〔邦訳『芸術の規則 II』石井洋二郎訳、藤原書店、一九九六年、一四八—一五三頁〕

（4）Pascal, *Pensées et Opuscules*, éd. Brunschvicg, Paris, Hachette, 1912, 114.

I　スコラ的理性批判

世界についてわれわれが考え語ることのなかに暗黙的なもの《ランプリシット》があるのは、われわれが世界のなかに取り込まれている《アンプリケ》からである。思考をこの暗示性《ランプリシット》から解き放つためには思考の自己回帰——通常、反省性という観念と結び付けられる自己回帰——をおこなうだけでは不十分である。われわれは自分の考えることのうちにさまざまな前提《プレスュポゼ》——われわれのいろいろな類縁・所属・関与《アンプリカシオン》に起因する前提——を持ち込むが、根底的な懐疑によってこれらの前提の作用を遮断することができると思うのは、思考の全能性という幻想に囚われている者のみである。無意識とは歴史である。われわれの思考カテゴリーを作り出した集合的歴史であり、また、それらの思考カテゴリーをわれわれに教え込む過程にほかならない個人的歴史である。たとえば、教育機関の社会史（いかにも通俗で、思想史や哲学史などでは問題にされることがない歴史）こそが、また、われわれがこれら教育機関と取り結ぶ個別的関係の歴史（忘れられたり抑圧されたりしている歴史）こそが、望むと望まないにかかわらず常にわれわれの思考を方向づける客観的・主観的諸構造（分類、階層、問題系など）について、真の啓示をもたらしてくれる。

内含《アンプリカシオン》と暗黙的なもの《ランプリシット》

意識の自己透明性という幻想を捨てなければならない。反省性について哲学者の間で広く認められている考え方（一部の社会学者にも受け容れられている考え方。たとえばアルヴィン・グールドナー。彼は、反省性の名において、個人的経験のあやふやな事実性についてみずから省みることを奨めている)[1]を断念しなければならない。そして、内観の批判という典型的に実証主義的な伝統を受け継いで、もっとも効果的な反省とは客観化の主体を客観化する反省であることを認めなければならない。つまり、認識主体がふつう自分自身に認める特権を彼から奪い去って、使用できる限りの客観化の手段(統計調査、民族学的観察、歴史的研究など)を駆使して、認識主体自身が認識対象の中に取り込まれていることに由来する諸前提を白日の下にさらすような反省である。[2]

これらの前提には三つの種類がある。もっとも表層的なものから始めると、まず、社会空間の中で占めている位置、その位置を占めるにいたった個別的軌跡、そして性別に関連する前提である(性別はいろいろな形で対象との関係に影響する。というのも性別による分業は社会的諸構造と認知的諸構造に刻み込まれていて、たとえば進路決定の際の学科選択などをも左右するからである)[3]。第二は、様々な界(宗教界、芸術界、哲学界、社会学界など)のそれぞれに固有のドクサを構成する前提である。より正確に言うと、個々の思想家が界の中で占めている位置に由来する前提である。そして第三に、スコレー、すなわち余暇と発生的な関係があるドクサを構成する前提である。このスコレーこそはすべての学術界の存在条件である。

たとえば「倫理的中立」が説かれるときによく言われることとは逆に、気付くのがいちばん難しいのは、そして抑制するのがいちばん難しいのは第一の種類の前提、とくに宗教的あるいは政治的偏見ではない。この種の前提は個人や社会カテゴリーの特殊性に結び付いている、つまり、個人によって、カテゴリーによって異なる。それゆえに、別の偏見ないし確信を持っている人々の利害に発する批判を免れるチャンスはきわめて少ないのである。

ある界への帰属と結び付いた歪み、また、その界を明確に定義するドクサへの（界の内部では全員一致の）帰依《アデジオン》と結び付いた歪み、となると事情が異なる。この場合、暗黙的《アンプリシット》なものとは、ゲームに巻き込まれているという事実に内含《アンプリケ》されているもののことである。つまり、イルーシオ——ゲームの重要さに対する、そしてゲームに賭けられている利害の価値に対する根底的な信念（その界への帰属と一体の信念）という意味でのイルーシオ——に内含《アンプリケ》されているもののことである。スコラ的世界に参入するということは、サンス・コマンの諸前提を棚上げにしたこと、また、まったく新しい、あるいは比較的新しい一連の諸前提にパラ＝ドクサルに帰依したことを意味する。また、それと相関して、通常の経験では知ることのできない、また理解することのできない争点《アンジュー》や喫緊の問題を発見したことを意味する。というのも、それぞれの界は固有の目的の追求によって特徴づけられているからである。この目的の追求が、それに必要とされる性向（たとえば知識リビドー）の持ち主を（そして彼らのみを）同じように絶対的な投資に駆り立てるのである。科学界、文学界、哲学界等のイルーシオを分け持つということは、ゲームそのものの論理から出てくるがゆえにゲームの真剣さを裏付ける争点を（ときにはこれを死活の問題とするほどまでに）真剣に受けとめることを意味する。たとえその争点が、いわゆる「門外漢」や他の界に参画している者たちには見て取れないことが、あるいは「無私」「無償」と見えることがあるとしても（さまざまな界の独立は界相互間のある種の断絶なしには保証されない)。

ある界固有の論理は固有のハビトゥスという形で、つまり、ふつう(「哲学」「文学」「芸術」……)「エスプリ(精神)」とか「センス(感覚)」として説明されるゲーム感覚(勘)、明示的に措定されたり強制されたりすることがけっしてないゲーム感覚という形で身体化されて成立する。界への参入と界固有のハビトゥスの獲得とが要求する原初的ハビトゥスからの転換(界のハビトゥスに対する距離によって大きかったり比較的小さかったりする転換)は少しずつ、つまり段階的、漸進的、微細に進行するものであるがゆえに、ほとんど自覚されることがない。

ある界のなかにいるということの含意が必然的に暗黙の状態にとどまるのは、この参入が熟考の上の意識的アンガージュマン、自由意志による契約といったものとは無縁のものであるからである。原始的投資には起源がない。なぜなら原始的投資は常に自己に先行するからである。また、われわれがゲームへの参入を熟考するときには、多かれ少なかれ賽はすでに投げられているからである。パスカルが言ったように、すでに「われわれは船出しているのである」からである。(天職に就く、何かに熱中する、信仰の道に入る、入党するなど、人生で根源的な投資をおこなう場合とおなじく)学者の生活、芸術家の生活に「アンガージュマン」することに決める、といった式の言い方をするのは、パスカルに倣って、賭けの論理で信ずることに決める、と言うのと同じくらい不条理なことである(実はパスカル自身そのことは先刻ご承知である)。神の存在に賭ける者は有限の投資をおこなって無限の利益を得るのだということを、うむを言わせぬ論理で証明すれば、非信者も信ずることに決めるにいたるだろうと期待するのは勝手だが、その前に、非信者はこの証明の論拠を受け容れるに十分なだけ理性というものを信じていると信じなければならないだろう。ところがパスカルがいみじくも言っているように、「われわれは精神であるのとおなじくらい自動機械である。説得のための手段が論証だけでないのはそのためである。論証された事柄のなんと少ないことか！証明が説得するのは精神だけである。慣習は万人が受け容れるもっとも強力な論拠を提供してくれる。慣習は自働機械に働きかける。すると自働機械が精神を知らぬ間に引っ張っていく(4)」。スコラ的生活を送る者はとかく忘れがちだが、パスカルが指摘しているのは、論理的に含意されているものと、「暴力も手練手管も理屈もなしにわれわれに物事を信じさせる習慣(5)」によって実際に結果するものとの間の違いである。信念は、科学の世界の基礎となっている信念でさえも、自働機械の領域、つまり、繰り返しパスカルが言っているように「理性《レーゾン》の知らない理由《レーゾン》を持っている」身体の領域に属する。

スコラ的性向の両義性

しかしながら、スコラ的性向がごく自然なものとして受け容れられている世界にどっぷりと浸かっている者が、その世界が要求するスコラ的性向を理解することはきわめてむずかしい。「純粋」思考が「純粋」思考の可能性の第一の、そしてもっとも決定的な社会的条件であるスコレーを思考することはきわめてむずかしい。状況の要請、経済的社会的必然による拘束、その必然が課す喫緊の問題、あるいはその必然が提起する目標を棚上げにしてしまうように仕向けるスコラ的性向についても同様である。『センスとセンシビリア』の中でオースティンが、ついでながらではあるが、「スコラ的見方」〔scholastic view〕に触れている。たとえば、ある語を状況と直接的に適合する意味で素直に理解したり使ったりするのではなく、直接的文脈に一切関わらせることなく、その語のありとあらゆる意味を網羅的に調べる姿勢だ、というのである(6)。

オースティンが挙げている例の含意を敷衍して次のように言うことができる。子どもに想像の世界の扉を開く「ごっこ遊び」ときわめて近い「あたかも……であるかのように」〔comme si／as if〕の姿勢は、ハンス・ファイヒンガーが『あたかもの哲学』で述べているように、すべての知的思弁――科学的仮説、「思考実験」、「可能世界」、「想像力の変奏」――を可能にする姿勢である(7)。あたかもの姿勢は理論的推測と精神的実験の遊戯世界に入るよう誘う。喫緊の事態が提起するからではなく、問題を解く喜びのために問題を措定するよう誘う。言語を、道具としてではなく、瞑想、愉悦、形式的探求、分析の対象として扱うよう誘う。

哲学の道に入り、「余暇の中で心静かに語る」者たちと、法廷で「水時計の水は止まらないがゆえに、いつもせかせかと話す」者たちを対立させる、あの規範とされる説で、スコレーはプラトンによって哲学的に神聖化されたわけだが(8)、オースティンは語源の示唆に従って「スコラ的視点」とスコレーを結び付けることをしなかった。そのため彼は世界についての、もっと正確に言えば言語や身体、時間、その他の思考対象についての、このきわめて特殊な見方の可能性の社会的諸条件の問題を提起しない。文脈と実践的目的に無関心なこの視線、言葉と物に対するよそよそしく差別的なこの関係を可能ならしめるのは、まさにスコレーに他ならないことを見て取れない。実践的な用務や関心事から自由なこの時間（学校――これもまたスコレーだ――が勉学に勤しむ余暇としてこの時間の特権的な形を提示している）は学業の前提条件である。また（スポーツや遊び、芸術作品の制作と鑑賞、また、それ自体以外の目的を持たないすべての形態の無償の思弁のように）直接的な必要から引き離された活動の前提条件である。（後に再論することにして、ここでは指摘するにとどめるが、「スコラ的見方」という直感のすべての含意を引き出すことをしなかったため、オースティンはスコレーとスコラ的「言語ゲーム」のうちに哲学的思考に典型的な多くの誤謬の起源を見て取ることができなかった。ヴィトゲンシュタインに続いて、また他の「日常言語の哲学者」たちとともにそれらの間違いを分析し取り除こうと努めたにもかかわらず。）

スコラ的状況（学校はその制度化された形態であるが）は、プラトンが哲学活動を説明するために言ったように、「アソブ」〔paizein〕と「マジメデアル」〔spoudazein〕の通常の対立を無視して「マジメニアソブ」〔spoudaiôs paizein〕ことができる社会的無重力の場所および時間である。ゲームの争点を真剣に受け止めることができる場所および空間である。日常生活の実践的問題にひたすら従事し専念している真面目な人々には無縁の問題を真剣に考えることができる場所と時間である。そして、スコラ的思考様式と、この様式を身につけ使用するための条件である生活様式との間の関係が見て取れないのは、ただ単に、その関係を見て取ることができるはずの人々が、水中の魚のように、彼らの性向を作り出した状況の中にいるからだけではない。それはまた、この状況の中で、この状況によって伝達されるものの多くの部分が状況自体の隠れた効果であるからである。

学習状況、とりわけ遊戯的で無償の作業、現実的（経済的）目標なしで「ごっこ」的におこなわれる授業は、それが明示的に伝達しようとしているものの他に、本質的なものを――つまりスコラ的性向と、社会的条件の中に刻み込まれている諸前提とを――おまけとして獲得する機会である。これらの諸前提を可能にした社会的条件とはすなわち生存条件であるわけだが、それはいわば否定的に、欠如として、したがって見えない形で作用する。なぜなら、それら社会的条件は本質的に否定的なものであるからである。たとえば実践的な喫緊事や目的が中性化されるというかたちで作用する。もっと具体的に言うと、労働と労働世界から、賃金によって報いられる真面目な活動から、ある一定期間引き離されるというかたちで作用する。あるいはもっと一般的に言うと、困窮あるいは明日の不確実性から生じる一切の否定的経験から多かれ少なかれ守られているというかたちで作用するのである。（ほとんど実験的と言える例証だが、高校の生徒である期間は、子供時代の遊戯的活動と成人の労働の間に宙づりになった時間である。かつてはブルジョアジーの子弟のために用意されていたこの時間はいま、労働者の家庭出身の多くの子どもたちにとって、かつて工場労働を受け容れるように仕向ける働きをしていた性向の再生産サイクルを切断する要因となっている。[9]）多主として学校体験をつうじて獲得されるスコラ的性向はそれが作動する条件が（就職等により）多かれ少なかれ消滅してしまった後も残存することがある。しかしスコラ的性向が完全に身に付くのは学問の界——とくに哲学界やその他の科学界のようにほぼ完全に学校的世界に局限されているために、この性向の十全な発達に好ましい条件が揃っている界——に参入することによってである。

　スコラ的性向（これは、すべてのスコラ的世界が要求する入「界」金であり、そこで卓越するために不可欠の条件である）に刻み込まれている諸前提は、哲学者たちのスコラ的惰眠を醒ますためにうってつけの撞着語法《オクシモール》でわたしがエピステーメ的ドクサと呼ぶものを構成している。ドクサとは明示的・意識的なドグマの形で言表される必要さえない根本的な信念の集合だが、パラドクサルなことだが、このドクサほどドグマ的なものはない。スコレーが育む「自由」かつ「純粋」な性向は（能動的あるいは受動的な）無知を伴っている。現実の世界で、より正確には国家《ポリス》と政治の領域で生起する事態についての（タレスとトラキア人の下女の逸話[10]が暴露している）無知だけでなく、要するにこの世に生存するとは何かについての無知を伴っている。スコラ的性向はまたとくに、この無知についての、また、この無知を可能にする経済的社会的条件についての、いかにも得意げな無知を伴っているのである。

　スコラ的界の自律性にはマイナスの側面がある。経済的断絶が助長する社会的断絶というコストである。一切の決定要因からの独立はみずから選択した自由として生きられるが、実は経済的社会的必要に対する実際の距離のなかで、また、その距離によって獲得され行使される（それゆえに、この独立なるものは性的・社会的ヒエラルキーのなかで特権的な位置を占めていることと緊密に関係している)。スコラ的世界とこの世界のすべての生産物——排他的特権のおかげで手に入れることができた普遍的成果——の根本的両義性は、生産の世界とのスコラ的断絶は自由をもたらす断絶であると同時に、大きな弊害をもたらす可能性がある切り離し、遮断でもあるという事実にもとづいている。経済的社会的必要を棚上げにすることによって自律的な界——自分だけの掟しか知らないし認めようとしない(パスカル的な意味での)「秩序」——が出現するが、他方でそれは、格別に目を光らせていない限り、スコラ的思考を、世界からの撤退が生む無自覚の諸前提、あるいは抑圧された諸前提の限界の中に閉じこめてしまう危険がある。

結論的に言えば、スコラ的世界にアクセスする者たちがスコラ的姿勢を独占しているわけではないが、しかし彼らだけがこのスコラ的姿勢という普遍的な人間学的可能性を完全に現実化できる立場にあることを認めざるをえない。この特権を自覚すれば、それを享受できないために自分の人間的可能性のすべてを実現する立場にない者たちを非人間、「野蛮」と断ずるような真似はしないはずである。また、スコラ的思考の出現のきわめて特殊な条件から来るこの思考の限界を忘れることもないはずである。スコラ的思考をその限界から解き放つためには、まさにこの限界を方法的に探究しなければならない。

スコラ的性向の生成

民族学と歴史学が立証していることだが、自然世界と社会世界に対する多様な性向、また世界を構築する人類学的に可能な多様な仕方——呪術的／技術的、情動的／合理的、実践的／理論的、道具的／美学的、真面目／遊戯的などの仕方——が出現する確率はきわめて不均等である。なぜかといえば、多様な社会において、それら性向や世界構築の仕方は、必然と直接的喫緊事に対する自由の程度（これはそれらの社会において利用可能な技術と経済的・文化的資源の状態によって左右される）に応じて、また、同じ社会の中では、社会空間において占める位置に応じて、不均等に奨励され報いられるからである。もっとも高貴であると見なされている実践の前提をなす、世界に対して超然とした、無償な、遊び的な関係を持つことができる人類学的可能性は、多様な社会の間で、また、分化した社会の内部の多様な社会階層の間で、偶然的に分布しているのではない、という仮説を裏付ける根拠はない。しかし、諸社会や諸階層内部でこの可能性が現実化しうる機会はきわめて不均等である。世界に対して呪術的態度を取る可能性についても同様である。五〇年代フランスの哲学者、たとえばサルトル（『情動論素描』の中でそのような体験を述べてはいるが）がこうした態度を取る確率はきわめて低い。それに対し、マリノフスキーが記述している三〇年代のトロブリアン諸島の男性あるいは女性ではおおいにありうる。前者の場合には、事故のようなもので、世界の呪術的な把握は危機的な状況が惹起した例外として現象するが、後者の場合においては、世界の呪術的把握は、生存条件の極度の不確実性と予知不可能性によって、また、これら条件に対する社会的に承認された回答によって、不断に奨励され支持されている。不確実かつ予知不可能な生存条件に対する回答の第一がまさに呪術である。呪術はつまり、集合的儀礼のうちに、また、人々の性向のうちに確立された、それゆえに当該社会の正常な人間の行動の正常な要因としての、世界に対する実践的関係なのである。

それゆえに、さまざまな種類の「世界構築」〔world-making〕を、それらを可能ならしめた経済的社会的条件に関連づけなければならない。つまり、カッシーラーの意味での「象徴形式の哲学」を象徴形式の差異的人類学に向けて乗り越えなければならない。言い換えれば、「思考形式」の社会的生成のデュルケームによる分析を継承して、社会的条件と歴史的状況に応じた世界に対する認知性向の変異を分析しなければならない。社会空間の底辺——経済的拘束の極度のきびしさを特徴とする底辺——から遠ざかるにつれて、不確実性は減少し、経済的社会的必然性の圧力は弱まる。その結果、より緩やかに定義された、つまりより自由に振る舞う余地を残した位置が、実践的喫緊事——解決すべき諸問題とか利用すべき機会——からより解放された、そしてスコラ的世界の暗黙の要請に予め調整された性向を獲得する可能性を提供してくれることになる。出自と結び付いた利点のうち、もっとも見て取りにくいのは、超然とした、執着しない性向——アーヴィング・ゴフマンが言う「役割（に対する）距離」がそのもっともよい例——である。これは必然性から相対的に解放されたごく初期の経験の中で獲得される。この性向は、それと連結する親から継承した文化資本とともに、学校へのアクセスと学業——とくに、ジル・フォコニエの言うさまざまな「メンタル・スペース」に、同時に、あるいは連続的に、関与する能力を要求するもっとも形式的な学業——での成功のために、したがって、最終的にはスコラ的世界への参入のために、決定的に有利に働く。

動物の場合も含めて、学習には必ず遊びが伴う（この遊びの余地は進化の段階が進むにつれてより大きくなる）。しかしながら、教え込むべき行動が（「真面目な遊び」と「無償の」練習という形で、実際的効用と直接的関連のない、危険な結果をもたらすことのない架空の模擬的行為という形で、それらが関与的である状況の外側で）遂行されるために必要な、ひじょうに特殊な諸条件が揃うのは、学校においてである。[11] 学校での学習は、それに伴う危険は最小限という条件のもとで解決策を探し試みる可能性が残されているなかで、現実の状況と同じく、さまざまな挑戦、試練、課題を（現実から直接的賞罰をこうむることなく）提起することができる。それゆえ学校での学習はまた、直接的に知覚された現実に対し距離を置く恒常的性向——そして大半の象徴的構築の前提条件である性向——を馴化によって獲得する機会となる。

大きな抑圧

しかしながらスコラ的性向は、象徴的生産のさまざまな界が自律性を獲得し、界として構成されるにいたった、したがってそれ自体形成過程にあった経済世界と自己を区別するにいたった分化の過程から、そのもっとも意味深い特徴を得ている。この過程は、ヨーロッパ社会が経済的なものの否認という前資本主義社会の土台をなしていたものを次第に克服し、実は古来常にヨーロッパ社会の指針であった経済的目標を、いわば自己告白のように、経済活動に対し明示的に認めるにいたった真の象徴的革命と不可分の過程である。

（哲学界は異論の余地なく、紀元前五世紀のギリシアにおいて、宗教界と、形成途上にあった政治界とに対し自律性を獲得することによって形成された最初のスコラ的界である。この自律化の過程と、固有の規則に従う議論の世界の成立との歴史は、類推的理性《レーゾン・アナロジック》（神話と儀礼の理性）から論理的理性《レーゾン・ロジック》（哲学の理性）への移行の過程の歴史と不可分である。論証の論理についての省察――はじめは（とくに類推《アナロジー》の検討を伴った）神話的な省察、ついで修辞的・論理的な省察――が、宗教的智恵の命令から解き放たれた、かといって学校による独占の拘束に支配されることのない対抗的な界の形成と同時に進行する。この界においては誰もが他のすべての者の聴衆になり、絶えず他者に注意を向け、他者の言うことによって決定される。この恒常的な向かい合いは次第にそれ自体を対象とするようになり、コミュニケーションと間主観的一致の規則の探求と不可分の、論理の規則の探求の中で進行する。

スコラ的世界のこの原型はスコラ的断絶のすべての特徴を理念型の形で提示している。たとえば神話と儀礼はあるひとつの実践論理（これはもはや人々に理解しにくいものになり始める）に従う実践的信仰行為であることをやめる。そして、公認の文化の解釈に多かれ少なかれ繊細な解釈を導入することをとおして、あるいは、ヘカテやプロメテウスの神話のような、それまで顧みられることのなかった神話を差異的に再導入することをとおして、理論的驚きと検討の対象、あるいは解釈学的競合の的になる。また、優秀さは教えることができるかどうかといった式の典型的にスコラ的な問題が現れてくる。ソフィスト派の第三世代と学校の制度化とともに無償の知的ゲーム、論争術《エリスティック》、そして論理的あるいは美学的形式を整えた言説そのものへの関心が現れてくる。

しかしながら、スコレーが学校として制度化したことの結果（「スコラ的」という形容詞の普通の、そして軽蔑的な、使い方が示しているような結果）が白日の下にさらされるのは中世になってから、たとえば哲学が生活様式であることをやめて、純粋に理論的・抽象的活動、専門家だけが使う技術的言語で綴られた言説になっていったときである。

ルネッサンス期のイタリアにおいて、長い衰退の後、スコラ的界が再び姿を現し、そこで宗教と科学、類推的理性と論理的理性、錬金術と化学、占星術と天文学、政治と社会学などの分化が進行する。そして最初の裂け目が現れ、拡大し続け、ついに科学界、文学界、芸術界が完全に分立するにいたる。(12) これらの界が哲学界に対して自律化の過程をたどるにつれて、哲学界は主要な対象を奪われ、他の界との関係、また、他の界が自己の対象について持っている認識との関係において、自己を再定義することをたえず迫られることになる。）

経済がそれとして形成されたのは生産活動と生産関係から象徴的な側面を奪い去るゆっくりとし

た進化を経た果てのことである。この進化の過程を経て経済は、固有の法則、利己的な計算と競争と搾取の法則によって支配される、区別された客観的な世界として、そしてまた、ずっと後のことだが、経済コスモスを生み出した社会的断絶と実践的抽象を（自らの対象構築の根幹に暗黙の内に書き込みつつ）記録する（「純粋」）経済理論として形成されたのである。それとは逆に、象徴的生産の様々な世界が閉じられ区別されたミクロコスモスとして形成されたのは、象徴的な生産行為と生産関係の経済的な側面を経済という下等な世界に抑圧する断絶によってのことである。こうしてようやく、全面的に象徴的な行動――純粋で（経済的経済の観点からの）利害を超越した、それに含まれる生産労働の部分を拒否ないし抑圧した行動――が展開されることになる。（だが、これら世界の自律化と「浄化」の過程は完了したわけではない。経済の場合は、いまだ象徴的な事実と効果に無視できない重要性を認めているし、象徴的活動の場合は、否認されてはいるが、依然として経済的次元を持っている。）

この二つの断絶を理解するためには、経済的な経済の発達に伴った多様な社会的変化のあれこれ――たとえば「実践的知の専門家」（技師、技術者、計理士、法律家、医師）の誕生、あるいは文学者という「同業集団」の出現――を考慮に入れるだけでは不十分である。「実践的知の専門家」は意味深い神秘的照応によって「ブルジョアジーの機関的知識人」の役割を演じる傾向性を持っていると『知識人の擁護』の中でサルトルが示唆している。[13] 文学者はといえば、彼らは文学共和国において彼らが確立した公共的・批判的討論の原則を政治問題に適用する傾向性を持っていると、「公共空間の構造転換」を分析するなかでハーバーマスが指摘している。(14) 実際には、これら新しい社会的行為者（彼らはそれぞれの分野で普遍《リュニヴェルセル》の創造に貢献するであろう、「啓蒙思想家」を介して彼らは普遍の代弁者になるであろう、と言うのは的外れだというわけではないけれども）がそうした歴史的役割を果たすことができたのは、彼らが相対的に自律した界に取り込まれていたからこそである。彼ら自身がその出現に貢献した界の必然性は彼ら自身にも及ぶのである。

新しい社会的行為者たちは実践的知識を商業的企業や国家に直接・間接に売ることによって直接的な物質的気懸りから次第に解放され、文化資本として機能する種々の能力《メリット》（はじめは学校で獲得された能力）を、彼らの仕事によって、また仕事のために、蓄積することができるようになった。こうして次第に彼らは、彼らのサービスを必要としていた経済的・政治的権力に対して彼らの個人的・集合的自律性を主張する傾向と力を強めるようになった（貴族に対してもそうである。生まれを拠りどころにする貴族に対して彼らは能力を、また、次第に天分《ドン》を自己正当化の根拠にしたのであった）。しかし逆にまた、形成されつつあった学術界の論理、つまり経済の世界と実践の世界との社会的断絶によって可能となった界内部の競争の論理が、過去の闘争の過程で蓄積された固有の資源を彼らが進める現在の闘争の中に絶えず動員することを彼らに強いることになった。その結果彼らは、体系化と合理化を促す社会的論理によって支配される諸ミクロコスモス固有の規則と規則性を作り出し、（法的、科学的、芸術的といった）さまざまな形態の合理性と普遍性を発達させることになったのである。

象徴的活動に作用する物質的要因を抑圧する——この抑圧の経過がよく見て取れるのは、芸術界の自律化過程の初期においてである。芸術家と庇護者が常に対決するなかで、絵を描く活動は徐々に固有の活動として自己を主張していく。費やした時間の長さと使用した絵の具の量で評価できるような単なる物質的生産労働に還元できない活動である、それゆえに、もっとも高貴な知的活動に認められる地位を要求することができる活動である、というのである。[15] このようにして絵画がその物質的存在可能条件を否認し純粋に象徴的な活動として自己を確立していく長く苦難に満ちた昇華の過程は、並行的に進行していた生産的労働と象徴的労働の分化の過程と明白な親近性を持っている。世界を芝居、見せ物として捉える、世界を遠く高いところから眺める、世界をただ認識するための全体として組織する資格が自分にはあると思えるような位置を提供する（たとえばスコラ的世界のような）世界が出現したことは、新しい性向の発達、いや、文字どおりの意味での世界観の発達を促したことは間違いない。最初の「科学的」地図のなかと同じく、ガリレイの世界表象あるいは絵画の遠近法のなかにも表現されることになる性向、ないし世界観である。

（最近『フランス教育思想史』を再読して、わたしがスコラ的と呼ぶ世界観を十六世紀の教養人たちが発見するにいたる過程を記述しているデュルケームの見事な一節に感嘆した。「十六世紀において、広く一般的に、いや少なくとも、文学をとおしてわれわれがその思想や感情を知ることができる教養ある人々の間では［……］、すべての制約と隷従から解き放たれた生活が実現しうる、いや実現しつつあると人々は考えたようである。人間の活動が功利一辺倒の目的に従属させられることのない、現実に適応するために杓子定規に型にはめられることのない生活、そうではなくて、人間の活動がまさにそれ自体が開花する喜びのために展開されるような生活、現実と現実の要求にかまけることなく、まさにその光景の輝かしさと美しさのために、人間の活動が展開されるような生活である。」ルネサンス期の人々が味わった「力と自律と独立と伸びやかな活動の感覚」、「生活の直接的必要と、子どもがその必要に対処することができるように予めしつける緊急性とを見失った」教育論のなかにとりわけ表現されている感覚を、デュルケームは新しい生活様式（これ自体、新しい生存条件と結び付いているわけだが）の出現と結び付けている。そして彼は、新しい生存条件から出てきた（ユマニスト派であれ学識派であれ）様々な教育論は、それらの違いを超えて、いずれも、「生活の苦難が存在しない特権的な貴族階級の子弟を対象にしている」ことを見抜いている。[16]）

歴史的に定義された形での遠近法こそは、間違いなく、スコラ的見方が完璧に現実化したものである。遠近法は唯一の固定した視点——したがってある（視）点に腰を据えた不動の見者の姿勢を取ること——を前提とする。また、厳格な不動の輪郭で視界を切り分け、見者を閉じ込め抽象化する額縁《フレーム》の使用を前提とする（視覚のモデルを構築するために、デカルト——よく知られているように彼は視覚と見なした直感をひじょうに重視している——が、『屈折光学論』のなかで、小さな「窓のように穿った穴」にはめ込んだ眼のたとえを使って説明しているのは意味深い。穴の内側の「暗室」のなかにいる観察者は「おそらく感嘆と喜びの念を持ってひとつの絵を見ることだろう。外にあるすべてのものを遠近法にしたがって忠実に表している絵を[17]」）。単一のこの視点は普遍的であると見なすこともできる。というのは、この視点に置かれたすべての「主観」は、ひとつの純粋なまなざしに還元された、したがって無差別で交換可能な身体であるわけであるが、カント的主観と同じく、客観的な同一のヴィジョン——パノフスキーが言っているように「主観的なものを客観化する作用の象徴的形態[18]」としての遠近法的表象作用によって客観化されるヴィジョン——を持つことを保証されているからである。

こうして遠近法はある視点、つまりそれについて視点を取ることができない視点——十五世紀イタリアのアルベルティ[19]がその絵画論で説いている額縁のように、それをとおして見る（per-spicere）、しかしそれを見ることはできないところのもの——を前提とする。この盲点を見るためには、パノフスキーがしているように、遠近法を歴史的遠近法に置いてみるほかない。しかし、このよそよそしく高慢なまなざし、「スコラ的まなざし」というこの真の歴史的創造物の社会的構築の過程を完全に理解するためには、この過程を、経済の領域と象徴の諸領域の分化に並行した世界に対する関係の諸々の変化と関連づける必要があるだろう。アーネスト・シャクターは、子どもの発達において直接的な快・不快に向けられた「近接感覚」（触覚と味覚）に対し、世界の客観的・能動的把握の基礎となる「距離感覚」（視覚と聴覚）が次第に優位を占めるにいたる過程を分析しているが[20]、これを応用して、遠近法に具現しているスコラ的見方の獲得は「近接感覚」に結び付いた快楽に対して距離を取ることと同時進行であったという仮説をたてることができるだろう（シャクターが専門としている個人の発達過程について見れば、幼児期と、幼児期の恥ずべきものとされた快楽とが次第に、環境によって強弱に差があるが、抑圧されるという形で進む変化である)。この仮説を裏付けるために、いくつかの歴史的観察を引用することもできよう。たとえばリュシアン・フェーヴルは、ラブレーについての著作のなかで、十六世紀の詩では嗅覚、味覚、触覚が優勢で、視覚に触れる表現は比較的稀であることを指摘している。また、バフチンは前近代の民衆の祭りにおいては身体とその諸機能が圧倒的な位置を占めていることを指摘している。[21]

目先の欲望を抑圧するという対価、あるいは目先の欲望の充足を(その日暮らしを強いられている凡庸な者たちに対する強い優越感を抱かせてくれる禁欲によって)延期するという対価を払った上のことだが、空間的な意味でも時間的な意味でも遠くを見る至高のまなざしはそれにふさわしい仕方で予見し行動する可能性を与えてくれる。こうしたまなざしを集団として、また個人として獲得したことは、大文明のいずれにも例のない[22]主知主義的な分離、(高等な)知性と(下等な)身体の分離を伴った。視覚と聴覚のような抽象的な感覚(これらに対応する芸術を考え合わせよう。「精神に関わるもの」とされる絵画。そして音楽。マックス・ヴェーバーが分析しているが、音楽の「理性化」は舞踊との分化とともに加速した)と、官能的な「感覚」との分離。[23]「純粋」芸術(つまり、遠近法とか色調体系のような抽象化の社会的過程と手続きによって浄化された芸術)の「純粋な」趣味と、カントの言う「舌と喉の趣味」との分離。要するに、すべての昇華の場であり、すべての気品の根拠である文化の領域に真の意味で属するものと、女性的で民衆的な自然の領域に属するものとの分離である。[24]魂と身体(あるいは悟性と感性)という基幹的な二項対立にこの上なく明白に具現している、これらの対立は経済世界と象徴生産の諸世界の社会的分離のなかに根を下ろしている。遠近法の視点は見える世界の多様性を秩序ある総合的統一（これが実現する条件は線遠近法によって定義される）に還元することによって世界を象徴的に所有する力を保証してくれるのだが、世界を象徴的に所有するこの力は、いわば目に見えないもの――つまり、スコラ的世界の出現と、その世界に相応する性向の獲得と行使の条件である社会的特権――を礎石としている。

このことは、レイモンド・ウィリアムズが分析しているような、十七世紀イギリスにおける自然公園の発明に実に見事に読み取れる。イギリスの田舎を農民のいない風景、つまり「自然なもの」の崇拝と曲線美の追求を基本とする美的鑑賞の対象として構成するこの新しい整備事業は開明的な農業ブルジョアジーの世界観に合致していたのである。彼らは直線による碁盤目農地を造成して農業経営を「改良」すると同時に、生産労働の一切の痕跡と生産者への一切の関連を除去した可視世界、「自然な」風景を創り出そうとしたのである。[25]

このように少し歴史を振り返っただけでも、象徴の領域を構成する原初的抑圧があらわになる。この抑圧は、その経済的・社会的条件の抑圧とともに、スコラ的性向のうちに持続する。（抑圧されたこれらの条件がたまたま顕在化する場面がある。たとえば美術館が要求する暗黙の資格を備えていない見学者が感じる当惑という形で。ゾラの『居酒屋』でジェルヴェーズの結婚式に連なった者たちがルーヴル美術館を訪れる場面はまさにそれで、一行の当惑ぶりが、文学的な様式化によって非現実化されているきらいがあるが、かなりリアルに描かれている。[26] スコラ的条件のなかで趣味を形成されることのなかった者たちが芸術的性向から生まれた作品に示す嫌悪感や、憤慨もその例である(27)。)

スコラ的自負心

長い自律化の過程を経て確立したスコラ的世界に(ときには生まれたときから)浸かっている者たちは世界と文化的所産についての考え方、自明性と自然性の刻印を押された考え方を可能にした例外的な歴史的・社会的条件を忘れてしまう傾向がある。スコラ的視点への恍惚とした帰依は天分にもとづく自然な選別という、学校エリート特有の感覚に根ざしている。叙任儀礼《リット・ダンスティテュシオン》として機能する教育と選抜の学校的手続きは、条件の差異(これは、学校的手続きが作り出し定着させる差異の条件である)を抑圧しつつ、選ばれる者と排除される者の間に魔法の境界を敷くという効果をもたらす(ただしこの効果はほとんど気付かれることがない)。この社会的に保証された差異、貴族の(官僚的)肩書きとおなじ価値を持つ学歴資格によって承認され証明された差異はまさしく、かつての自由人と奴隷の差異とおなじく、スコラ的貴族主義が思想家と(日常生活の些末事に心を奪われている)「普通人」との間に見出す「自然」的あるいは「本質」的差異(半ば冗談で「存在論的差異」と言うこともできよう)の根底をなしている。こうした貴族主義が広く受け容れられているのは、それがスコラ的世界の住人たちに非の打ち所のない「彼らの特権の神義論《テオディセ》」を提供してくれるからである。歴史の忘却、スコラ的理性の社会的可能条件の忘却――表面的な違いにもかかわらずカント的伝統の普遍主義的ヒューマニズムが「存在の忘却」の醒めた予言者たちと共有している忘却――を絶対的に正当化してくれるからである。[28]

彼らの間の哲学的な相異と政治的な対立にもかかわらず、多くの哲学者たちにとってハイデガーが、通常の世界に対して距離を取るという哲学者の要求を、価値のない卑俗な対象を扱う賤しい学問である社会科学に対する尊大な距離に結び付けて（ハイデガーが、一時彼の師であったリッケルト、また、ディルタイ、マックス・ヴェーバーら社会世界の思想家の仕事に文字どおり強迫観念を抱いていたことはよく知られている[29]）、哲学者という職業の自負心の保証人になったのはそうした事情からである。「通常の」現存在《ダーザイン》、あるいはもっと婉曲な言い方で、「ひと《ダス・マン》」という通常の状態にある現存在が「日常的な普通の周囲世界」〔alltägliche Um-und Mitwelt〕、つまり「ひと」の没個性的で無名の行動の場に対して持つ「非本来的な」関係の指摘は哲学的人間学――悪の追放儀礼、つまり社会的なものと社会学の追放儀礼に他ならない哲学的人間学――の核心（そしておそらくは根元）をなしている。[30]

「公衆《ル・ピュブリック》」、「公的時間《ル・タン・ピュブリック》」、「公衆の世界《ル・モンド・ピュブリック》」（「無駄話」が横行する場）に異を唱えることは、「非本来的な《イノータンティック》」生活という猥雑と、幻想と混同の場である人間的事象の卑俗な領域と、世論《オピニオン・ピュブリック》という意見とドクサの世界と、そしてまた、科学、とりわけ歴史諸科学と、哲学者は縁を切る、と宣言することである。「普遍的妥当性」〔Allgemeingültigkeit〕を備えた解釈に到達しようという、これら成り上がり科学の思いこみのうちに、哲学者は「有限性の隠匿」のもっとも巧妙な形を見てとる。歴史諸科学は、公の世界と公の時間を公に解釈することが可能であるという前提を暗黙のうちに受け容れている、公の世界と公の時間はいつでも、だれでも（交換可能な存在である公の人間、つまりダス・マンにも）解釈できると見なしている、というわけである。[31]

「本来的な」哲学者は「客観性」と「普遍性」を標榜することの「民主性」あるいは「平民性」を批判する（キケロはすでに平民哲学を告発していた）。「本来的な」哲学者は、彼によれば科学に内在的な主張、つまり真理はつまらない没個性的な人間にも到達できるという主張を斥ける。そして、スコレーの特権への臆面のない帰依に含意される貴族主義的諸前提をさらけ出し、フッサールみずからがすでに『ヨーロッパ諸学の危機と超越論的現象学[32]』で指摘していた、ポリス、つまり政治とドクサに対する哲学的軽蔑という長い伝統を今また正当化するのである。哲学者は「死に向けての存在」としての個別的な現存在の経験を過去に到達する唯一の「本来的」な道であるとする。そして過去の意味を開示する作業における歴史家の先入見 Vorgriffe の役割を犀利に見抜いている哲学者だけが、歴史諸科学の陳腐な方法では挫折するほかない領域で成功することができる、過去の原初的な意味を「本来的に」取り戻すことができる、と主張する。

ハイデガーは、手品に近い見事さで、社会科学固有の思考様式に頼って科学に対する、とくに社会科学に対する反合理主義的なたたかいを進める。というのも、合理性の規準が真理の（科学が制御できない）歴史性に依存していることを指摘することによって科学的思考の限界についての批判を展開しているからである。しかし同時に彼は、歴史諸科学に対して距離を取る。歴史諸科学は、特殊な世界像 Weltbild に結び付いていて、人間的な説明方法しか受け容れないから、人間的省察の限界と存在の不透明性を忘れる、というのである。有限的な実存の根本的な存在論だけがアナーキーに陥った歴史諸科学に新たな統一性を付与することができる、そうした存在論だけが、歴史諸科学の先入見の起源は（ディルタイやヴェーバーが信じているように）文化的価値のなかではなく、歴史家の本質的歴史性（この歴史性こそは過去の意味を開示する可能性の条件であり、これがなければ過去の意味は永久に隠されたままである）のなかにあるのだということを示すことができる、というのである。

ハイデガーはひじょうに活気のある、またひじょうによく哲学的に武装していた歴史諸科学（リッケルトやディルタイは、ましてやヴェーバーは歴史諸科学の限界を考察するためにハイデガーを待ってなどいなかった）と対峙していた。たぶんそのためだろう、また、たぶん彼の位置と軌跡がそれを促したのだろう、ハイデガーは、とくに初期の著作において、限界を持たない思考の思い上がり《ヒューブリス》のきわめて重い症候を示している。多くの無知といくつかの矛盾をさらけ出しながらハイデガーは哲学者がしばしば抱いている固い信念をきわめて断定的な口調で述べている。哲学者は歴史諸科学がおのれ自身について考えるよりもよく歴史諸科学について考えることができる、哲学者は諸歴史科学の対象について、また対象に対する関係についてより透徹した、より深い、より根底的な視点を取ることができる、哲学者は、純粋で孤高な省察だけを武器にして、集団的研究と科学の平民的な手段とが生み出すものよりも高等な認識を作り出すことができる、というのである。ハイデガーが言う科学の平民的な道具の象徴が統計学である（ダス・マンについての有名な箇所ではっきりと統計学に触れている）。統計学は、現存在《ダザイン》の根底的な独自性（もちろん、「本来的な」現存在のそれである。ダス・マンのそれなど、いったいだれが気にかけようか）を平均値の凡庸性のなかで無化してしまう、というわけである。

　同時代の社会科学に対するたたかいでハイデガーが展開したこうした戦略、とりわけ社会科学の成果を社会科学とたたかう武器にするという戦略は、一九六〇年代のフランス哲学の「前衛」によって再び採用された。あるいは再び作り出された。フランスの社会科学は、哲学の覇権主義的野心に対して自律性と固有性を確立するために、ときには哲学の地盤で、哲学と対決する必要があったために、デュルケーム以来、哲学の伝統のなかに深く根を下ろしていたが、六〇年代には、大学界において、また、知識界においてさえ、支配的な位置を占めるにいたっていた。レヴィ＝ストロース、デュメジル、ブローデル、あるいはラカンも含めて、「構造主義」というジャーナリスティックなレッテルで大雑把にくくられた人々の仕事がそのことを証している。当時のすべての哲学者は併合主義的な敵対関係のなかで社会科学との関連で自己定義をおこなわなければならない状況に置かれた。彼らは意識的あるいは無意識的に二面作戦を取り、ときには二股をかける者もいた（「アルケオロジー」「グラマトロジー」などのような「――ロジー」効果や、その他の科学めかした手管にたよって）。こうして彼らは、それでハイデガーの弟子になったわけでもなく、その必要もなかったのだが、社会科学に対してハイデガーが使ったのとよく似た乗り越え戦略を見つけたのである。

根底的懐疑を根底化する

自分の哲学者としての存在がかかっている哲学ゲーム、あるいはこのゲームへの（社会から認知されている）参加を（「アンチ・アカデミックなアカデミズム」がいつも興じてきた芝居がかった根底的な反乱ではなく）本当に問い直す危険を冒してはじめて哲学者は、みずからを哲学者と称しみずからを哲学者と考えることを彼らに許し、その根拠を与えるすべてのものに対して、また逆に、この社会的認知の代償として哲学者というポーズとポストに刻み込まれている前提に彼らを閉じ込めるすべてのものに対して真に自由になる条件をみずからに確保することができるであろう。常々、「哲学的」として指示されるものの社会的可能条件を明示化することをめざす批判だけが、それら条件のなかに含意されている「哲学的」効果の発現の仕組みを目に見えるものにしてくれる。そうした批判だけが、哲学という名の思考活動に専念することができる者たちの位置と性向に刻み込まれている諸前提から哲学的思考を解放する意図を完全に実現することができる。哲学者は自分をアトポス〔atopos〕、つまり場所のない、分類できないものと考えたがるが、実は皆と同じように、彼らも自分が理解しようとしている空間のなかに含まれているのであることを指摘するのは、彼らを貶めて喜ぶためではない。哲学者もまず社会空間のある場所に、そしてまた、スコラ的界というサブ空間のある場所に位置づけられているという事実に書き込まれている拘束と限界に対する自由の可能性を哲学者に提供するためである。

なぜ、いや、なんの権利があって、そのように哲学を「自由にする」「解放する」などと提唱するのか、と問う向きがあるかもしれない。それに対してわたしはまずこう答えたい。哲学を解放しなければならないのは、多くの場合、もっとも陳腐な社会科学観をそれと知らずに増幅しつつ、哲学が社会科学に浴びせる（反動的なとまでは言わないまでも）反射的な批判から社会科学を解放するためである、と。「ポストモダン」と言われる哲学者たちは社会科学の根底には「猜疑の哲学」があると主張するが、その「猜疑の哲学」を逆に振りかざして、社会科学がその定義からして標榜する科学的野心を、声を揃えて、告発する。彼らは科学的命題のうちに形を変えた命令しか見ようとしない。論理のうちに「精神に対する取り締り」しか見ようとしない。科学性の追求のうちに、服従心を植え付けるための単なる「真理効果」しか、あるいは権力意志に鼓吹されたヘゲモニー志向しか見ようとしない。挙げ句の果てに、どちらかと言えば統制に従わない学問である社会学を統制主義的な、権威主義的な、それどころか、全体主義的な、腹黒い警察的な学問に仕立て上げてしまう。そうすることによって彼らは、（彼らの自覚的な、また公に宣言された政治的立場と矛盾することになるにもかかわらず）唯心論的な（そして保守的な）思潮が人格の神聖なる価値と「主体」の不可侵の権利を掲げて、科学、とりわけ社会科学に対して浴びせ続けてきたもっとも蒙昧主義的な告発・糾弾に、哲学的・政治的に見栄えのする外観を与えているのである。

さらにまたわたしは、正常に形成された「哲学精神」には言語道断と思われようとも、確信している。哲学界固有の論理の分析ほど、また、おのれのスコラ的盲目に対する哲学者の盲目のゆえに哲学界で生み出され育成された、そしてある時期に「哲学的」と社会的に認知された性向と信条の分析ほど、哲学的な活動はない、と。ある界の論理とその界が誘導し前提とする性向との間の直接的一致ゆえに、その界が内包する恣意的なものは超時間的・普遍的自明性の外見の下に隠れる傾向がある。哲学界もこの法則を免れることはできない。それゆえに、社会学的批判はより根底的な固有の意味での哲学的批判を準備するだけの単なる前提ではない。社会学的批判は、ある場所で、ある時間に、哲学と見なされた社会的活動に暗黙のうちに組み込まれている哲学にかんする「哲学」の根幹に導くのである。

今日では哲学者はほとんど常にホモ・アカデミクスであるから、彼の「哲学精神」は大学界によって、また大学界向けに形成され、大学界が伝え教え込む特殊な哲学的伝統に浸っている。その伝統とはまず規範的な著者とテクストである（微妙きわまるランク付けをされたこれらの著者とテクストはもっとも「純粋な」思考に指針と目標を与える。この分野でも、成文あるいは不文の国定学習指導要領《プログラム》(33)が全国的に「プログラム化された」精神を作り出す）。第二は歴史的に形成された論議から生まれ、学校による再生産によって継承される諸問題である。第三は繰り返し唱えられる主要な対立である（アンチテーゼ的な二つの語の組み合わせの形に凝縮されたこれらの対立を「西欧形而上学の二項対立」といかにももったいぶって呼ぶ向きもあるが、現実はもっと卑俗で、他のすべての界と同様に、哲学界も二元的構造で組織化される傾向がある事実を示しているにすぎない。フランスの場合はとくに、認識論、科学哲学、論理学に連結する、科学に近い極と、その対象と表現形式で芸術と文学に近い、そして今日の「ポストモダニスム」のように美学と唯美主義に傾いた極との間の恒常的な対立である)。第四はいくつかの概念である(これらは、表面的な普遍性にもかかわらず、特定の位置と日付を持った意味場と切り離すことができない。また、この意味場をとおして、多くはある言語とある国の境界の内部に限られる闘争の場と切り離すことができない)。そして最後に理論である(学校が脱歴史化し脱現実化することによって理論の永続化をはかるわけだが、その形骸化した伝達の過程で理論は、程度の差はあるが、奇形化し硬直化する)。

哲学的活動の社会的条件を問う根底的懐疑こそが、哲学の世界(これにはこれで、それなりの常識《サンス・コマン》というものがある)のしきたりや慣例、馴れ合いに対して自由を保証してくれる、そして、スコラ的幻想を自覚することを阻止するために哲学の伝統が設置する防御装置(その枢要な部分を成すのがプラトンのスコレーと洞窟についての、また、ハイデガーのダス・マンについての名高いテクストである)を打破することを可能にしてくれる、とわたしは信じている。スコラ的幻想に根を下ろしている哲学に含意される哲学——大学界において(とくにフランスの大学界で)高い位置を占めていることに由来する自信あるいは覇権主義的野心が支え励ます哲学——はいくつかの共通の前提のなかに典型的に現れている。その前提とはまず、歴史の選択的忘却あるいは否認。同じことだが、一切の発生論的アプローチと真の歴史化の拒否(34)である。次に、他の科学を(理論的に)

根拠《フォンデ》づける、しかし他の科学によって（歴史的に）根拠づけられることはないという「根拠づけ《フォンドマン》」幻想（これは他の科学がおのれ自身に対して取ることができない視点を自分はそれら科学に対して取ることができるという思い込みから出ている）である。そして、客観化する主体を客観化することを（「還元主義」として）拒否する姿勢とその延長としての唯美的原理主義である。

スコラ的理性の批判にもとづく根底的懐疑はとりわけ、哲学の誤りはしばしばスコレーとスコラ的性向を共通の根として持つということを示す効果を持つであろう。かけがえのない同盟者である「日常言語の哲学者たち」がこれらの誤りからわれわれを解放しようとしてくれている。すぐに思い浮かぶいくつかの例を挙げるにとどめるが、ある語を理解し、その意味を学ぶということはある「観念」を凝視すること、あるいは、ある「内容」に狙いをさだめることを含んだ精神過程であるという幻想をヴィトゲンシュタインが批判している。われわれが青いものを見るとき、われわれは青の概念を意識しない、とムーアが指摘している。ライルは「それを知ること」〔knowing that〕と「いかにを知ること」〔knowing how〕を、（ゲームや言語等の）理論的知識と実際的知識を区別している。再びヴィトゲンシュタインだが、彼は、判断を述べることは言語を使用するひとつの可能な仕方にすぎない、I am in pain「痛い」はかならずしも断言ではなく、苦痛の表明でもあるかもしれない、と指摘している。ストローソンは、「文脈から相対的に独立した」文に注意を集中したと言って、論理学者を非難している。さらにトゥールミンは、蓋然性の表現の日常的使用と、科学的調査における確率論的言表の使用とを区別するように勧めている。これら日常言語の哲学者たちはいずれも、スコラ的「言語ゲーム」に属する思潮、それゆえに実践の論理（日常言語の探究はわれわれをここに導いてくれるはずである）を掩蔽してしまう怖れがある思潮を批判しているのである。

それはつまり（わたしはいつもそうしようとしてきたが）、以上のような哲学の類的諸傾向（これらの傾向は類的であって、あれこれの哲学者の個人的弱点とは関係ない、とオースティンが言っている）について、日常言語の哲学者たちが、また、とくにパースとデューイのようなプラグマティストたちがおこなった分析に依拠することによって、スコラ的理性の批判に全面的な一般性と妥当性を付与することができる、ということである。逆にまた、スコラ的位置とスコラ的性向の分析のうちに、哲学による言語の日常的使用と、それが生み出す錯誤の批判、また、スコラ的論理と実践の論理との間の乖離の批判を根底化し体系化する原理を見出すことができるであろう。実践の論理は、スコラ的世界で通用している社会的に中和され統御された言語使用よりは、非スコラ的な、日常的言語使用のなかによりよく表現されているはずである。

添え書き1　非個人的告白

一連のフランス哲学者たちは一世代にわたって彼らの特殊性を普遍性として全世界に認めさせてきたという特殊性を備えている。第一章では、その彼らの哲学的ハビトゥスを素描したわけだが、わたしの分析は徹底的客観化という点でいささか酷なものがあったかもしれない。そこを和らげるために、また、いたずらに反発を招かないためにも、わたしの哲学修業のあらましを回顧して反省性の実験を試みてみるのも無駄ではないかもしれない。尊敬すべき偉大な師との出会いとか、進路選択とからんだ知的選択とかいった、大学人の回想の灰色の背景をなす、いわゆる個人的な思い出を語るつもりはない。最近、「自分史《エゴ・イストワール》」なるタイトルを掲げて始められたシリーズ(35)は真の意味での反省的社会学とはほど遠いものとわたしには思われる。幸福な大学人（自分史などという綴り方を依頼されるのはこの種の人びとだけだ）は歴史を持たない。歴史のない生涯を方法なしに語るよう彼らに依頼するのはかならずしも彼らのためにならないし、歴史のためにもならない。

だからわたしは、わたし、この個としてのわたし、パスカルが「憎むべき」といったわたしについて語ることはほとんどしない。にもかかわらずわたしはわたしについて語ることを止めないであろうが、そのわたしとは非個人的なわたし——まさにその非個人性ゆえに、もっとも個人的な告白が触れようとしない、あるいは拒否する非個人的なわたし——である(36)。今日、逆説的だが、社会学者と社会分析が（そしてまた——それほどはっきりではないが、だから、より許容されているが——精神分析が）露わにするこの交換可能なわたしほど憎むべきものは他にないように思われている。ある種の文学的伝統がそのコードを確立したせいもあって、ルールにしたがってナルシシズムを交換する習わしが広まっているが、そうしたなかで、われわれが同じ社会的条件の産物である者たちと共有しているがゆえに普遍的と思いがちな「主体」なるものを客観化する努力は激しい抵抗にぶつかる。懐かしい昔を偲び合って悦に入ることを止め、共通の経験・信念・思考図式の集合的プライバシーを明示化しようとする者、つまり、自明的であるがゆえに気付かれずにいるがために、そして、意識に浮上してくると公表に値しないものとして抑圧されてしまうがために、もっとも正直な自叙伝にもほとんど常に不在であるあの考えられなかったもの l'impensé を明示化しようとする者は、読者のナルシシズムを傷つけることになりかねない。なぜなら、読者は、意に反して、代理人を介して、また、逆説的だが、その社会的人格において、この客観化の仕事を担う者と近いだけによけい残酷な仕方で、客観化されたと感じるからである。その結果としての意識の目覚めがもたらすカタルシス効果が、解放された笑い、また、解放する笑いという形で現れる場合もありうるけれども。

　これはわたしのする唯一の「告白」であるが、まず、こう言っておくべきであろう。一九五〇年代にわたしが抱いていた大学界・知識人界のイメージを——それがユニークなものであったなどという幻想とは無縁な様相で、そして、特異なものであったという幻想においてさえも平凡かつ普通のものであったという様相で——かなり忠実に再現する試みを今わたしがなしうるのは、わたしが奇跡を受けた献身者 oblat miraculé[37] の感激にそう長い間酔いしれていることができなかったからである。これはユニークではない（わたしは同じ経験を、『アデン・アラビア』へのサルトルの美しい序文をとおして、ニザンのうちに見いだした）が、かなり稀な経験であった。そのお陰でわたしは母校《アルママテール》の欺瞞的な誘惑に対して客観化の距離——普通、すぐれたインフォーマントを育てる距離

——を取ることができたのである。

「哲学ノルマリアン」〔normaliens philosophes〕というのは学校制度の中核・頂点に位置しているという事実に結びつく一連の特性を共有していた青年たち、しかしまた、彼ら相互は、とくにそれぞれの社会的軌跡による副次的差異によって分け隔てられていた青年たちであった。この特殊なカテゴリーの一員であったわたしの目に映った可能態の空間を、いま述べた経験に依拠して再構築してみようというわけである。『ホピ・サン』[38]の著者のように、自分の経験を人類学者に語る秘儀加入者《イニシエ》のごとく、一九五〇年前後、哲学者の部族に加入するための条件であった内的確信と心酔とも言うべき帰依を生み出す役割を担っていた叙任儀礼の概略を振り返ってみよう。そして、当時、ひとはなぜ、また、いかにして「哲学者」になったのか、を突き止めることにしよう（ついでだが、この「哲学者」という語は曖昧なので、それに便乗して、どんな哲学教師でもこの語の十全な意味での哲学者を気取ることができる。また、見習い「哲学者」である学生は、さまざまな曖昧な野心を抱き、桁外れな過剰投資をおこなう。もっと限定された、そして現実のチャンスにもっと直接的に適合した職業選択であれば、そのようなことはないのに——美術教師の志望者は自分を「芸術家《アルティスト》」とは考えない）。

全国学力コンクールからグランド・ゼコル入試準備学級までの過程で、優秀な生徒（とくに「奇跡を受けた生徒」）にエコル・ノルマルを選ばせる（エコルも彼らを選んだ）にいたる、そして、彼らをエリートとして構成した選別基準を認知させるにいたる選別メカニズムの全体をここで再び分析することはできない[39]。「哲学者」の「天職《ヴォカシオン》」が決まるにいたる論理もあまり違わないであろう。学科目間のヒエラルキーに従ってJ‐L・ファビアニが「至高の学科目」[40]と呼ぶ哲学を選択した（学業優秀であればことさらのこと）わけである（一九五〇年代まで、哲学の威信はすべての学科目を凌駕していた。高校の最終学年、また、グランド・ゼコル準備学級で、数学ではなく、哲学を選択することは、理系の学科の成績があまりよくないからという理由でおこなう否定的な選択というわけではなかった）。そうしたランク付けを好む性向とは無縁だと強弁する職業集団のご機嫌を損じるかもしれないが、この辺のことをもっとよく理解してもらうために言うと、哲学を選択するというのは、高級公務員採用試験でトップクラスの成績を収めた者たちが建設省鉱山局あるいは財務監督局を選択するのとあまり変わらなかった（機械的厳密さを持った比較ではないが）。聖別されたから「哲学者」になったのだし、「哲学者」という威信あるアイデンティティを獲得することによって自らを聖別したのである。

哲学の選択は身分的な自信の表れであり、これがまた身分的自信（いや傲慢）を強化したのである。時代背景がそれを助長していた。なにしろ、サルトルという人物像が知識人界の全域を支配し、文系のグランド・ゼコル準備学級にはハイデガーの『ヒューマニズムについての書簡』の宛名人であったジャン・ボーフレが君臨し、エコル・ノルマルの入試委員会にはモーリス・メルロ＝ポンティとウラジミール・ジャンケレヴィッチが名を連ねていた。そんな時代だったのだ。準備学級とエコル・ノルマルは知的生活のメッカであった。あるいは、そう見えたのである。

フランス流のもっとも高尚な知的野心は哲学という形をとるが、準備学級はこのような知的野心の生産装置の核心をなしていた。準備学級では、哲学・文学・歴史・古典語・外国語と幅広く多様な科目を教えていた。そして、カリキュラムの中核であったなんでもござれ de omni re scibili の論文作法《ディセルタシオン》を習得させることによって、自信（これは実は、おのれの無知に無自覚なゆえの意気軒昂にすぎなかったのだが）を植えつけることをめざしていた。戦後、サルトルが創始し広く認知させた全体的知識人 l'intellectuel total という人物像はそのような準備学級にうってつけのものだった。創意工夫をこらした修辞の万能性への信仰は哲学的即興を派手やかに演じてみせる先達によっていやがうえにもかき立てられるのであった。たとえばミシェル・アレクサンドル[41]である。アランの弟子だが、彼の講義は歴史の支えを欠いた思弁を旨とするもので、内容の空疎さを預言者的なポーズで補っていた。あるいはまた、ジャン・ボーフレ[42]。ハイデガー思想の奥義を説いて生徒たちの感嘆の的になっていた。（ボーフレは、実は、教職者貴族主義の規範的化身であり、アラン的な古い伝統と意外に近い存在である。五〇年前後の準備学級で教育された「哲学者」の多くがハイデガー崇拝とアレクサンドル賛美を連結していたのである）。

要するに準備学級は社会的に認知された学校「貴族」の身分的正当性が形成される場であった。同時に準備学級は高低の感覚を教え込んだ。「哲学者」たる者はもっとも高度な知的野心を抱かなければならない、ある種の学問、ある種の対象（とりわけ社会科学の専門家が扱う対象）に関心を持つような品位を汚す真似は許されない、という感覚である。一九四五年前後の準備学級で教育された哲学者たち（ドゥルーズやフーコーが顕著な例だが）が、一九六八年の衝撃があってはじめて、権力と政治の問題に取り組むようになった（それも高度に昇華された仕方で）ことを想起すればよい。

貴族は剣術が下手でも貴族である（それに対し、どんなに剣術に抜きんでていても貴族にはなれない）とエリアスが言っている[43]。それと同じで、社会的に認知された「哲学者」は非哲学者と本質の違いによって分け隔てられている（この本質の違いは能力の違いとはまったく無関係ということもありうるし、また、この能力の違いの定義も時代によって、それぞれの民族的伝統によって変わるのだが）。このようなカースト的威信の感覚はスポーツで言う狙い定めて打つという意味でのプレースメント〔placement〕、また、証券市場で言う投資という意味でのプレースメントの感覚を伴っている。この感覚はとりわけ、知的選好において発揮された。もっとも野心的な者は難解、晦渋な著作や哲学者と好んで取り組むわけである。フッサールやハイデガーのように、翻訳がないために実際上、手の出しようがない哲学者を選ぶ場合もあった（彼らの主要な著作が翻訳されたのは六〇年代になってから、つまり熱烈な崇拝が冷めてからである）。修士論文や博士論文のテーマや指導教官の選択も同様であった。可能態の空間についての現実的な知識が、より正確に言うと、教授たちのあいだのいろいろなヒエラルキー、彼らの関係をとおして予想されるさまざまな「現世的」また「精神的」将来のあいだのヒエラルキーについての勘が決めるのである。

ゲーム感覚という見方はシニシズムを排除してくれる。通常は（伝記においてさえ）暗黙の状態にとどまっているものを明示的なものにすることによって、分析はアカデミックな投資戦略についての目的論的で計算本位の見方を強化する。テルシテスの観点[44]（これは知識人に関する多くの論説の動機になっている）のうちに書き込まれていることが多いこの還元的な見方は、一見まったく異論の余地がないとして受け容れられる場合、すなわち知的・アカデミックな面での偉大な成功例について適用される場合にこそ、その誤りが明らかになる。実は、事情によく通じた者はよい選択をするために選択する必要はないのである。それこそが、彼らが選択される理由のひとつなのである。というのも、ゲーム感覚と一体をなす「知豊かな無知」〔docta ignorantia〕の奇妙な（全面的であると同時に距離を置いた、明敏であると同時に盲目的な）帰依があればこそ、立身出世主義の野心に根ざす計算とは無縁の「真の天職」が認知されるのが通例なのであるから（これで、わたしが自分の話をしているのでなく、支配的言説の調子と内容を伝えようとしているだけであることを理解していただけたであろう）。成功したイニシエーション、つまりカースト中のカーストである「哲学ノルマリアン」という部族への参入を可能にしたイニシエーションによって、「生まれのよい」者たちすべての主たる特権が保証される。つまり、ゲームへの、天性としか思えないほど直接的で全面的な適応である。かくて、この適応者はゲームが約束するもっとも希少な利益を獲得するために計算する必要がないという至高の特典を得ることになる。

しかしこのカーストは利害の連帯性とハビトゥスの親近性によって結ばれたメンバーから成るひとつの団体《コール》である。そして、これらの連帯的な利害と親近的なハビトゥスは（自分たちはまったく身体《コール》を持たない存在と確信している個人の集合にこの表現を適用するのは奇妙に思えるかもしれないが）ひとつの「団体精神《エスプリ・ド・コール》」と呼ぶべきものの土台をなしているのである。というのも、親密な敵対者どうしのそれとない抗争とか、テーマやアイデアのひそかな借用（自分の発明図式と似た発明図式の産物であるがゆえに、だれもがこれらのテーマやアイデアをごく素直に自分のものと信じ込むことができるのである）とか、暗黙の参照とか、親しい者どうしの小さなサークルのなかだけで理解しうる言及とかを可能ならしめる無意識をゆきわたらせ共有させることこそが加入儀礼《リット・ディニシアシオン》の機能の一つなのであるからである。六〇年代以降に書かれたものをこうした目で見てみれば、華々しく言挙げされた差異の装いの下に、問題やテーマや思考図式の根深い等質性を見いだすことだろう。究極的な一例を挙げておこう。理論的文脈の完全な変化がもたらした様変わりのために見て取れなくなっているが、デリダの「脱構築《デコンストリュクシオン》」のスローガンは前構築《プレコンストリュクシオン》との断絶——科学的対象の構築と一体の断絶——というバシュラールの（学校哲学のトピカになった）テーマのかなり自由なバリエーションである（このバシュラールのテーマは、哲学（とくにアルチュセール）と社会科学の「科学的」ないし「科学主義的」極において、同じ頃、演奏《シャン》された）。

七〇年代に哲学者たちはそれぞれの軌跡を辿って哲学界で対極的な位置を占めることになったのだが、その軌跡を生み出した差異は以上のような哲学者と哲学との場所とランクについての深い合意をもとに定義される。それはなによりも、界のそれ以前の状態に対してどのように自己を位置づけるか、そして、何をどのように継承・相続《スュクセッシオン》するかをめぐる差異であった。大学界において現実的権力を持つ位置を占めようとする者たちは連続性を選ぶ。知識人界（この界では継承者・相続者の地位は革命的反乱によってのみ獲得できる）において威信ある位置をめざす者たちは断絶を選ぶ。二つの世代間の関係の複雑さと、同じ世代のメンバー間の暗黙の親近性は、ジョルジュ・カンギレームがほとんどすべての者たちから尊崇されたことのうちに見てとれる。エコル・ノルマルでサルトル、アロンと同期であったが、地方の庶民出身という出自で彼らと異なっていたカンギレームは大学界で対極的な位置を占めていた者たちから等しく師と仰がれることになった。模範的なホモ・アカデミクスとしては（彼は長い間、中等教育視学総監を謹厳実直に勤め上げた）哲学教員集団を再生産し聖別する諸機関において、彼の位置とまったく相同の位置を占める教員たちにとってエンブレム的存在となった。他方、実存主義全盛期に真剣さと厳密性の異端的隠れ家となっていた科学史と認識論の伝統の擁護者として、カンギレームは（アルチュセール、フーコー、その他の数人のように）アカデミックな伝統の中核からより遠いところに位置していた哲学者たちから、ガストン・バシュラールとともに、思想の師として聖別されたのであった。それはまるで、彼の、大学界における、中心的であると同時にマイナーな位置と、その位置を占めるように彼を仕向けた、きわめて稀な、珍奇《エグゾティック》でさえある性向とが、支配的モデルと絶縁しようと考えていた、そして、彼の驥尾に付すことによって「目に見えないコレージュ」を結成しつつあった者たちのトーテム的エンブレムの役割を演じるよう彼を指名したのであるかのようであった。

実際には、サルトルの支配は哲学界全域に及ぶほど絶対的なものであったわけではない。流行としての実存主義、あるいはアカデミックな「実存主義」に抵抗することを考えていた者たち（わたしもそのひとりだった）はいくつかの被支配的潮流に拠点を見いだすことができた。ひとつには、科学史と密接に結ばれていた科学哲学である。エコル・ノルマル出身でコレージュ・ド・フランス教授であったマルシアル・ゲルーの『ライプニッツの力学と形而上学』と、やはりノルマル出身で、当時ソルボンヌの助手、『レ・タン・モデルヌ』に寄稿もしていた、そして後にゲルーの後任としてコレージュ・ド・フランス教授になったジュール・ヴュイユマンの『カントの自然学と形而上学』はこの潮流の「プロトタイプ」というべき著作であった。次に、ガストン・バシュラールと、ジョルジュ・カンギレーム、アレクサンドル・コイレが代表する科学認識論と科学史の潮流があった。庶民かつ地方の出身であるか、あるいはフランスとその伝統的アカデミズムと無縁で、その上、高等研究院〔École pratique des hautes études〕とかコレージ・ド・フランスのような周縁的な機関に所属していた、これらの哲学者は（エリック・ヴェーユもそのひとりに数えるべきであろう）マージナルで世俗的には被支配的な存在であり、支配的な哲学者たちの栄光の影に隠れて一般の人々の目に触れることはなかった。その彼らが、思想のすべての戦線に立ちはだかっていたサルトルという全体的知識人のイメージに（幻惑され、また同時に反発しつつ）理由はいろいろだが反攻しようと志していた者たちの拠りどころとなったのである。

真剣さと厳密性にこだわった者たちはそのおかげで浮薄な時流に棹さすような真似はせずに済んだ（一部の哲学教師たちは、自分ではほとんど読んでもいないハイデガーをサルトルに対置させたりしたが)。そして、実存主義——「体験《ル・ヴェキュ》」なるものの文学的でいささかお目出たい賛美に還元されてしまうことの多かった実存主義——の「安易さ」へのもうひとつの解毒薬として、フッサール(ポール・リクールやガストン・バシュラールの娘で科学史家のシュザンヌ・バシュラールが翻訳した)や、現象学を厳密科学として構想する傾向のもっとも強かった現象学者たち(モーリス・メルロ＝ポンティのように。メルロ＝ポンティは人間諸科学への回路を提供してもいた)を読むことになった。このような文脈でジョルジュ・バタイユとエリック・ヴェーユ(この二人は、哲学界の被支配的極に目を向けていた者たちの間の副次的対立の二つの極のエンブレム的存在であった)を主幹とする雑誌『クリティック』がまた、国際的・学際的な文化への道を開き、すべてのエリート校が発揮する閉鎖効果を免れることを可能にしてくれていた。(以上、当時のわたしの目に映った哲学的可能態の空間を記述したわけだが、読者はここに、二十歳のわたしの、しばしば熱烈な、そして今なお冷めていない、あれこれの人々への賛嘆の念が、そしてまた、大学界と哲学についてのわたしなりの見方が形成される原点となった視点が表現されているのを読み取ったことであろう。)

こうして、哲学における反実存主義革命の主導者の一部が拠り処とした五〇年代の被支配的哲学者たちを考慮に入れるか入れないかによって、五〇年代と七〇年代を連続性として描き出すことも、断絶として描き出すこともできる。しかし(たぶん、実存主義の大物たちの、とりわけ科学に関する、高飛車な言挙げに対して皮肉な表現を自分の著作のなかにちりばめたバシュラールを除いて)五〇年代の被支配的哲学者たちは、実生活においても著作においても、支配的哲学者モデルへの服従のさまざまな徴候を示していた。それと同様に、七〇年代の新たな支配的哲学者たちは、全体的哲学者の支配の根拠に対して彼らが企てた革命をとことん推し進めることはしなかった。彼らの、アカデミズムのくびきからもっとも解放されているはずの仕事でさえ、制度の客観的構造のなかに、また、認識構造のなかに書き込まれているヒエラルキーの痕跡をなお留めている。制度面では、たとえば、もっとも野心的な、もっとも独創的な、もっとも「華麗《ブリヤン》な」所説を展開する場である主論文 la grande thèse と、かつてはラテン語で書かれた、地味な考証、あるいは人間科学の問題に宛てられる副論文 la petite thèse の対立である。認識構造では、理論的なものと経験的なもの、一般的なものと専門的なものの対立である。

社会科学に対して距離を保とう、明確に画そうとする姿勢（これは社会科学が彼らのヘゲモニーを脅かしつつあっただけに、また、彼らが目立たない形で社会科学の成果を取り込んでいただけにより強く表明されたのだが）はおそらく、七〇年代の哲学者が進めつつあった素朴でお人好しな人格主義ヒューマニズムとの断絶が（デュルケーム派）社会科学がすでに世紀初頭から提唱していた「主体なき哲学」に彼らを送り返したに過ぎないことを、彼らと彼らの読者に見てとれなくする役割を果たした。その結果、人間諸科学の客観主義的哲学の「全体主義的」覇権に対して三〇年代から戦後初期にかけて立ち上がった（サルトルや『歴史哲学序説』の初期アロンのような）「実存主義者たち」に対抗して六〇年代に「主体なき哲学」を提唱した彼ら自身に対して、八〇年代の小論争家たちが「主体の回帰」を説いて流行の振り子を振り戻そうとするにいたった、という次第である。
あの時代、あの場所の（そしてたぶん、すべての時代、すべての国の）哲学世界のもっとも重要な、しかしもっとも見えにくい特性とわたしに思われるものを指摘しておかなければ、この非個人的な告白を閉じることができない。その特性とはすなわちスコラ的閉塞である。これは、オクスフォードやケンブリッジ、イェールやハーヴァード、ハイデルベルクやゲッチンゲンなど、他の世界に冠たる学府にも共通するのであろうが、おそらくは、それにもましてエコル・ノルマル（と準備学級《カーニュ》）において、そのもっとも典型的な形を示していると思われる。近年のアメリカのキャンパス・ラディカリズムを生み出したメッセージの発信者であるフランス哲学者の多くが五〇年前後に学んだ、現実世界の有為転変から隔絶した閉ざされた世界の特権は、あのテレームの僧院として、おおいに称揚されたものであった。(45)

（これはおそらく偶然ではない。アメリカの大学、とりわけもっとも名門でもっとも難関の大学はまさに制度化した余暇《スコレー》である。ニューヨークやフィラデルフィアから完全に孤立したプリンストン大学のように、大都会の外、また遠くに位置していることが多い、あるいはケンブリッジのハーヴァード大学のように生活臭のない郊外《サバーブ》に位置する、あるいはまた、都市のなかにある場合には、ニューヘヴンのイェール大学、ハーレム周辺のコロンビア大学、巨大なゲットーの周縁のシカゴ大学のように、多くの場合、大学が独自に組織する強大な警察力によって保護され、一般社会から完全に隔離された大学は、たとえばキャンパス内の出来事を伝える学生新聞を持つといったふうに、固有の文化的・芸術的生活を（政治的生活さえも）持っている。そしてこれが、俗塵を避けた勤勉な雰囲気とあいまって教員と学生たちを時事問題と政治から孤立させているのである。いずれにせよ政治は地理的にも社会的にもはるか彼方のことで、とっかかりようのないものと知覚されている。理念型的な例は「ポストモダン」運動のメッカ、カリフォルニア大学サンタクルーズ校である。森の中に分散し、インターネットだけで結ばれているカレッジの群島であるこの大学は富裕な年金生活者のための海浜リゾート地の近くの、産業とは無縁の丘の上に六〇年代に建設された。労働と搾取の一切の痕跡が消し去られた、小さな社会的・コミュニケーション的パラダイスに暮らしたら、誰もが、資本主義は「シニフィエから遊離したシニフィアンの流れ《フロー》」のなかに融解した、世界は「サイボーグ」、「サイバネティックス・オーガニズム」が住んでいるところ、「支配の情報科学《インフォーマティックス・オブ・ドミネーション》」の時代が始まった、と思うだろう。）

　学校による選抜の効果と、社会的に同質な集団の長期にわたる共生の効果とによって倍加したスコラ的閉塞の効果は、不可避的に、世界に対する社会的・精神的距離をつくりだす。パラドクサルなことだが、この距離がもっともよく露わになるのは、現実世界にもどるための、ややもすれば悲壮で長続きしない企て——とくに（スターリン主義、毛沢東主義など）政治的アンガージュマンによる企て——の形においてである。そうした行動の無責任なユートピア主義と非現実主義的な急進性が、それらのアンガージマンが依然として社会世界の現実を否認するもうひとつの仕方であることを証明している。

わたしは哲学に対して少しずつ距離を置くようになったが、それはおそらく僥倖と呼ばれるもの、とくに、強いられてアルジェリアに滞在したことに負っている。あまり深く詮索することをしなければ、わたしの、まず「民族学者」としての、次いで「社会学者」としての「天命《ヴォカシオン》」の根元にあるのはアルジェリア体験だと言えるであろう。しかしながら、もし、哲学ゲーム（そのもっとも厳格・厳密な形態に対しては未練を感じてはいたが）に対してずっと前から満たされない思いを強く抱いていたのでなかったならば、目の前の現実を理解せよ・証言せよとの内なる声に応じることはなかったであろう。いずれにせよ、結局はわたしもまた打ち明け話をするのか、という仕儀にならないように、ヴィトゲンシュタインの書簡の一節を引用して締めくくることにしよう。ヴィトゲンシュタインの見事な解読者であるジャック・ヴーヴレスが教えてくれたのだか、哲学に対するわたしの気持ちのかなりの部分を代弁してくれている。

「哲学を学ぶことが何の役に立つのでしょうか？　もし、哲学があなたのためにしてくれることが、論理学の晦渋な問題のいくつかについて多少もっともらしく話すことができるようにしてくれることだけであるならば。もし、毎日の生活で大切な問題についてあなたの考え方を改良してくれるのでないならば。もし、ジャーナリストたちが彼ら自身のために使う危険な表現を用いる際に彼ら以上に自覚的になるようにしてくれるのでないならば(46)。」

添え書き2　歴史の忘却

『諸学部の争い』の冒頭でカントは、その権威を現世的諸権力から直接保証され管理されている「上級学部」である神学部、法学部、医学部と違って、数学、哲学、歴史学などからなる「下級学部」は「学者集団の固有の理性」以外に根拠を持たない、と述べている。一切の現世的権力の委託を拒否された哲学はかくて歴史的必然を理論的利点にすることを余儀なくされた。社会的理性＝理由《レーゾン》に根拠を置くことは認めてもらえるはずがないのだから、これは拒否して、ミュンヒハウゼン男爵[47]も顔負けの理論的軽業を演じて、みずからを（純粋）理性の上に根拠づけようとしたわけである。そして、哲学の目からみて、つまり理性の目から見て、唯一価値のある根拠を他の学問――哀れにも自分に根拠が欠けていることをご存知ない諸学問――にも提供しようとしたのである。

発生過程《ジュネーズ》を考えることの拒否、何よりも思想の発生過程を考えることの拒否は、哲学者たちがほぼ例外なく社会科学に抵抗する際の主要な原則のひとつである。社会科学が哲学という制度を、それとともに、まさに「主体」そのものである哲学者自身を対象にしようものなら、またそうすることで、哲学者がみずからに認めている、そして組織的に防衛しようとしている社会的治外法権の地位を哲学者に拒否しようものなら、この、思想の発生を考えることの拒否はいっそう亢進する。哲学的諸概念あるいは諸体系の歴史を哲学界の社会史に関連づけようとする哲学の社会史は、思想行為——その発生の偶然的で些末な事情に還元することはできないとされている思想行為——をまさにその本質において否定するものと見えるからである。

哲学史を歴史科学から切り離し、その独占権を防衛することに心を砕く哲学教の司祭たちは、正典《テクスト・カノニック》を、それが正典化された歴史的過程を忘却することで永遠化したうえで、脱歴史化的読解に委ねる。こうして、哲学的言説はいかなる社会的決定にも還元することはできないという信仰を明言する必要もなく、テクストを、それが生産された界に、またその界をとおしてひとつの歴史的社会につなぐ要因をすべて括弧にくくってしまうのである。

哲学の著作を脱歴史化することで絶対化する意図は、それぞれがこれこそ唯一無二の真理と主張して真理の排他的保持を誇示する複数の哲学的ヴィジョンが存在するという矛盾——哲学教育が始まったときからある矛盾——を解決するさまざまなやり方のうちに歴然と表明されている。絶えず新しい装いをまといつつも常に同一のものとして永続することができる永遠なる哲学〔philosophia perennis〕への信仰は脇に置くことにしよう。また、過去の諸哲学をそれぞれ自己充足的な総体——(厳密に内在的な分析が可能で、形式的に整合的な「体系」であるがゆえに)本質的に必然的である総体、同時にまた、(マルシアル・ゲルーが言うように)芸術的表象と同じく非排他的な総体、あるいは(ジュール・ヴュイユマンが言うように)さまざまな公理系の表現であるから相互補完的でさえある総体——と見なす折衷的な、それゆえに典型的にアカデミックな信念も脇に置くことにしよう。そうすると、右の矛盾の解決の仕方はカント、ヘーゲル、ハイデガーがそれぞれ代表する、哲学史に関する三つの哲学にまとめることができる。この三つの哲学は、違いはあっても、アルファとオメガ、アルケー（始め）とテロス（終り）、過去の思想と現在の思想――過去の思想がみずからを考えたときよりもよりよく過去の思想を考えることができる現在の思想（これはカントの言い方だが、すべての哲学史家は自分の仕事に意味を付与しようとするやいなや、この言い方を自生的に再創造する）――を同一視することによって、歴史を歴史として無化するという共通点を持っている。

カントが提案する考古学的な哲学史観が「哲学する哲学史」に期待しているのは、思想する主体の尊厳を侵害する経験的発生過程に先験的発生過程を代置することである。「書物の時系列的順序」を「人間理性から順次発展してくるべき諸観念の自然な順序」で置き換えることである。というのも、このようにしてはじめて、哲学史は理性の歴史としての、論理的生成としての自己の真実において発現することができるからである。そのような論理的生成をとおして、真の哲学、すなわち独断論と懐疑主義を超越する批判哲学が出現する。(48) こうして現実化された、完成された哲学のおかげで、過去のすべての哲学を哲学的に、すなわち完全に非歴史的に考えることができるようになる。過去のすべての哲学を人間精神の本性そのものに基礎を持つ本質的な選択肢としてとらえることができるようになる。批判哲学はそれら選択肢の可能性を演繹する役割を担っているのである。

こうして、過去の諸哲学の経験的な歴史を（なんらそれに負うことなしに）閉じ、結論づけ、完成する最終的究極的な哲学がまるで無からのように出現したとき、アポステリオリにしか書くことができないアプリオリな歴史が正当化されることになる。この最終的究極的な哲学こそが過去の諸哲学を理解することを可能にすると同時にそれらを超越するのである。「他の諸科学は共同の努力と付加の結果として少しずつ成長することができる。純粋理性の哲学は一挙に確立されなければならない。純粋理性の哲学の任務は、行き当たりばったりにその判断を試すことではなく、認識の本性そのもの、認識の一般諸法則と諸条件を決定することにあるからである。[49]」哲学は発生過程を持たない、持ちえない。最後に立ち現れる場合でも、哲学は始まり、根底的な始まりである。一挙に総体が出現するからである。「哲学の哲学的な歴史は経験あるいは歴史の次元では成り立ちえない。理性の次元において、つまりアプリオリにのみ成り立つ。というのも、哲学の哲学的な歴史は、理性的諸事実を確定するけれども、それら事実を歴史的叙述に借りるのではなく、哲学的考古学として、人間理性から引き出すのであるからである。[50]」

経験的なものと超越的なものとのあいだの「切断」の社会的意味、「事実」としての経験と、経験のうちに現われる、そして超越的反省が客観性の条件――認識主体のうちに書き込まれている条件――として構成する形式とのあいだの「切断」の社会的意味は、諸哲学の通俗的な歴史と、「アプリオリな歴史」としての「哲学的考古学」――「理性的事実」を、歴史的経験の生《なま》の「事実」からではなく、実は人間理性からのみ引き出すことによって確立する「哲学的考古学」――との区別のうちに、この上もなく歴然と顕わになる。ここまでくると、より一般的に、哲学的昇華によって没歴史化された歴史である「哲学的考古学」と同じように、超越的なものとは、依然として、哲学的に変容させられた、そうすることで否認された経験的なものなのではないかという疑問を抱かざるをえない。

だが、哲学の歴史の真の意味で哲学的な哲学がその完結した形をとったのはヘーゲルにおいてである。諸哲学のうちの最後の哲学はまさに究極の哲学、それ以前のすべての哲学の終点・目的である。歴史の終りかつ哲学の歴史の終りである。「今ある哲学、今日の哲学、最後の哲学は幾千年の仕事が作り出したすべてを含んでいる。それは先行するすべてのものの結果である。哲学のこの発展過程を歴史的に見たものが哲学の歴史である。[51]」哲学の歴史の終りは、哲学の歴史の哲学的歴史となることによって、そこから理性を引き出すために、自己を形成する哲学そのものである。「哲学は哲学の歴史からその起源を引き出す。また、その逆でもある。哲学と哲学の歴史は互いの写し絵である。哲学の歴史を研究することは哲学そのものを、とりわけ論理学を研究することと同じである。[52]」しかしながら、哲学をその歴史と同一視するのは、哲学を哲学の歴史的歴史に、ましてや歴史自体に還元するためではない。歴史の流れ《クール》を巨大な哲学の講義《クール》に変えて、歴史を哲学に併合するためである。「哲学の歴史の研究は哲学そのものの研究である。これ以外の事態はありえない。[53]」哲学の通俗的な意味で歴史的な歴史に一見もっとも近いところにいるかのようだが、実は、ヘーゲルの好んだ言葉を使えば〔toto coelo〕に、つまり天涯万里の距離にいる。このきわめて特殊な歴史はじつは無歴史的であるからだ。

諸哲学の展開の時系列的順序はまた論理的順序である。諸哲学の必然的継起は、おのれ自身の法則にしたがって発展する精神《ガイスト》の継起であるから、さまざまな哲学とそれらが出現した諸社会との間の二義的な関係に優越する。「哲学に対する政治の歴史の関係は哲学の原因であるということには存しない。[54]」哲学の哲学的歴史は過去のすべての哲学の原理を超越し保存するところの選択的・統一的意識の働きのなかで、またそれによって遂行される自己回復の過程である。それは回想〔Erinnerung〕であるから、絶対知の究極的な、したがって永遠な現在のうちに過去を統合することによって過去を救済する理論的贖《あがな》い、神義論《テオディセ》である。「哲学の哲学的歴史が理性的なものであることが立証されるのは、理性を内包し理性を開示する諸現象の、理性にもとづく連鎖としてである。〔……〕そして、現象としての哲学自体が歴史であるなら、歴史はイデーによってのみ決定されていることを認めることこそまさに哲学の務めである。[55]」歴史のある時期に根を下ろしているがために、そこからさまざまに決定されているはずの過去の諸哲学は精神の発展の、すなわち哲学の発展の単なる諸段階として扱われている。「歴史はわれわれに異質なものの生成を提示するのではない。われわれの生成を、われわれの学の生成を提示するのだ。[56]」（ドイツの）哲学教授の至高の化身のひとりであった者にあっては、哲学の哲学的歴史は歴史の哲学の原理であったのではないか、と問わざるをえない。

起源への回帰の理論が残っている。これは哲学者（あるいは哲学教師）を哲学の聖典の番人あるいは通訳——文献学者もそれは自分の役だとしばしば主張する——と見なし、始原に与えられた真理を開示することがその任務であるとする。哲学の歴史とは起源《アルケー》において啓示された真理を解明するこことだとするこのモデルは、真理を「ヴェールをとること」〔dé-voilement〕、想起《アナムネーズ》と見なすハイデガーの理論においてその完成した形を示す。典型的に教師的な営為のもっとも華々しい形態のひとつである注釈に最高のお墨付きを与える理論である。この理論は、レクトールが自分を真正なアウクトールと考えることを是認し奨励する。おのれを、偶発的であるどころか、すべて「存在の歴史」に属する歴史のうちに書き込まれている真理啓示の真理――長いあいだ曇らされ忘れられていた真理――を、形而上学の時代と形而上学を創始したプラトンとを超えて（ギリシアの）起源の純粋性に回帰することによって、おのれの同時代人たちに啓示する預言者あるいは異端創始者と思いこませるわけである。

かくて、自分を自分の根拠だとする野心はその野心の経験的発生過程を、より一般的に言えば、思想とその諸範疇の経験的発生過程を認めることの拒否と不可分である。歴史化への抵抗が、ある集団全員の思考習慣――儀礼化された実践の型どおりの学習と訓練によって獲得され強化された思考習慣――のうちにだけでなく、ある社会的位置と結びついた利害のうちに根を下ろしていることは明らかである。それゆえ、この（ハイデガーの言う「存在の忘却」にも匹敵する）歴史の忘却、信仰に発するだけに理性にもとづく論拠を受け付けようとしない忘却を打破するために、権威を担ぎ出して迷信と対決することにしよう。スピノザという権威である。伝統によって哲学的だとして聖別されたテクストを厳密に「哲学的に」読もうとする哲学的解釈学《エルメヌーティック》の信奉者たちに、スピノザが文化的所産の真の科学の方針を定義している『神学・政治論』の該当箇所を読むことを勧めよう。

彼は預言者たちの書の解釈者たちに解釈学的釈義の手続きと縁を切るよう勧めている。預言者たちの書を、「それぞれの書の著者の生涯と生き方、彼が抱いた目的、彼の人柄、どんな機会に、いつの時代に、誰のために、どの言語で書いたのか」ということばかりでなく、「その書は誰の手に渡ったか、［……］どんな人たちがその書を聖典《カノン》に入れることを決めたのか、聖典と認められた諸書はどのようにして一巻にまとめられたのか」[57]を明らかにすることをめざす「歴史的調査」にかけるよう説いているのである。この見事に不敬な方針は、哲学的テクストの分析の分野ではわずかに適用され始めたばかりだが、典礼的読解の前提のすべてをひとつ残らず突き崩している。典礼的読解というのも、聖典的テクストに儀礼的な防腐処理を施して見せかけの永遠性を付与する働きをしているのであるから、やや偏狭な理性の見地からみると、それほど不条理なものではないのであるが……。

注

（1）A.W. Gouldner, *The Coming Crisis of Western Sociology*, New York, Basic Books, 1970.

（2）わたしが順次おこなった教育社会学、文化的生産の社会学、国家社会学の分野の仕事はわたしにとって社会的無意識を究明するという同一の営為の三つの段階であった。この営為は以下に収めた一章のような「自己分析」と称する試み（「添え書き1　非個人的告白」本書五六頁）や、だいぶ前の反省的客観化の試み（P. Bourdieu et J.-C. Passeron, « Sociology and Philosophy in France since 1945 : Death and Resurrection of a Philosophy without Subject », *Social Research*, XXXIX, 1, Spring 1967, p.162-212)

に還元することはできない。

（3）E. Fox Keller, *Reflections on Gender and Science*, New Haven, Yale University Press, 1985（いわゆる「ハードな」科学と「ソフトな」学科目（とくに芸術と文学）との対立は今なお両性間の分業と緊密に関連している。）

（4）Pascal, *Pensées*, Br., 252.

（5）*Idem.*

（6）J.-L. Austin, *Sense and Sensibilia*, Oxford-New York, Oxford University Press, 1962, p.3-4.

（7）H. Vaihinger, *Die Philosophie des Als ob. System der theoretischen, praktischen und religiösen Fiktionen der Menschheit auf Grund eines idealistischen Positivismus. Mit einem Anhang über Kant und Nietzsche*, 2, Leipzig, Felix Meiner Verlag, 1924.

（8）Platon, *Théétète*, 172-176c.

「自由と余暇のなかで育てられた」ために「幼少の頃から」広場への道を知らない者たちと「嘘のために、また不正に不正をもって報いるために教育された」者たち、あるいは牧童のように「余暇がないために粗野で無知な」者たちをプラトンは区別している。つまり、自分が区別した二つの思考様式を生活様式、あるいは教育様式、さらには生活条件と関連づけているように見える。にもかかわらず彼は、美徳（自由、無私）と悪徳（エゴイズム、嘘、不正）を自然化された社会的ヒエラルキーにもとづくものとして対立させた。この点で彼は、ハイデガーのように、生活条件と生活様式を（「真正な《オータンティック》」ものと「非真正な《イノータンティック》」ものに区別して）あたかも選択可能な生き方であるかのように分析した者たちに道を開いた。

（9）この「学生化」効果のより詳細な分析は次を参照。P. Bourdieu et Patrick Champagne, « Les exclus de l'intérieur », *in* P. Bourdieu (sous la direction de), *La Misère du monde*, Paris, Éditions du Seuil, 1993, p.597-603.

（10）〔訳注〕古代ギリシアの哲学者・科学者タレス（紀元前六二四頃—五四七頃）は天体を観察していて、穴に転げ落ちた。それを見た機知に富んだ下女が、自分の足もとにあるものが見えないのに、空にあるものを知ろうと夢中になっている、と嘲笑した。

（11）この点については、またとくに、教育的相互作用の重要性とこの作用が持つ自由は動物の種の進化段階が高まるにつれて増大するということについては、次を参照。J.S. Bruner, *Toward a Theory of Instruction*, Cambridge, Harvard University Press, 1966 ; *Poverty and Childhood*, Detroit, Merrill-Palmer Institute, 1970 ; *Le Développement de l'enfant : savoir faire, savoir dire*, Paris, PUF, 1987（2e édition）.

（12）カッシーラーがこの過程を見事に記述している。E. Cassirer, *Individu et Cosmos*, Paris, Éditions du Minuit, 1983.

（13）J.-P. Sartre, *Plaidoyer pour les intellectuels*, Paris, Gallimard, 1972.

（14）J. Habermas, *Strukturwandel der Öffentlichkeit. Untersuchungen zu einer Kategorie der bürgerlichen Gesellschaft*, Neuwied am Rhein-Berlin, Hermann Luchterhand Verlag, 1965（*L'Espace public. Archéologie de la publicité comme dimension constitutive de la société bourgeoise*, trad. M. B. de Launay, Paris, Payot, 1978, p.157-198）.

（15）とくに次を参照。M. Baxandall, *Painting and Experience in Fifteenth Century Italy : A Primer in the Social History of Pictorial Style*, Oxford, Clarendon, 1972（*L'Œil du Quattrocento*, trad. Y. Delsaut, Paris, Gallimard, 1985）; M. Biagioli, *Galileo Courrier : The Practice of Science in the Culture of Absolutism*, Chicago, The University of Chicago Press, 1993.

（16）É. Durkheim, *L'évolution pédagogique en France*, Paris, PUF, 1938（2e édition Quadrige, 1990）, p.252-253.

（17）Descartes, *Œuvres et Lettres*, Paris, Gallimard, « Bibliothèque de la Pléiade », 1953, p.205-216. とくに p.207.

（18）E. Panofsky, *La Perspective comme forme symbolique*, Paris, Éditions de Minuit, 1975.

（19）〔訳注〕レオン＝バチスタ・アルベルティ（Leon Battista Alberti　一四〇四—七二）イタリアの人文学者、建築家。ルネサンス期に先駆的な絵画・建築論を著した。

(20) E.G. Schachtel, *Metamorphosis, On the Development of Affect, Perception, Attention, and Memory*, New York, Basic Books, 1959.

(21) L. Febvre, *Le Problème de l'incroyance au XVIe siècle, la religion de Rabelais*, Paris, Albin Michel, 1942 ; M. Bakhtine, *L'Œuvre de François Rabelais et la culture populaire au Moyen Âge et sous la Renaissance*, Paris, Gallimard, 1970 .

(22) 中国文明における身体と精神の連帯と相互依存については次を参照。J. Gernet, *L'Intelligence de la Chine, le social et le mental*, Paris, Gallimard, 1994, p.271.（西暦五〇〇年頃のファン・シェンは身体と精神の全面的な連帯を明言している。「わたしの両手、わたしの身体の他のすべての部分はすべて、わたしの精神の部分である」。J. Gernet, p.273-277.）

(23) M. Weber, *Die rationalen und soziologischen Grundlagen der Musik* (Les fondements rationnels et sociologiques de la musique), Tübingen, UTB/Mohr-Siebeck, 1972.

(24)「安易なもの」や口唇的な（そして性的な）充足への嫌悪がカント美学の基礎をなしていることについては次を参照。P. Bourdieu, *La Distinction. Critique sociale du jugement de goût*, Paris, Éditions de Minuit, 1979, p.566-569.〔邦訳『ディスタンクシオンII』石井洋二郎訳、藤原書店、一九九〇年〕デュルケーム自身も、立派なカント派として、文化・教養を禁欲――つまり身体とその（前社会的・女性的）欲望・欲求とを規制すること――と同一視している（É. Durkheim, *Les Formes élémentaires de la vie religieuse*, Paris, PUF, 7e édition, 1985, p.450-452）。

(25) R. Williams, « Plaisantes perspectives, Invention du paysage et abolition du paysan », *Actes de la recherche en sciences sociales*, 17-18, novembre 1977, p.29-36.

(26) 美術館を訪れる頻度を調査した統計が証明しているように、芸術作品を鑑賞する能力、また、より一般的に、見られる以外に目的を持たない演劇やオペラの類《たぐい》を理解する能力はきわめて不平等に分布している。美術館を訪れる人々に普遍的に要求されるこの性向は、家族とか学校での習得条件に深く依存しているがゆえに、また、観光旅行のような（観光旅行はイギリスの貴族とブルジョアジーが発明したヨーロッパの芸術都市を巡遊する「グランド・ツアー」the Grand Tour が始まりである）ある種の活動条件に深く依存しているがゆえに、少しも普遍的でない（P. Bourdieu, *L'Amour de l'art. Les musées d'art européens et leur public*, Paris, Éditions de Minuit, 1966.〔邦訳『美術愛好――ヨーロッパの美術館と観衆』山下雅之訳、木鐸社、一九九四年〕）

(27) ある種の芸術写真は労働者や農民の顰蹙を買う。その無償性と、認知された、またすぐに認知できる社会的意味および機能の欠如ゆえに、拒絶され非難されるのである。このような反応のもとには、「機能主義的」と呼びうるような趣味がある。普段、日常生活のなかで、「実際的なもの」「実質的なもの」への選好として現れる趣味である。

(28) P. Bourdieu, *L'Ontologie politique de Martin Heidegger*, Paris, Éditions de Minuit, 1988.〔邦訳『ハイデガーの政治的存在論』桑田禮彰訳、藤原書店、二〇〇〇年〕

(29) J.A. Barash, *Heidegger et son siècle. Temps de l'être, temps de l'histoire*. Paris, PUF, 1995. ハイデガーのごく初期の思想、とくに一九二〇年代の講義における歴史科学と歴史の問題との彼の対決を詳細に論じている。また、『存在と時間』以前のテクスト（とくに講義）を緻密に分析している次の書も参照。T. Keisiel, *The Genesis of Heidegger's Being and Time*, Berkeley, University of California Press, 1995.

(30) ルイ・ピントは口頭発表のなかで、「日常的なものの解釈家」と呼ぶことができる者たちがいると述べている（その創始者はアンリ・ルフェーブルである。彼は一時、他の人々とともに、『ヒューマニズムに関する書簡』のハイデガーに惹かれた〔P. Bourdieu, *L'Ontologie politique de Martin Heidegger*, p.107-108〕）。彼ら「日常的なものの解釈家」は、「消費社会」の「分析」をとおして、人びとの飽くことを知らない無秩序な偽の欲求（これはまさに「貪欲」〔pleonexia〕というプラトン的なテーマである）の糾弾と、他の者たちにとっては偽物でしかないもののうちに表徴《シーニュ》を見て取る透徹した批判精神を持つと自負する者たちの思い上がりとを土台にした貴族主義を継承することができると思い込んだ。

(31) 普遍的なものを「非本来的なもの」と同一視する主張はエリザベート・ブロッホマンへの書簡にきわめて明白に表現されている。「われわれが欲する新しい生活、いやわれわれのうちに芽生えようとしている新しい生活は普遍的、つまり非本来的であること、そして広範囲である（表面的に広がっている）ことを断念しました。」M. Heidegger, *Correspondance avec Karl Jaspers, suivi de Correspondance avec Élisabeth Blochmann*, trad. de l'allemand par Pascal David, Paris, Gallimard, 1996, p.216-217, p.267-268.

(32) E. Fusserl, *La Crise des sciences européennes et la phénoménologie transcendale*, trad. de l'allemand et préfacé par G. Granel, Paris, Gallimard, 1976, p.142.

(33) C. Soulié, « Anatomie du goût philosophique », *Actes de la recherche en sciences sociales* 109, octobre 1995 p.2-28 ; R. Rorty, J.B. Schneewind and Q. Skinner, éd., *Philosophy in History : Essays on the Historiography of Philosophy*, Cambridge, Cambridge University Press, 1984.

(34) 哲学の歴史の脱歴史化については本章末尾の「添え書き2　歴史の忘却」（本書七二頁）を参照。

(35) 〔訳注〕『デバ』誌（Le *débat*）誌主幹ピエール・ノラの発案で始められたシリーズ。長続きしなかった。

(36) わたしはこの添え書きをルイ・マランに捧げる。彼はパスカルを論じつつ、「わたしとは誰か」の問題をみごとに掘り下げた。L. Marin, *Pascal et Port-Royal*, Paris, PUF, 1997. とくに p.92 以下〔ルイ・マラン（Louis Marin　一九三一―一九九二）はエコル・ノルマルでブルデューの一年先輩の哲学者。パスカル『ポール・ロワスヤルの文法』などの分析をとおして権力の記号学を展開した〕。

(37) 〔訳注〕oblat はふつう「献身者」と訳され、修道会に財産を寄進し規則を守る誓いを立てたが、在俗生活を送る者を指す。ブルデューは、学校に帰依し学校からすべてを得た、つつましい出自の成績優秀な子どもを「学校から奇跡を受け救われた者」という意味で oblat miraculé と呼んでいる。

(38) 〔訳注〕『ホピ・サン』（*Hopi Sun*）はアメリカ・インディアン、ホピ族（Don C. Talayesva　一八九〇年生）の自伝。一九五九年にレヴィ＝ストロースの序文付きで仏訳が出版された。

(39) わたしはその研究を次の書でおこなった。*La Noblesse d'État. Grandes écoles et esprit de corps*, Paris, Éditions

de Minuit, 1989, p.19-182.〔邦訳『国家貴族』立花英裕訳、藤原書店近刊〕

(40) J.-L. Fabiani, *Les philosophes de la République*, Paris, Éditions de Minuit, 1988, p.49.

(41)〔訳注〕ミシェル・アレクサンドル（Michel Alexandre　一八八八―一九五二）アランの熱烈な弟子。両大戦間期、師と同様、反ファシズム運動に参加した。一九三一年以降、ルイ・ル・グラン高等学校等で哲学を教えた。

(42)〔訳注〕ジャン・ボーフレ（Jean Beaufret　一九〇七―一九八二）生涯、ルイ・ル・グラン高等学校等の中等教育機関で過ごしたが、その教育をつうじて、一世代の哲学者たちに大きな影響を与えた。ハイデガー哲学をフランスに導入した功績が大きい。ハイデガーの『ヒューマニズムについての書簡』はボーフレに宛てられた書簡という形をとっている。

(43)〔訳注〕ノルベルト・エリアス（Norbert Elias　一八九七―一九九〇）ドイツ生まれの社会学者。リッケルト、フッサール、ヤスパースに学ぶ。ナチスのユダヤ人迫害を逃れ、英国に亡命。晩年はオランダのアムステルダムで過ごした。主著『文明化の過程』。

(44)〔訳注〕テルシテスは『イリアス』の登場人物で、素性卑しく、アガメムノンやアキレウスをののしったが、結局、アキレウスに殺された。そこから、人を卑しく勘ぐりそしる見方を「テルシテス的観点」という。

(45)〔訳注〕アメリカにおけるフーコー、デリダ、ドゥルーズらの受容については次の書が詳しい。François Cusset, *French theory, Foucault, Derrida, Deleuze & Cie et les mutations de la vie intellectuelle aux États-Unis*, La Découverte, 2003.

(46)〔訳注〕N. Malcolm, *Ludwig Wittgenstein : A Memoir*, London, Oxford University Press, 1958, p.39 からの引用。

(47)〔訳注〕カール・ヒエロニムス（Karl Hieronymus, baron von Münchhausen　一七二〇―九七）ドイツの軍人。法螺話が得意で伝説的人物になった。「法螺吹き男爵」として多くの文学作品・映画の主人公になった。

(48) 以上の点については次の好著を参照。Lucien Braun, *Histoire de l'histoire de la philosophie*, Paris, Éditions Ophrys, 1973, p.205-224. また、Lucien Braun, *Iconographie et Philosphie. Essai de définition d'un champ de recherche*, 2 vol., Strasbourg, Presses universitaires de Strasbourg, 1996.

(49) B. Erdmann, *Reflexionen Kants zur Kritik der reinen Vernunft*, Leipzig, 1882-1884, cité par L. Braun, *op. cit.*, p.212.

(50) 次を参照。Reike, *Lose Blätter aus Kants Nachlass*, II, p.278. cité par L. Braun, *op.cit.*, p.215. ヨハン＝クリスチアン・グローマン（Johann Christian Grohmann）も、経験的因果が生み出す出来事の論理的順序と時系列的順序を区別し、この区別を哲学のアプリオリな歴史の基礎としている。次を参照。L. Braun, *op. cit.* p.235 *sq*.

(51) G.W.H.Hegel, *Leçons sur l'histoire de la philosophie, Introduction : système et histoire de la philosophie*, trad. J. Gibelin, Paris, Gallimard, 8e éd., 1954, p.109.

(52) *Ibid.*, p.110.

(53) *Ibid.*, p.40.

(54) *Ibid.*, p.44.

(55) *Ibid.*, p.41.

(56) *Ibid.*, p.30.

(57) Spinoza, « Autorités théologiques et politiques », in *Œuvres*, Paris, Gallimard, « Bibliothèque de la Pléiade », p.716-717 et 725-726.

II　スコラ的誤謬の三つの形態

スコラ的性向が形成される社会的諸条件をここで振り返ってみようと思うのだが、それは告発という（常に自分に甘いがゆえに）不毛で安易な意図においてではない。スコラ的性向とはつまり倫理的あるいは政治的視点に対して身を退く、距離をおくという姿勢のことだが、これを裁判にかけようというのではない（かつてはこのようなことがよくおこなわれた。ドイツ観念論のような、あれこれの伝統を「教授の哲学」として弾劾したのはその一例である）。ましてや、スコラ的性向が可能ならしめた、そして、集合的解放の長い歴史的過程から生まれて、人類が獲得したたぐい稀な成果のもとになった思考様式を嘲笑しよう、弾劾しようというのではない。要するに、スコラ的性向は、それが可能ならしめる思考に、したがってわれわれが考えることの形式と内容に影響するかどうか、影響するとすればいかなる点においてか、を検証してみようというのである。この検証が依拠する論理は認識論的な検討の論理であり、政治的告発の論理（この論理はほとんど常に認識論的検討を回避させてくれるものだ）ではない。認識論的検討こそが根本的検討である。なぜならそれは、エピステーメー的姿勢を問う、また世界を考えるために世界から身を退くことができるという事実のうちに書き込まれている諸前提を問う検討であるからである。

ところで、スコラ的条件と結びついた世界観を無意識的に普遍化することの効果に無知であるがゆえにもたらされる結果を分析することは無益な純粋思弁の営為ではない。スコラ的条件の諸拘束の身体化（したがって忘却）が作り出したスコラ的「ロボット」は徹底した誤謬原理である。しかも、実践の世界の喫緊の課題からみずからを解放することによって、また、哲学と分離することによってそれぞれ界として自己を構成してきた実践の三領域であるところの、認識（あるいは科学）の領域、倫理（あるいは法、そして政治）の領域、そして美学の領域において、誤謬の元になっているのである。特殊なケース、すなわち、特殊な社会的条件によって育まれ容認された世界観の普遍化と、この可能性の社会的諸条件の忘却ないし抑圧を土台とするこれら誤謬の三形態は親族関係によって結ばれており、相互に支え合い、保証し合っている。そのことがこれらの誤謬形態をより頑強にしている。また、批判に対する抵抗力を強化しているのである。

スコラ的認識中心主義《エピステモサントリスム》

普通の世界と学問の世界との間の（知られざる、あるいは抑圧された）違いを確認したいま、われわれは、「原始主義的」ノスタルジーや「民衆迎合的」興奮とは無縁なところで、およそまっとうなスコラ的思考には実践的にアクセスすることができないもの、すなわち実践の論理について考えることができる。それは、どんなに大胆不敵な哲学者も途中で止めてしまうことが多い分析を徹底的に、すなわち社会的なもの《ル・ソシアル》に出会うまで、推し進める作業である。これを達成するためには、職業的思想家の職業的イデオロギーであるところのあの洞窟の神話が顕揚する運動を逆転させ、日常生活の世界に立ち返らなければならない。ただしそれは、対象を破壊してしまうことなく実践を考えることができるように十分に自己と自己の限界とを意識した学問的思考で武装した上でのことである。もうすこし否定的でない言い方をすると、まず、この世界に組み込まれているという経験と結びついた第一次的な世界理解を理解しなければならない。次に、この実践的な理解についてスコラ的思考が持つ、ほとんど常に間違っていて、歪曲されている理解を理解しなければならない。そして最後に、実践的認識、すなわち理性にかなった理性と、学者的認識、すなわち自律的界のなかで生み出される推論的、スコラ的、理論的理性とのあいだの本質的差異を理解しなければならない。

スコラ的歪曲の効果は、科学がその対象とする者たちが彼らの生活条件においてスコラ的世界と遠く離れていればいるほど、より甚大になり科学的に破滅的になる。それは、対象となる者たちが伝統的に民族学の研究する社会の成員である場合にも（民族学というのは、一見そう見えるが、みずから信じているほど、レヴィ＝ブリュールの「原始心性」が喚起する本質主義的な諸前提から自由になっていない）、社会空間において下層の位置をしめる者たちである場合にも妥当する。対象に対してとる「理論的」姿勢、その姿勢を可能にする社会的諸条件、そして、それら諸条件と彼が分析する諸実践のもとになっている諸条件とのあいだの乖離を分析することを回避するとき、より簡単に言えば、バシュラールが指摘したように「自分がその中で思考している世界は自分がその中で生きている世界ではない」ことを忘れるとき、自分のスコラ的エスノセントリズムに閉じ込められた民族学者はレヴィ＝ブリュールのように（また、それほど公然とではないが、彼に続く他の者たちのように）二つの「心性」、二つの自然《ナテュール》＝本性、二つの本質のあいだの差異を見てとる。しかし実は、それは、世界を構築し理解する二つの様式、社会的に構築された二つの様式のあいだの差異に他ならない。ひとつは彼が暗黙のうちに規準《ノルム》と仕立て上げているスコラ的様式である。他方は実践的な様式で、彼はこれを時間と社会的空間において彼と遠く離れているように見える者たちと共有している。ただ彼は、その中に、普通の生活のもっとも普通な行為と経験（たとえば嫉妬の経験）において彼自身のものでもある実践的認識様式を見てとることができないのである。スコラ的エスノセントリズムは実践的論理の固有性を消失させることになる。実践的論理をスコラ的論理に同化してしまうのである（ただし、虚構的な、ひたすら理論的な仕方で、つまり、紙の上だけで、実践的な結果を伴わない仕方で）。あるいは、実践的論理を「野蛮」とか「低俗」といった根底的な他者性、非存在、非価値に追いやってしまうのである。「野蛮」とは、はしなくもカントの「野蛮な趣味」という概念が思い出させてくれるように、内部の野蛮に他ならない。

スコラ的無意識は、また、それが内含する（デューイのいわゆる）「傍観者の認識理論」は、認識論的な、あるいは職業倫理的な信仰告白（これは、とりわけ民族学者に対し、社会的優越性をいささかなりとも表に出すことを禁ずるのだか）よりはむしろ、普通の科学実践がおこなう無作為の「選択」のうちにこそ現われる。研究者は、自分の理論的思考を行動する行為者の頭に中に持ち込んで、自分がこうだと考える世界（すなわち、熟視の対象、表象、見る物《スペクタクル》としての世界）を、あるがままの世界として、世界を考えるために世界から身を退く暇（あるいは欲求）のない人々に提示する。言い換えれば、研究者は、これらの人々の実践の根源に、すなわち彼らの「意識」のうちに、彼自身の自生的な、あるいは練り上げられた表象、最悪の場合は、彼が（ときには自分の素朴な経験に逆らって）作り上げなければならなかったモデルを据えて、彼ら行為者の実践を説明するのである。

同じ観点からすると、われわれは、他者の実践的経験から切り離されているのと同じようにわれわれ自身の実践的経験から切り離されている。というのも、われわれが自分の実践を考えるという事実、自分の実践を考察するため、記述するため、分析するために、自分の実践と向き合うという事実そのものからして、われわれは自分の実践からいわば不在になるからである。われわれは、行動する行為者を反省する「主体」に置き換える。実践的認識を学問的認識――（自伝的語りの場合のように）有意な特徴、関与的な指標を選別するところの学問的認識、また、より深刻だが、経験を本質的に変質させる（フッサールによれば過去志向《レタンシオン》を思い出から、未来志向《プロタンシオン》を投企から切り離す）ところの学問的認識――に置き換える。この不可避的な転換を忘却するのは、そしてこの転換が「自分がその中で思考している世界」と「自分がその中で生きている世界」のあいだに設ける境界を忘却するのはきわめて自然なことなので、また、理論的思考ときわめて同質同体なので、スコラ的「言語ゲーム」にどっぷり浸かっている者が、実践について考え語るということ自体がわれわれを実践から切り離すということに気づくことはほとんどありえない。たとえば、《I am in pain.》（「痛い」）という発話は、断定という形で提示されていても、実は、呻くとか喚くという苦痛の行為の一変種に他ならないということを示唆することができるためには、ヴィトゲンシュタインが備えていたような破壊的エネルギーが必要である。

それは明らかに次のことを意味する。すなわち科学は実践的論理をみずからのものとすることではなく、実践的論理と理論的論理とのあいだの距離、あるいはまた、「実践的理論」、つまり、シュッツと彼に続くエスノメソドロジストたちが言う「民間知識」〔folk knowledge〕、あるいは「民間理論」folk theory と科学的理論とのあいだの距離を理論の中に包含することによって、実践的論理を理論的に再構築することを目的とすべきである。これはスコラ的傾向《アンクリナシオン》とたたかう唯一の手段（これも、また、スコラ的である）であるところの反省性の絶えざる努力を必要とする。実際、諸記述の記述、あるいは自生的諸理論の記述は、それ自体、理論の中に書き込むべき記録された活動とのスコラ的切断を前提としていることが通常忘れられている。また、「濃密な記述」〔thick description〕のような科学的作業の一見謙虚で従順な諸形態もスコラ的世界観に他ならないところの前構築された構築様式を内含し、それを現実に押しつけていることが忘れられている。たとえば、明らかにギアツは闘鶏の「濃密な記述」のなかで自分の視線に他ならないところの解釈学的美学的視線をバリ人に「気前よく」貸し与えている。それゆえ当然のことながら、彼の記述がもたらした「文学化」を社会世界の記述の中に明示的に書き込まなかったために、言い落としによる誤りを徹底させ、『文化の解釈』の序文で、社会世界と社会関係・社会的事実の総体とは「テクスト」にすぎない[1]と、いかなる理性にも反することを宣言してしまっている。

カントによると理性はその判断の原理を理性自体ではなく、その対象の性質の中に位置づける傾向性を持つが、その理性とおなじく、スコラ的認識中心主義は完全に非現実主義的な（そして観念論的な）人間学を生み出す。それは、実際は対象を把握する仕方に属するものを対象に転嫁して、世界とのスコラ的関係に他ならないところの検証されていない社会関係を、合理的行動理論 rational action theory がそうするように、実践のなかに投射する。それはまた、さまざまな伝統と分析領域に応じてさまざまな形をとって、談話《ディスクール》の根元にメタ談話（チョムスキーの場合だと、スコラ的視点の典型的所産である文法）を置く。あるいは、実践の根元にメタ実践（昔から法律偏重の傾向のある民族学者たちの場合だと、法、また、レヴィ＝ストロースの場合だと、ヴィトゲンシュタインが区別するように教えてくれた「規則」という語のさまざまな意味をうまく使って編み出した親族規則）を置く。

　学者は自分の見方《ヴィジョン》の真の特性を知らないので、その自分の見方を、とりわけ、おおかたは行為者には無縁の純粋な認識と純粋な理解への関心を彼ら行為者に転嫁する。これこそ、すべての言語をただ単に解読すべき死語として扱おうとする、バフチン言うところの「文献学主義」である。これこそ、言語を行動と権力の用具よりは解釈と瞑想の対象と見なす構造主義記号学者の主知主義である。これこそはまた、読みの解釈学的理論（さらにあるいは、芸術作品の、「読み」とみなされた解釈の理論）の認識中心主義である。レクトールの地位と学校的スコレーは、読みの特殊な形態――余暇に任せてほとんど常に反復的に遂行され、意図的・整合的な意味を抽出することに方法的に方向づけられている読み――の可能性の条件であるわけだが、このレクトールの地位と学校的スコレーのうちに書き込まれた諸前提を不当にも普遍化することによって、すべての理解を、実践的な理解さえをも、解釈として、すなわち、自覚的な解読の行為（翻訳はその基本モデルである）として考えるのである。

読みを「再創造」と見なす職業的神話に依拠した（現象学者が好んだ言い方だが）「他者への自己投影」の不当な一形態の誘惑に負けて、ひとは現在あるいは過去のアウクトールをレクトールとして読む。そこにある作品、すなわち制作過程の時間と切断され、どんな方向にも読むことができる「全集」という形で全体化され正典化された出来上がったもの opus operatum としての作品は作られつつある作品、とくにそれを作り出したやり方 modus operandi を隠してしまう。その結果、回顧的、総括的、没時間的読みに由来する論理、レクトール論理がアウクトールの創造活動の起源にあるかのように、しかもはじめからそうであるかのように、事が進行する。こうして、もっとも形式的な探求の場合でも、実践感覚のひとつの性向――それが現実化する作品のなかでみずからをみずからに啓示する過程でのみ、発見され理解される性向――の発動に他ならない創作過程の固有の論理が見えなくなる。(2)

実践論理

スコラ的見方は理論的視点と実践的視点の差異を方法的に問うことをしない。しかし、一切の純粋思弁的意図とは無縁なところで、社会科学における研究のもっとも具体的な作業（面接調査を実施する、ある実践を記述する、系図を作成する、などなど）を進めるに際し、この差異の検討は必要不可欠である。実践をその固有の論理において把握し、ただしく理解するために必要なまなざしの転換をおこなうためには、理論的視点に対して理論的視点を取らなければならない。そして、研究者（民族学者、社会学者、歴史家）は自分が観察し分析している状況と諸条件に対して、行動に関与し、ゲームとその争点に自己投資している能動的な行為者の立場にはいないという（ある意味ではあまりに自明的な）事実から、すべての理論的・方法論的帰結を引き出さなければならない。たとえば、自分が採取しつつある系図に記録されている結婚の個別的事例に対して、研究者は息子や娘を結婚させよう、しかもよい結婚をさせようとしている父親や母親の立場にはいない、という事実である。ところが、二つの視点の差異、それに関連する利害の差異が分析のなかで現実に考慮に入れられることは稀である。民族学者の場合でもそうなのである。民族学者というのは、よそ者《エトランジェ》というその地位からして自分はゲームから排除されている、同時に、そのことからして、そう欲する欲しないにかかわらず、ほぼ理論的な視点を余儀なくされている、と気づくべきであるのに（民族学者が、その成果はともかく、「参加する《パルティシペ》」という彼の努力のなかよりは、インフォーマント——とくに「古老」のインフォーマント——がしばしば示す親密さのなかに、自分の視点に内在する限界を忘れさせてくれるような契機を見いだすこともあるが、これは彼がそれと自覚せずに——とりわけインフォーマントがみずからの実践に理論的視点を取るように仕向け奨励する質問をすることによって——スコラ的な視点をインフォーマントに押しつけるからである)。よそ者というきわめて強力かつ魅惑的な経験こそが、民族学者をエキゾチシズムの文学的陶酔にひたらせ、自分の実践に対しても自分が観察する奇妙な実践に対しても自分はよそ者であることを忘れさせる。言い換えれば、自分の実践は、儀礼行為のようなもっとも奇妙な他者の実践とおなじく、実践としてのその真実において、彼自身に対してよそ者的であることを忘れさせるのである。実はしかし、彼の実践は他者の実践と、実践の論理という本質的なもの——その卑近な自明性において思考するのがむずかしいもの——を共有しているのである。

(直感とか情緒的参加とかの魔術ではなく)理論的・経験的な作業によって、経済資本と、とくに象徴資本の主要部分が結婚交換によって流通する世界に実践的に参加している行為者の視点に立つことができるならば、結婚と結びついた(最初の交渉から最後の儀礼にいたる)さまざまな実践のような行為を(規則ではなく)戦略——結婚によって得られる物質的・象徴的利益を最大化することをめざす戦略——によって導かれていると考えることができるようになるだろう。同様な理論的まなざしの理論的転換のおかげで、客観主義的な人類学が論理と代数学の側に位置づける儀礼的行動(と同時に神話朗誦)は、実は、身体「幾何学」が提供するあらゆる可能性(右/左、高/低、前/後、上/下など)を活用する体操ないしダンスにずっと近く、そしてきわめて真剣でしばしば喫緊な目的に向けられていることに気づくことだろう。「哲学者は神話学者である」とプラトンは言ったが、神話学者(神話の分析家という意味での)はしばしば哲学者である、というのもまた真実である。そのため神話学者は、象徴体系は儀礼的実践とおなじく整合的かつ有意的であるが、しかしただある程度までであるということを忘れる。なぜある程度までなのかというと、象徴体系は二つの条件に従わなければならないからである。一方では、神話的記号と作用素《オペラトゥール》の使用にある種の一貫性を示さなければならないという条件。他方では、実践的でありつづけなければならない、つまり経済的で、操作が容易で、そして実践的な目的、個人の、とりわけ集団の死活にかかわる願望や欲望の実現に向けられていなければならないという条件である。

　こうして、他者と彼らの実践とについて学習すること（これは自己と自己の実践とについて学習することなしにはうまくいかない）によって、あるがままの実践に対してより注意深く、より受容的になったときはじめて、儀礼的行為のいくつかの特徴——構造主義的論理主義が、スコラ的世界の社会論理に支えられつつ、論理的論理、モデル、とくに数学的モデルを駆使して、神話代数学の、意味もなければおもしろみもない単なる異常として無視したり退けたりしてしまう特徴——を観察し記録する可能性を手に入れることができる。すなわち、曖昧な行為、多義的で決定度の低い、あるいは非決定な行為、行為と記号の相対的な非決定性ゆえに許される一石二鳥的行為である。さらにまた、ゲーム全体を息づかせ、ゲームに実践的整合性を、つまりまた、その柔軟性、その開放性を与えている不確実な抽象作用から生まれる部分的な諸矛盾と漠然性である。要するにゲームを「実践的」たらしめている、したがって生活と実践の喫緊の事態に最小のコストで（とくに論理的探求において最小のコストで）対応することを可能ならしめるすべてのものである。(3)

多くの事例があるが、ここではカビリアの最後のムギ束の儀礼の両義性のみを挙げておく。この儀礼では、種《たね》の復活の周期と畑の死と復活の周期とのあいだで迷っているかのごとく、場所によって、最後のムギ束は畑が女性として擬人化されたもの（この場合、ムギ束は「許嫁」と呼ばれる）と見なされ、その上に男性の雨（ときにアンザール〔Anzar〕という名で擬人化される）が降り注ぐよう祈願される。あるいは、「種の精霊」の男性的、男根的シンボルと見なされ、いったん乾燥と不毛にもどり、ついで渇いた土地に雨となって降り注ぐことによって新たな生命の周期を始めるとされる。雨の両義性も挙げておこう。天に起源があることから太陽の男性性を分有しているかと思うと、別の観点からは大地的な、湿った女性性を喚起したりする。そこで、場合によって、授精するもの、あるいは受精するものと見なされることになる。膨らむという図式のような作用素も同様である。ファルス的男性性と膨らませる力のある種と結びつけられたり、大地と、鍋のなかのソラマメやムギのように膨らむ女性の腹と結びつけられたりする。

実践論理が機能するための実践的条件のうちでもっとも決定的な条件のひとつは、まちがいなく、行動は、もっとも儀礼化しもっとも反復的な行動でも、その運動と持続によって時間と必然的に結びついているという事実である。ところが客観主義的解釈学は、実践的目的に必然的に従っている行動に適合する経済的整合性はそれら行動が時間のなかで展開するという事実によって可能になるということを見てとれない。そのためにこの実践論理を、実践（たとえば贈与と反贈与）の継起的段階をたがいに衝突させてしまう図式とモデルを構築することによって、破壊してしまう。実証主義的解釈学は象徴的諸実践の連鎖をフッサールの用語を使うと「単定立的に《モノテティックマン》」、つまり同時性のなかで考察する。だが象徴的諸実践の連鎖は多義的な神話的儀礼的シンボルを「多定立的に《ポリテイックマン》」、つまり継起と不連続性のなかで展開するのである。そのことで、神話的儀礼的シンボルは、たとえば農業や料理などの実践と儀礼の暦《こよみ》を再構成しようとするときのように、体系的な収集にとりかかるやいなや遭遇する対決と矛盾をまぬがれることができるのである。つまり象徴的諸実践の連鎖は——時間のなかで展開することで与えられる論理的自由（これはソクラテスが相手を矛盾に追い落とすための武器としたのと同じ理論的同時化によって破壊されてしまう）を利用することによって——状況の喫緊の要求との関わりにおいてシンボルのコノテーションとハーモニックスを巧みに操るのである。

このような最小限の整合性の根源はなにかとえいば、それは図式の移転にもとづく類推的実践にほかならない。類推的実践は、ある行為を他の行為に置き換える可能性を増大し置き換えを容易ならしめる、そして、新たな状況が提起してくるかもしれないすべての同型の諸問題をある種の実践的一般化によって統御することを可能ならしめる既得の同値性を基礎にして遂行される。このような多義性、漠然性、曖昧性、大ざっぱ性の活用、そしてこの、多かれ少なかれ確認された「近親性」で結ばれた諸実践をつなげていく技《わざ》は原始的社会の専有物ではない。われわれは自分の理論のなかでそれに気づくことはないが、そのような実践論理に頼ることがよくある。驚く向きもあるかもしれないが、例を挙げるのは簡単である。たとえばとくに政治の世界では、自由主義とか解放《リベラシオン》、自由化《リベラリザシオン》、柔軟性《フレクシビリテ》、規制緩和《デレギュラシオン》とかいった曖昧模糊とした隠喩や大ざっぱな概念の不分明な集合を横行させている。思想の世界では、いろいろな思想家から拝借したテーマと図式を自分の都合、時と場合に合わせていろいろに組み合わせて作りあげた混合イデオロギーが幅をきかせたし、いまでもきかせている。たとえば一九三〇年代ドイツの「保守革命」派の変性《デジェネレサンス》とか分解《デコンポズィシオン》、全体性などである。これらのテーマや図式は、その使用者たちが、もっともすぐれた独創性の幻想を抱きつつ、自分のもっとも卑俗な衝動や利害を投射することを可能にしたのである。

スコラ的障壁

弁護士でも医師でも、教員でも技師でもよい、ある専門家がスコラ的な見方に無縁な素人と接触するたびに、つまり、単に異なる言語と向き合っているだけでなく（係争とか病とかという）所与の構築の別の様式——大きく異なる性向体系の介入を前提とする構築の様式——と向き合っているという意識のない素人と接触するたびに、かならず構造的な誤解が生まれる。民族学的調査と同じく社会学的調査が生み出す歪曲はこのような構造的誤解の特殊な一形態にほかならない。こうして生ずるコミュニケーションの挫折は、日常的実践に属する概念から法的、医学的、あるいは数学的な学問的概念に移行することの難しさに帰することができる。すなわち、学問的な概念を当該の界のなかで適合的に使用するために必要な性向、そして界が要求する用語のある種のコノテーション

（たとえば「グループ」という語の数学的、社会学的、あるいは芸術的コノテーション）を強調するように、それどころか絶対化するように仕向ける性向を採用することの難しさに帰することができる。これら言語（法学あるいは哲学の言語のように、日常言語に対して部分的に独立であるにすぎない言語）が、さまざまなコノテーションのなかから適切なものを選ぶ原理、界において有効な選別原理（この原理は「哲学テクストは哲学的に読まなければならない」「芸術作品は、宗教やエロティシズムでなく、芸術の観点から鑑賞しなければならない」といった公準的な同語反復の形で表明される）を採用するよう無意識のうちに準備されている聞き手あるいは利用者に向かって発せられている限りは、それらの言語がどのような意味に取られているかを明確にする必要はない。

しかし、性向の一致が確実でなくなったとたんギャップが明らかになる。たとえば苦痛、不平、不満の単なる表現として理解された plainte（英語 plaint）という語を法的な意味での plainte、つまり被害や不当行為についての法的機関への告訴としての plainte に、あるいは代表、議員、スポークスマンに向けられた一般的要求としての plainte に転換する場合である。もっとも弱い立場にある者たちが裁判所に対して感じる失望はよくある現象だが、これは官僚的機関との関係において彼らが運命づけられている構造的フラストレーションの極限的ケースにほかならない。表明されていなかったなんらかのニーズ、期待、願望を社会保険事務所とか他の福祉機関に正式の請求として正式の文書で表明するときの困難さもたいへんなものである。ある約束を法的な形にする際の、一見平凡な変換についても同様である。それは、契約書の作成、登録と署名の公証、印章の押捺、約束事の神聖とも言える言表といった必要な手続きの合法性を保証する公証人のような法的エージェントを介して、自然に、当事者からほとんど独立に進行する。聖職者とおなじく、「司法補助吏」は神秘的で危険を伴う移行をつかさどる教導者である。個別的な、その場限りの行為を法の領域に移行させ、それ以降、それが正式に書き込まれた行為カテゴリー（購入、販売、賃貸借など）に付随するすべての法的効果を生ぜしめる資格があるものと（とくにその案件に関与する可能性のあるすべての法専門家によって）見なされるべき法的行為に転換するわけである。

以上のようなケース（患者／医師の関係についても同じことだが）で問われているのは単に学問的言語、とくに専門用語をマスターしているかどうかではない。スコラ的境界を越えるためには絶対に必要な深層の変換である。認識論的・方法論的反省からは無視されているが、この変換は調査者と被調査者の関係でも問題となる。質問表を問わないと、より精確に言えば、質問表をつくり管理する者の立場を問わないと、つまりふつうの生活の自明性から離れてふつうでない質問を自分に問う余暇、あるいはふつうの質問をふつうでない仕方で問う余暇をもっている者の立場を問わないと、被調査者に対しておのれ自身の社会学者になることを要求することになる。自分が彼らについてみずからに問うた質問をそのまま彼らに向けることになるからである（たとえば「社会階級は存在すると考えますか」とか「社会階級はいくつあると考えますか」といった類《たぐい》の、正統的方法論の番人たちが、少なくとも暗黙裏に、いくどとなく問い認めてきた質問である）。もっと困った質問者に出くわすこともある（どちらかといえば世論調査の専門家に多いが）。そのような質問者は、被調査者がいつも最小限の、はい／いいえで答えられるような、しかし、聞かれる前には彼らとしては自分ではけっして問うたことのない質問をする。つまり、被調査者が、社会世界に対し、また彼ら自身の実践に対し、それらの質問が作成される起点となったスコラ的視点をとるべく彼らの生存条件によって性向づけられ準備されているのでないかぎり、つまり（彼らが現実にいかなる存在であるかを理解することが課題であるのに）彼らが現実の彼らとは別人であるのでないかぎり、実際にみずから問うことができないであろうような（つまりみずからの手段で作り出すことができない）質問をするのである。スコラ的質問が素朴きわまる実証主義からそれらの質問を課す者にしかけるワナはけっして油断がならない。というのは、それらの質問は（はい／いいえの形の）一見明快な回答を受け取ることがあっても、それは、無関心あるいは礼儀に由来する単なる譲歩でないときには、被調査者個人の特殊な状況によって始動させられたハビトゥスの実践的性向に発する回答であることがよくあるからである（たとえば職業課程教育の将来についての一般的な質問が被調査者の息子あるいは娘が職業課程教育で直面した諸問題との関係から発した回答を得ることがある）[4]。

スコラ的ポーズにアクセスするための諸条件の分析とともに、世論調査機関の実践についての省察は、わたしが調査者の意図と被調査者の非スコラ的関心事とのあいだのずれ《ヽ》の効果を意識する助けとなった。このずれこそが、ドクソゾフ（おのれ自身をだますからこそ、ジャーナリストや政治家といった他の「半可通」をだます、見かけについての見かけの学者）のおのれに盲目な調査がおこなう歪曲の元になっている。『世界の悲惨』として結実した調査で採用した方法における第一の意図は、ある種の形態の調査関係に内在的な構造的ずれがコミュニケーションに持ち込む可能性のある歪曲を反省性の不断の努力によって是正することであった。わたしたちは、おのれ自身の経験と実践を自分が考え語ることのできる認識対象として眺める性向が普遍的であると見なすことをやめた。そして、スコラ的性向を獲得する諸条件にアクセスできない人々が生きた経験を言説《ディスクール》のレベルにアクセスさせようとした。つまり、彼らの経験をほとんど理論的なステイタスにアクセスさせようとしたのである。そのために、スコラ的性向を招来する認識中心的な質問でスコラ的バイアスを導き入れないように留意するだけでなく、スコラ的条件からもっとも遠いところにいる被調査者がおこなう、ふつうはスコレーの世界に属する自己理解と自己認識の努力（これは「自己関心」[5] le souci de soi があってこそ可能になるものである）を支援しようとしたのである。

わたしはこれらいくつかの例を、言語学からではなく、ましてや経済学からではなく（経済学はスコラ的幻想が跋扈している。経済世界の法則に従う……普遍的規準としてしまっているからである）、民族学と社会学から借りた。これらの例から明らかなように、スコラ的視点が内包するすべてのことに無自覚であると（日常生活のなかで行動する学者の実践的理性でなく）行為者の実践について推論する学者の推論的理性を行為者に付与することになる。より精確に言うと、実践や成果を外側からしか、また（系図とか統計という、その使用に時間のかかる思考手段の助けを借りて）事後にしか把握できない観察者に、それら実践や成果を理解可能なものにするために生産しなければならない構築物（理論、モデル、規則）が、それら実践の現実的かつ効果的な原理であるかのように思いこませる。その結果（「機械のなかの幽霊」というライルの有名な表現をもじって言うと）「機械のなかに学者」を置くという誤りに陥ることになる。

余談　わたしの批判者への批判

わたしの仕事についてなされた数多くの誤読を取り上げるべきかどうかずいぶん迷った。誤読の元になっている先入見は善意の読者には一目瞭然であるし、根拠薄弱とすぐわかるはずであるから無視すればよい。それをあえてここで取り上げることにしたのは、読者への説明を、また自分自身への説明を最後までやりとげるためである。

わたしは現在の、あるいは過去の著作者との対決において、いかなる条件で、また、いかなる努力によって、例の「愛の原則《シャリテ》」（わたしは「寛容の原則《ジェネロジテ》」と呼びたいが）を本当の意味で実践することができるかを論じたことがある。(6) すべての文化的生産者は例外なくそのような扱いに浴する権利があるとわたしは確信している。それゆえわたしも、自分の仕事に対して寛容の原則の適用を求めることができると考えている（寛容は甘やかし《コンプレザンス》を意味しない。どんなにきびしくとも、真の認識と理解にもとづく批判は疑いなくもっとも実り豊かなものとなりうる。自分を甘やかすことになるのを怖れないならば、私的な、あるいは公的な批判でわたしが発見するのを、また、自分の研究の限界を乗り越えるのを助けてくれた人々の名前を幾人となく挙げることができる）。どんな界にも、自分固有の仕事で勝負する代わりに、定評の確立した者を競争相手と見立て、これに異を唱えるという中傷的な手口（それも「マルクス主義者」「全体論者《ホウリスト》」「決定論者」といった侮蔑的なレッテルを貼る手口）で安直に世間に知られようとする性急な者たちがいる。この種のきわめて還元主義的な批判はふたつの源泉から発している。ひとつはレクトールのスコラ的見方と結びついた理論主義的脱現実化である。ふたつめはある思想をそれが構築される場となった諸可能態の空間に位置づけることができない、あるいは位置づけることを拒否することに由来する脱歴史化である。

レクトールの読みは典拠《ソース》――常に部分的で、しばしば想像上の典拠――を見つけることに熱中する（図像解釈学《イコノロジー》的手法を多くの時代に不当に適用して、マネのある作品は古典主義絵画、同時代の民衆主義的画像、当代の写真映像のあれこれを想起させるとやみくもに並べ立てて、教養と想像力をひけらかす美術史家がその例である）。凡庸なホモ・アカデミクスに特有な現象だが、未知を既知に引き戻そうとするわけである。これはまさに保守的思想におなじみの「天《あめ》がしたに新しきものなし」のアカデミックな変種である。「知られている」著作者を、万人とおなじく、他の知られている著作者の読者――独創性のない、かならずしも常に正直でない読者――にすぎないと矮小化してしまおうとするのである。

（ハビトゥスという概念の先行使用例を調べ上げることに熱を上げた者たちがそうである。至近の使用例――これがきっかけで調査をはじめたのに――の独創性を立証するためでなく、それを否定するのが彼らの目的であった。その人々に対しわたしは、コギトを聖アウグスティヌスに由来するものとしようとした人々に、デカルトにあれほど批判的であったパスカルが発した、よく引用される回答を対置したい。「わたしは公正な人々にたずねたい。「物質は、自然的に、絶対的に、思考する能力をもたない」という原理と「わたしは思考する、ゆえにわたしは存在する」という原理は、はたして、デカルトの精神においてと、おなじことを千二百年前に言った聖アウグスティヌスの精神においてと、同一であろうか、と。

真実わたしは、デカルトがこの偉大な聖者を読むなかでこの原理を学んだにすぎないとしても、デカルトはこの原理の真の提唱者でない、と言うつもりはまったくない。なぜなら、ある言葉を、長く広範な省察を加えずに、たまたま書くことと、デカルトが主張したように、この言葉のうちに、物質の本性と精神の本性の区別を証明する一連のみごとな推断を見てとり、それをひとつの物理学総体の堅固で一貫した原理とすることとのあいだには、どんなに大きな違いがあるかを、わたしは知っているからである。なぜなら、彼が彼の主張において実際に成功したかどうかは検討せずに、成功したと仮定し、この仮定の上に立ってわたしは、この言葉は彼の著作のなかでは、それをついでに言った他の者たちの著作のなかの同じ言葉とは、生命と力にあふれた人間が死人と違うくらい違う、と言いたいからである。(7)」このパスカルの言葉は、ある種の批判は殺人の非の打ちどころのない一形態にほかならないことをエレガントな仕方で想起させてくれる。)

しかしながら、もっとも明白な誤解は、レクトールの読みがおのれ自体を目的としているという事実に由来する。つまり、テクストに、またテクストが運搬している理論、方法、概念に関心をもっている、しかしそれは、それら理論、方法、概念を何かにしよう、つまり有益で改良可能な手段として実践的使用のなかに組み込むためでなく、（場合によって認識論とか方法論とかの口実のもと）[8]他のテクストと比較しつつ注釈するためである、という事実に由来する。かくてこの種の読み方はもっとも肝要なものを消滅させてしまう。まず、提起された概念が名づけ解決することをめざしていた諸問題――ある儀礼を理解する、クレジット、貯蓄、出産などにおける行動の変化を説明する、学業成績あるいは美術館見学の頻度の偏差を解釈する、といった諸問題――を消滅させてしまう。それだけでなく、これら諸問題をあの時点で、あの形で（たとえばある時点で構造主義と現象学の規範的なあれこれの代表者が体現していた客観主義か主観主義かの二者択一という形で）提起せしめた理論的・方法論的可能態の空間――歴史的検討によって再構築する必要がある可能態の空間（なぜ再構築の必要があるかというと、この可能態の空間は、批判にさらされているテクストがそれら諸問題にもたらした新たな解決によって変容していることがありうるからである）――を消滅させてしまう。

作品〔opus operatum〕を、すなわち決定的に全体化された、そして常に遺著とでもいうべきものである全体性を、人工的に同時化し脱文脈化する注釈の論理自体が研究の運動と努力を無視せしめる、あるいは無化するのである。だが研究には手探り、素描、修正は付きものである。理論的方向づけの実践感覚（あるいは科学的ハビトゥス）固有の論理は大胆かつ慎重に暫定的概念を提起する。しかも、これら暫定的概念はそれらが作り出す諸事実をとおして精確になり修正されることで構築されていく。これは、継続的な手直しと再検討によって少しずつ進行するのであって、誤謬をたたき直すぞ式の仰々しい自己批判とは無縁の過程である。

戦略の概念がもっともよい例だと思う。この概念を思いついたのはきわめて明確な民族学の問題(結婚戦略)と社会学の問題(再生産戦略)の解答を模索しているときであった。これは規則という構造主義的用語とそれが担っている実行《エグゼキュシオン》としての行動理論と明確な断絶を画することによって、ヨーロッパ社会における親族関係の歴史的研究の進歩のために決定的な役割を果たした。ゲーム理論と「意図主義」的な行動観のキーワードのひとつをまったく逆のパラダイムのなかに導入したわけだが、この場違いな、したがって不安定、不確実、そして常にぐらついた概念であるがゆえにさまざまな批判的検討にさらされるであろうことは予測していた。しかし、わたしの著作のなかに自分の研究の用具《アンストリュマン》を見いだそうとする、より実践的な読み方、したがって、大上段に振りかぶった批判に比してよりきびしく、また、より寛大な読み方がなされたならば、かえって、意識的で管理されたこの曖昧さに依拠して、意識と無意識の二者択一を乗り越え、実践が遂行する固有の認識と省察を分析することに努めたであろうと思う。

だが結局、スコラ的読み方というのはいかなるものだろうか。それはまず、ある概念がその場を占めるにいたった、それゆえにその概念の理論的機能をより正確に理解する手がかりになるであろう可能態の空間を無視し、不毛な系統図づくりに熱を入れる。そして、その当の概念が、「棒を逆方向に撓《しな》わせて」支配的な(諸)表象と縁を切るために、ときには行き過ぎになるほど強調した側面をさらに誇張して不条理化してしまうのである。だが、たとえばハビトゥスの概念は、すべての行動の起源に意図的な目的を置こうとするスコラ的幻想に対して、また、新限界主義経済学のように、この行動哲学をいかなる異議もなしに受け容れる社会的にもっとも強力な当世の諸理論に対して、われわれの行動は合理的計算よりは実践感覚を基礎にしていることが多いことを想起させることを重要な目的としていたのであった。意識の諸哲学（そのパラダイム的な表現はデカルトに見いだされる）と機械論的諸哲学（刺激⇒反応式の）に共通する不連続主義的《ディスコンティニュイスト》・現働主義的《アクテュアリスト》見方に対して、過去はそれが作り出した性向のうちに現存し作動していることを主張したのである。あるいはまた、個々の（美的、感情的、認知的、などの）能力あるいは態度を分析することに熱心なある種の実験心理学の原子論的見方に対して、また、いわゆる「高貴な」趣味と基礎的（あるいは食物の）趣味とを対立させる（カントが保証した）表象に対して、社会的行為者は、ひとびとが予期している以上にしばしば、ひとびとが思う以上に体系的な性向（たとえば趣味）を持っていることを主張したのである。

以上のような特徴を徹底的に誇張して見せれば——たとえば（わたしが何度も、とりわけアルジェリアの下層プロレタリアートについて、彼らを生み出した矛盾した形成条件の痕跡を緊張と矛盾の形でとどめている分裂ハビトゥス、引き裂かれたハビトゥスが存在する、と言っているのに）ハビトゥスは一枚岩の原理だと言って、あるいは（それがどの程度強化されたか、制止されたかを問わずに）不変の原理だと言って、あるいは（未来の行動すべてを決定する力を過去に付与する）宿命的原理だと言って、あるいは（いかなる場合にも意識的な意図にいかなる場をも認めない）排他的な原理だと言って――自分が作り出した戯画的な論敵に手もなく打ち勝つことができるだろう。しかしハビトゥスがどの程度体系的であるか（あるいは逆に分裂的、矛盾的であるか）、恒常的であるか（あるいは流動的可変的であるか）は、その形成と作動の社会的条件によって左右されるものであること、したがってハビトゥスは経験的に測定し説明することができるものであることは明白である。「合理的な」行動にアクセスできる確率は、あれこれの型にはまった専横的行動理論（ホモ・アカデミクスはこの種の諸理論の突き合わせを無上の楽しみにしている）によってア・プリオリに決められるのではなく、経験的調査の対象になるべき社会的諸条件によって左右される、すなわち性向生産の社会的諸条件とそれら性向の作動の（有機的あるいは批判的な）社会的諸条件とによって左右される。ハビトゥス理論の利点のひとつは、まさにこのことを想起せしめてくれることにある。

いずれにせよ、以上の批判者批判から明らかになってくるのは、ここで取り上げた誤解のうち、意図的な悪意による部分（皮相なまなざしはこれを過大視するだろうが）と、界のなかにおける競争の論理に内在的な諸傾向、もっとはっきり言えば、スコラ的状況とスコラ的世界観の底に隠れている諸性向とのうちに書き込まれている諸傾向による部分とを見分けることがいかにむずかしいか、ということである。よって、批判的反省性は、ここでもまた、よりいっそうの認識のみでなく、悟り《サジェス》の一端をももたらしてくれる、というのが結論となる。

利己的普遍主義としてのモラリスム

多くの普遍主義的マニフェストや普遍的処方は個別的ケースの普遍化の産物、すなわち、スコラ的条件を構成する特権の（無意識的）普遍化の産物にすぎない。このまったく理論的な普遍化は、普遍へのアクセスの抑圧された経済的・社会的諸条件を想起させることがなかったら、また、これら条件を実践的に普遍化することをめざす（政治的）行動を伴うことがなかったら、虚構的な普遍主義に導く。万人に、ただしまったく形式的に、「人間性」を付与すること、それは人間性を実現する手段を奪われているすべての人々を、ヒューマニズムの外見のもと、人間性から排除することである。

かくて、十八世紀にヨーロッパの主要国において、市民文化の発展に随伴しそれを支えた諸制度（新聞、クラブ、カフェなど）とともに出現した「公的空間」の形成過程を記述することによってハーバーマスが提唱した政治生活観は、合理的なコンセンサスに導くことができる公的討議《デリベラシオン》――すなわち競争関係にある諸個別的利害がいずれもおなじように尊重されるような、また、参加者が、「コミュニケーション行為」の理念的モデルにしたがって、他者の視点を理解し、それに、自分の視点に与えるのとおなじ重みを認めるように努める討論――が確立するために満たされるべき経済的社会的諸条件の問題を隠蔽し抑圧してしまう。スコラ的世界のなかでさえも、認識にかかわる利害が社会的、戦略的、手段的利害に根を下ろしていること、論拠の力は力の論拠に対して（いや、欲望、欲求、情念、またとくに性向に対してさえ）ほとんど無力であること、さらに、支配はコミュニケーションの社会関係から不在であることはけっしてないということを、どうして無視することができるのだろうか。

ハーバーマスの思想は複雑であるし絶えず進化しつつある。また、長い歴史的伝統に根を下ろしている。これを正しく評価しようとするなら、この伝統を、時間をかけて論究すべきだろう（たとえば後に「コミュニケーション的理性」として理論化された公的討議理論は、カント（そしてルソー）が唱えた「一般意志」〔Willkür〕と「（個別的意志の集合としての）万人の意志」〔Wille〕とのあいだの区別のバリアントを保持しているし、「一般意志」形成の論証的性質を強調したルソーを踏襲している）。このような思想に対して、短兵急で皮相なものにならざるをえない批判を加えることは寛容の原理に違反するのではないかと危惧される。そこでわたしとしては、政治にかんするハーバーマスの思想の生成公式〔formule générative〕と思われるものを析出することのほうを選びたい。ハーバーマスの思想に理論的注釈あるいは批判を加えようというのではなく、経験との対決（率直に言えば、この思想はこの対決を進んで受け容れようとはしない）にさらすためである。マルクス[10]がドイツ哲学に特徴的なこととして記述した傾向と無縁ではないのだが、ハーバーマスは社会関係に二つの還元、あるいは同じことだが、二つの脱政治化を施し、政治をそれとなく倫理の領域に押しやってしまう。政治的な力関係をコミュニケーション関係に（そして「合意に到達しコンセンサスを生み出すことを可能ならしめる論証的言説の非暴力的な力」に)、つまり「対話」関係に還元してしまう。この関係からは力関係は事実上排除され、変容した形で存続することになる。[11] かくて、言語と、言語に論理的に内在する目的因《テロス》と見なされた「相互理解」との本質論的分析は、「非暴力的な」zwanglos コミュニケーションの「社会学的」理論なるもののなかで、また、道徳的判断の普遍化というカント的な原理の言い換えにすぎない「コミュニケーション的倫理」のなかで展開されるのだが、この「コミュニケーション的倫理」なるものは、象徴的権力の諸関係の社会学が露わにする事態とはもはやいかなる関係もない。またとくに、「コミュニケーション行為」という名のもとに記述される真の「目的の王国」(カントが『道徳形而上学原論』で言っている Reich der Zwecke) が確立するために、個人間の関係においても政治の領域においても、満たされなければならない諸条件の問題がきれいさっぱり消滅してしまう。

であるならば、あるがままの「公的空間」に立ち返りさえすれば、ハーバーマスをして理性の普遍性と普遍化可能な利益の存在とを合理的コンセンサスの基礎と見なさしめる認識論的幻想は、政治の領域へのアクセス条件についての無知(あるいは抑圧)――そしてまた、女性についてよく言われることだが、政治の界における有力なポジションだけでなく、もっと深刻だが、筋道だった政治的意見(「意見を持つ doxazein とは話すことだ」とプラトンが言っている)を、したがって政治の界へアクセスするチャンスを制限する差別の要因(性別、学歴、収入など)についての無知(あるいはその抑圧)――に起因することが理解できるだろう。

世論調査を、政治的意見を持つにいたる諸条件を経験的に把握する機会と考えて、ふつうそうするように回答にだけ関心を持つのでなく、どんな回答であれ、回答する／しない可能性に、そしてまた、さまざまな基準から見た回答のバリエーションに関心を持つならば、世論調査員がそれと知らずに押しつけるスコラ的質問リストに真の意味で関与的に回答するために必要な姿勢をとりうる能力は、一般に信じられているのとは逆に、ランダムに（あるいは平等に）分布しているのではないこと、性別や職業、教育水準のようなさまざまな要因に左右されることを発見するだろう。回答する（とくに政治評論家や政治学者がみずからに課するような複雑な質問に回答する）ことへの積極性と適性は、女性において常により低レベルだが、職業、収入、教育水準のヒエラルキーを下降するにしたがって低落し、無回答と「分かりません」回答が増える[12]。明らかにこれは科学にとっても政治にとっても決定的に重要な問題――しかし、この種の目に見えない選挙権制限 cens invisible の存在の発見は民主主義の素朴な信奉者、もっと言えば、「人格」の尊厳の信奉者にとって不快だからであろうが、政治「科学」が口をすぼめて無視する問題――を提起する事実である。すなわち、世界にかんする筋道だった一般的な言説という正当な（そしてスコラ的な）定義における政治的意見を持つことにアクセスするための経済的社会的諸条件の問題である。

　自分の関心と経験、意見を言葉で表現する、判断の整合性を求める、その整合性を明示的な原理、明示的に政治的な原理のうちで基礎づける積極性と適性は学歴資本に（そして、第二に、経済資本に対する文化資本の比重に）直接的に依存している、という事実はきわめて不愉快なスキャンダルである。「民主的」あるいは「平等主義的」な思考習慣に愛着するあまり、事実確認と願望、確認的命題と遂行的判断を区別することができない人々は、社会的弱者たちを(すくなくとも彼らの不利な条件を明らかにすることによって)正当に評価しているこの分析を、「人民」に対する、その「たたかい」と「文化」に対する隠微に保守的な攻撃であると見なすかもしれない。(13) いわゆる個人的意見にアクセスする可能性の明らかなる不平等は、素朴な民主主義者の信念、偽善的政治改革派 do-gooders の倫理的善意、また、より一般的に言うと、スコラ的幻想の核心にある主知主義的普遍主義を揺るがす。人間性とヒューマニズムを信奉する哲学者で、合理主義的な信条と民主主義的な信念の中心的なドグマ、すなわち、デカルトの言う「正しく判断する」能力、つまり、自発的・即時的直感によって善と悪を、真と偽を見分ける能力は普遍的に適用できる普遍的適性であるという教義を受け容れない者がひとりでもいるだろうか。

世界にかんする判断を生産する独占権の正当な保持者を自任していたカトリック教会に対抗して十八世紀に作り出された「意見《オピニオン》」という観念、また、その観念と不可分の(その生産者が誰であれ、すべての意見は同価値であると主張する)「寛容《トレランス》」という観念は、なによりもまず、新しい文化的自営小生産者、すなわち作家とジャーナリストとの自由な生産への権利の要求を表現していた。彼らの役割は特化した界の出現と同時進行で、また、新しい文化的生産物の市場の発展と(固有の意味での政治的意見の生産の機関である)新聞と政党の発展と同時進行で増大していった。十九世紀にいたって、フランスで、第三共和制の建設者の一部が、啓蒙主義十八世紀から継承された個人的意見という観念を、普通選挙で表現されるべき判断にアクセスする能力の普遍性を真に保証するために必要と見なされた政教分離の義務教育の観念に結びつけたのであった。この教育と意見の関係は、はじめは普通選挙制の支持者にも反対者にも自明のことであったが、次第に忘れられていった。あるいは抑圧された。

　このような生成過程に書き込まれている諸前提はすべての政治的な思想と実践を支えている「民主主義的」ドクサのなかに生きのびている。このドクサは政治的選択を（たとえばエートスの実践的図式でなく）判断とみなす。政治的問題ととらえられた問題に筋道だった回答を与えるために明示的に政治的な原理を適用する純粋に政治的な判断と見なすのである。ということは、政治的生産手段――政治的問題をそれと認め、その問題を理解し、自分の実践的利害に一致するように、この利害に適合する政治的原理から派生した諸選択と調和する回答で答えるために必要な手段――を市民すべてが同程度に駆使できると想定することになる。世論調査《ソンダージュ・ドピニオン》というものは（質問表にちりばめられている「あなたの考えでは」「あなたの見解からすると」「あなたはどう考えますか」式の質問が裏付けているように）「個人的意見」を表明するよう、あるいは、いくつかの用意された意見のなかから何の援助もなしに自分自身で選ぶよう、例外なくすべての被調査者に要求する。そうすることでまさに、政治学のドクサを構成する諸前提を白日のもとにさらすのである（このドクサはその自明性によって完璧に保護されているので、民主主義的無意識の諸前提を理論的に検討しようとすると、すぐに民主主義に対する攻撃だと弾劾されることになる）。世論調査はまた、経済的変数、とくに文化的変数によって無回答あるいは「わかりません」回答の率が変化することをとおして、個人的意見を持つ平等な権利を（この形式的に普遍的な権利を実現する現実的な手段を万人に与えることなしに）万人に認めることによって、そう欲することも知ることもなしに産出してしまう誤認の象徴的効果を観察することを可能にしてくれる。

すべての政治的な思想と行動を支える主知主義的な幻想、典型的にスコラ的な幻想は個人的なもの《ル・ペルソネル》と「人格《ラ・ペルソンヌ》」のスコラ的な崇拝と文化によって増幅される。「個人的」とされるもの（「個人的アイデア」「個人的スタイル」「個人的意見」）と非個人的《アンペルソネル》（没個性的）なもの（ハイデガーのダス・マン、普通のもの、卑近なもの、集合的なもの、借りもの）の対立が学校的判断の基礎をなす倫理的・美的ドクサの核心にあることを示すのは容易なことである。また、この対立がそれと平行な対立体系、象徴の領域全体の土台となる対立体系のなかにすっぽりと収まることを示すのは容易なことである。裕福さと貧しさの対立を核として、一方に稀なもの、上品なもの、選り抜かれたもの、唯一なもの、類のないもの、他と違うもの、独創的なもの、比較できないものが、他方に普通のもの、卑俗なもの、平凡なもの、特徴のないもの、月並みなもの、平均的なもの、ありふれたものが、さらには精彩のあるものとくすんだもの、繊細なものと雑なもの、洗練されたものと生硬なものが区別される。「個人的なものに勝るものはなにもない」というジッドの言葉は文学の世界に限られることではないのだ。「個人的意見」へのこだわりが取る（ブルジョア的、とくにプチブルジョア的）形態がどんなに手の込んだものになりうるかは脇に置いて（これは他の場所で分析した）、ここでは、普遍的思想家が普遍的なものへアクセスする能力を万人に付与する拠り所となっている主知主義的普遍主義は、ハーバーマスの場合、個人的意見に対するこの上もなくエリート主義的な信仰に深く根を下ろしていること、そして、この信仰が「賢明な判断」にアクセスする能力の普遍性に対する信仰と共存しうるのは、まさにこの差別的《ディスタンクティヴ》で品格《ディスタンゲ》のある意見にアクセスできる諸条件を完全に抑圧してしまっているからであることを指摘するにとどめよう(14)。

（社会的現実および「科学」にかかわる、また「科学」の無意識にかかわる以上のような「発見」を一九六〇年代初めにアルジェリアにかんする初期の研究でわたしがした発見と付き合わせてみると、意見へのアクセスとおなじく、買う、借りる、貯める行為における賢明な経済的選択にアクセスする能力には可能性の経済的諸条件がからんでいること、そして自由と「合理性」における平等は、「個人的意見」の場合においても経済的行動の場合においても、虚構であることが見てとれる。現在を最低限掌握することを可能にしてくれる安定した仕事と最低限の規則的収入とが保証する一定水準の経済的安全が存在しない場合には、経済的行為者は時間、貯蓄、適切な限度内の借金、子づくりといった資源の合理的な管理運営のような、未来を掌握する努力を前提とする行動を考えることも実行することもできないことをわたしは経験的に立証した。つまり、合理的とされる経済的行動にアクセスするための経済的・文化的条件が存在するということなのである。こうした条件の問題、まさに典型的に経済的な問題を問うことをせず、経済学は世界と時間に対する予測的計算的性向を自然的所与、自然からの普遍的な賜物として扱うのである。だがこれは、きわめて特殊な個人的・集合的歴史の産物なのである。[15])

理性の台頭の歴史的条件というものがある。科学的と自負しようとしまいと、この条件を忘れた、あるいは意図的に隠蔽した表象はすべて不当きわまる独占、すなわち普遍の独占を正当化する。それゆえ、普遍へのアクセスの条件を語らない抽象的普遍主義の信奉者たち——普遍を自分のものにする諸条件を事実上独占する、そのうえ、その独占の正当性をも主張する、性別、民族、社会的地位などの点での特権者たち——とシニカルでしらけた相対主義の擁護者たちに、彼らの集中反撃にさらされるのを覚悟で、断固としてノンと言わなければならない。国際関係においても国内関係においても、抽象的普遍主義は、多くの場合、既成の秩序を、つまり権力と特権の現行の分布を、つまり異性愛者、欧米（白人）、そしてブルジョアである男性の支配を正当化する役目をはたす。抽象的普遍が、それが歴史的に実現した経済的社会的条件と切り離されて、（民主主義、人権といった）その形式的な要請が担ぎ上げられる。それどころか、個別主義《パルティキュラリスム》のいっさいの主張が、したがって、烙印を押された特殊性（女性、ゲイ、黒い肌など）を基礎に組織される共同体《コミュノーテ》が、より包括的な社会的単位（「国民」「人類」）からみずからを排除するものだとして嫌疑をかけられ、あるいは非難され、いやがうえにも普遍主義的な弾劾の対象にされるのである。他方、すべての普遍主義的主張を、なんらかのヘゲモニーの維持を狙ったパリサイ派的な欺瞞であると見なす単純な相対主義から、普遍へのいっさいの信奉、真理、解放、要するに啓蒙主義 Aufklärung の価値へのいっさいの信奉を、そして普遍的な真理と価値のいっさいの肯定を懐疑的あるいはシニカルに退けるのは、現状をそのまま受け容れる（ラディカリズムを装うことができるだけにもっと危険な）やり方である。

抽象的普遍主義の欺瞞的偽善とたたかうこと、と同時に、普遍へのアクセス条件に普遍的にアクセスできるようにする（これこそが、普遍主義的な説教とニヒルな（偽の）ラディカリズムはそのことをともに忘れてしまっているが、真のヒューマニズムのもっとも重要な目標である）ためにたたかうこととは、外見にもかかわらず、矛盾しない。形式的に普遍主義的な批判を批判することは啓蒙主義〔Aufkläirung〕を不断に啓蒙〔Aufkläirung〕する条件である。この批判は（個別のケースを普遍化するという傾向、すべてのエスノセントリズムの根源である傾向が、ハーバーマスの場合、寛容と美徳の外観をまとっているだけに）ますます必要になる。口先の普遍主義による同化主義的併合に内含されている普遍の帝国主義は、スコラ的諸要請を（同時に、それらを充足させる手段を普遍化することがないまま）普遍化するという形で、一国内の支配関係で行使される。教育制度は（文化法則にしたがうために必要な普遍的文化的成果の知識を広範に配分することができないにもかかわらず）文化法則のほぼ普遍的な認知を強制することができる力を持っている。それゆえに、認識優先的《エピステモクラティック》な社会義論《ソシオディセ》(16)に、欺瞞的な、しかし社会的に強力な根拠を与えるのである。

支配的な国が、政治、法、科学、芸術、文学で普遍的なものとして、みずからに（したがってその国の被支配層に）押しつけることができるもの、そして他の国々に押しつけることができるものの生産と受容の条件にアクセスする可能性は諸国家間、諸社会間で不平等に分布しているから、併合主義的暴力は諸国家間、諸社会間の象徴的支配関係においても行使される。いずれの場合も、支配的存在様態は暗黙のうちに規準と、すなわち人間性の本質が完璧に実現したものと見なされる（すべての人種差別主義は本質主義である）。そして、その支配的存在様態は、歴史的差別に由来する諸特殊性を、そのあるもの（男である、白人である、など）は無標・中性・普遍な属性と、他のものは烙印を押された否定的な「自然」と見なす普遍化の作用を経て、自然の様相を帯びて確立する。（「原始的」「女性的」「民衆的」）「心性《マンタリテ》」、すなわち自然に（不合理なことながら、このような自然化の犠牲者自身がこのレッテルをすすんで受け入れる）、あるいは、その歴史性を消し去られた「疑似自然」に結び付いた欠如として定義される被支配者の弁別特徴（「黒人」、とくに近年は「アラブ人」）は、支配関係の刻印をとどめる集合的・個人的歴史の個別性に帰すべきものであるということが意識されなくなる。

　こうして、原因と結果を転倒させて、自分がひとに加えている困窮、欠陥、欠乏の責任をその犠牲者の自然（本性）に被《かぶ》せ、「犠牲者を叱責する」事態になる。その最たる例は植民地主義に多々見いだされるが、ここではオットー・ヴァイニンガーが吐いた迷言を挙げておこう。カント哲学の威を借りた著作のなかでこの男はユダヤ人と女性を、啓蒙主義がさらされている他律《エテロノミー》と無秩序の脅威のもっとも油断のならない化身として描き出している。彼は固有名詞とこれに対する愛着は「人格の不可欠な次元」であるとする。そして女性が自分の姓を簡単に捨て、夫の姓を名のることを非難し、結論として「女性は本質的に名のない存在である。女性は自然（本性）的に人格性を欠くからである」(17)と宣《のたま》ったのである。これこそまさに人種主義的憎悪のすべての背理《パラロジスム》のパラダイムであるが、その例をわれわれは毎日、烙印を押された被支配集団（女性、同性愛者、黒人、移民、困窮者）についての言説と実践のうちに見いだすことができる。彼らはみずからの運命の責任を負わされ、事実上彼らに拒否されている普遍性への権利を要求し始めるや、「普遍的なもの」にしたがうよう強く促されるのである。

パスカルは「二つの行きすぎ。理性を排除すること、理性しか認めないこと(18)」を戒めている。長い歴史的なたたかいを経て歴史のなかに確立されたわずかながらの理性。この理性を、まず、推論的理性の狂信と、この狂信が正当化する、そしてヘーゲルが言うように非合理主義を生み出す権力乱用とに対する不断の批判によって、不断に擁護しなければならない。次にとりわけ、理性の現実政策 Realpolitik のたたかいをとおして擁護しなければならない。理性の現実政策のたたかいとはすなわち、効果的であるためには、以下に述べるように、論拠の力だけに頼るような、論拠の力以外の力を認めないような、合理的対話の規則にしたがった対決だけに限ることができないたたかいのことである。

純粋な快楽の不純な条件

スコラ的幻想の第三の次元は美《エステティック》的普遍主義である。カントがこれをもっとも純粋に表現している。趣味にかかわる判断の可能性の条件を問うわけだが、この判断の可能性の社会的条件には触れないのである。だが実は「感性の無私な働き」とか「感じる能力の純粋な行使」といった言い方、要するに感性のいわゆる先験的な使用なるものはこの社会的条件を前提にしているのである。美的快楽、カントが言う「すべての人間が感じることができるはずの純粋な快楽」は「純粋」と言われる性向が形成される条件にアクセスできる者たちの特権である。より精確に言えば、この純粋な快楽は二つの種類の条件にもとづく。まず、長い進化の結果としての、ひとつの自律的な界――経済的・政治的拘束から解放された、そしておのれ自身がみずからに課した法以外の法、極端に言えば、自己以外の目的を持たない芸術の法以外の法を知らない芸術の界――が出現することである。第二に、「純粋な」快楽に、つまり純粋に美的な快楽にアクセスさせてくれる「純粋な」性向が、とりわけ家庭教育あるいは学校教育によって、形成される、そしてひとたび形成されたあとは、それが作動し、作動することで維持され永続化される位置《ポジシオン》を社会の内部で占めることである。（ついでだが、合理的で賢明な経済的選択についても同じことが言える。合理的で賢明な経済的選択は、一方で、計算と予測を可能ならしめる、そして計算と予測の性向の発達と行使をうながす経済世界（この世界は計算と予測の性向があってこそ機能する）の存在と、他方では、予測と計算の性向が形成され行使される、したがって強化される諸条件へのアクセス可能性とを前提している）。

　およそ美にかんする考察は統計から出発すべきものである。統計は、たしかに卑俗ではあるが、美術館にアクセスする確率は教育水準に、より正確には学校で過ごした年数に密接に関連していることを示している（フランスでは、学校教育では美術教育にはあまり力がおかれてはいないけれども)。ということはスコラ的状況固有の効果が存在することを予測させる。美術館へのアクセスと教育水準の関連という疑いの余地のないデータから明らかなのは、いわゆる美術館という神聖な、そして聖別する働きをする、区別された空間――そして芸術の界を構成する視点(すなわちノモス)の制度化にほかならない空間――に展示されることで芸術作品として聖別されたオブジェの前で美的悦楽を探求し経験するという性向は自然的なものでも普遍的なものでもない、ということである。この性向は特別な条件の所産であり、一部の特権者の独占物なのである。(かといって、鑑賞「眼」の神話に乗せられて、美を見分け美的快楽を感じる潜在的能力(これが現実化するための社会的条件と出会うか出会わないかはともかく)はごく少数者のものとするいわれはないが)。

プラトンからハイデガーまで、思想や芸術、倫理の領域で選ばれた者たちと排除された者たちの差異を多かれ少なかれ明示的な社会義論《ソシオディセ》で正当化することによって、この差異を理論的に承認する公然たる貴族的伝統とは逆に、普遍主義的ヒューマニズムは、一見、人類の普遍的成果に対する万人の権利を認める。しかしそれは、学識ある「主体」のヒューマニズムは、「主体」の経験をその(科学的、倫理的、美的)特殊性において分析した結果を普遍的「主体」の性格を定義するものとして提示しているにすぎない。また、普遍的ヒューマニズムは、より隠微なやり方で、つまり差異を可能ならしめた社会的条件に触れないというやり方で、差異を承認する。そして同時に、これら忘れられた、あるいは無視された諸条件によって助長された差異をすべての実践の規準となすのである。しかもこの認証に異議を申し立てる者はほとんどいない。(あれこれの分野で)普遍性を自分の特殊性として持っているがゆえに、みずからを普遍的と感じることができる、そして自分がかくもみごとに体現している普遍の普遍的認知を要求する資格があると感じている者たちは当然この承認に満足する。そしてこの普遍性をしばしば文化普及の熱意（言うまでもなく、この熱意は差異を強調したり維持したりする配慮と共存しうる）で、とりわけ自分自身に向けて、正当化するのである。だが、パラドクサルなことだが、この差異の承認は普遍へのアクセス条件から排除されている者たちにも受け容れられる（好むと好まざるとにかかわらず、この問題では、「抵抗」はきわめて稀である）。彼らは（とりわけ学校教育をとおして）普遍的規準と成された、したがって欲求と欠如感を発生させるもとになる現行の法を深く内在化してしまっているので、奪われた、略取された、とまではいかなくとも、ある場合には、自分には欠陥、不足している点があると感じるのである。

カントによると趣味の判断は「普遍的有効性を主張する」判断ということになるが、その特殊な社会的可能条件を想起せしめることは、趣味の判断の普遍性の主張、したがってカント美学の主張に限界を設定せしめることになる。ある歴史的社会の教養ある「主体」がアクセスできた美的経験の現象学的と言ってもよい分析をおこなって、カント美学に一定の価値を認めることはよいとしても、おのれ自身の歴史的可能条件を、すなわちおのれ自身の限界を忘れることによっておこなった個別的ケースの無意識的な普遍化の結果として、彼の美学が芸術作品（あるいは世界）の個別的な経験をすべての美的経験の普遍的規準としていること、そして、その経験にアクセスする特権を持っている者たちを暗黙裏に正当化していることを指摘しなければならない。

大衆《ピープル》にはそれなりの「大衆美学」「大衆文化」があるとする大衆迎合主義《ポピュリスト》的美学は、意外感を与えるかもしれないが、やはりスコラ的幻想のひとつの効果である。それはスコラ的視点を（その可能条件を普遍化するいかなる意図もないままに）暗黙裏に普遍化する。「純粋な」美的判断が前提する実践的利害を棚上げにする社会的条件を検討することなしに、美的な視点を可能にする経済的社会的特権を、暗黙のうちに万人に認めるのである。だがこれは虚構、紙の上でのことにすぎない。ある者たちに強いられている非人間的な生活条件を指摘する（あるいは告発する）一方で、その条件に苦しんでいる者たちにも、「文化」あるいは「美学」といった概念のなかにわれわれが（社会的に書き込まれるものであるがゆえに）暗黙裏に書き込んでいる無償無私なポーズをとる能力のような人間的潜在能力を完全に現実化する可能性が保証されていると主張するのは矛盾もはなはだしいと言わざるをえない。

復権《レアビリテ》するという意思は褒めるべきだし、理解できる。もっとも下層の人々がとくに家族にとって意義深い機会の意義深い記録を残そうとして撮る一見いかにも陳腐で類型的な写真や、彼らが芸術写真なるものに示す驚きあるいは憤慨の判断が、整合的な原則（だがカント美学の原則とは正反対の原則）にしたがった判断であること（だからといってこれを、括弧つきならともかく、ひとつの美学と言ってよいことにはならない）を証明したとき[19]のわたしの頭にあったのはこの思いだった。ゲットーの黒人少年たちの言語がハーヴァードの学生たちのもったいらしく冗長で婉曲な、ときに晦渋な言説に負けぬくらい洗練された神学的分析を表現しうることを証明したときのウイリアム・

ラボフ[20]も同じ思いだったのであろう。しかしだからといって、エリート校の学生の言説とちがって、ハーレムの少年たちの独創的で色彩豊かな言語は学校市場、また同じような他の社会状況（たとえば就職のための面接）ではまったく価値がないという事実に目をつむるようなことになってはならない。社会世界は相対主義者ではない。容易に相対化されることのないヒエラルキーを持っているのである。

多くの場合、「大衆文化」崇拝は階級的人種主義《ラシスム・ド・クラス》の、口先だけで実効性のない、したがってえせ革命的な裏返しにすぎない。これは大衆の実践を野蛮あるいは俗悪に還元してしまう。女性らしさを賛美するある種のやり口が男性支配を強化することにしかならないのと同じで、「大衆《ピープル》」を尊重する、結局のところ心地よい、このやり方は、大衆をたたえるふりをしながら、欠乏を選択に、あるいは選択的達成に転換することによって、大衆をその現状に閉じ込める、あるいは埋没させる働きをする。そして、すべて現状維持のまま、パラドクサルな反逆的寛容性をひけらかすことのご利益《りやく》をもたらす。こうしてある者たちはおのれの真に教養ある教養―おのれのお上品な反体制性を吸収することのできる教養（あるいは言語）――を与えられる。他の者たちは社会的価値をまったく持たない、あるいは（ラボフの論じているブロークン・イングリッシュのように）急激な価値下落にさらされた文化ないし言語（単なる理論的偽装で虚構的に名誉回復されることはあるが）を与えられる。

その結果、貧困層を対象にした「文化政策」は二つの形の偽善のあいだで揺れ動くことになる（今日、少数民族、とくに移民に対する施策に明らかなように）。一方で、「文化的」特殊性と特殊主義の（実は見下した、実行を伴わない）尊重というたてまえを振りかざす。その結果、押しつけられたもの、仕方なく受け入れたものであることが少なくない特殊性と特殊主義がひとつの選択だとして構成される（たとえばある種の保守主義が「差異の尊重」を利用する仕方、また、「貧困の文化」culture of poverty という、アメリカのゲットーの専門家が発明したえも言えぬ概念を見よ）。こうして、彼らの不十分な可能性を十分に達成するための現実的な手段を提供することを怠ることによって貧困層を彼らの現状に閉じ込めるのである。他方では、（今日の学校制度がそうだが）同じ要求を普遍的に押しつける。それでいて、それらの要求を充足させるための手段を普遍的に配分することは眼中にない。こうして不平等を正当化する。不平等を確認し追認するだけなのである。あまつさえ（まずは学校において）形式的平等における現実的不平等の効果と連結した象徴的暴力を行使するのである（実は、これはかなり絶望的な事態である。というのは、すくなくとも近代国家においては、被支配層が、それを復権させる目的で、彼ら固有の文化を取り戻す可能性は文化強制《アンポジシオン・キュルチュレル》と脱文化《デキュルチュラシオン》の勢力（その第一が学校制度。学校は、中心的文化へのアクセスの機会を広範に保証することができないばかりか、マスコミと協同して、周縁文化の伝統を破壊する）の圧力によってほぼ完全に排除されてしまっているからである）。

　無視の結果か抑圧の結果か、美的経験の社会的可能条件とこの経験を現実に普遍化するための条件とを忘れ去っているということは、それだけで、普遍主義的思想家が自分の普遍的と称する美的経験のきわめて特殊な、そしてきわめて特権的な条件に暗黙裏に帰依していることを示している。しかしながら、『判断力批判』はもうひとつの、より直接的な告白をしている。カントの美的判断の理論の厳密な建築構造は、レクトールたちの自発的共犯者的注釈によってはじめて明らかにされたわけだが、深層の言説を秘めている。普遍性のすべての属性を付与された「純粋な」趣味の純粋に感覚的なアンチテーゼであるところの「野蛮な趣味」「舌と口蓋とのどの趣味」への嫌悪を表明しているスコラ的無意識の言説である。[21] 普遍主義への目に余る違反に対して実効的な抗議運動が台頭してようやく（それを特殊主義的反乱だと非難して）普遍主義擁護を唱え出す者たちのうちに、同じような、また、一見パラドクサルな告白を見てとることができる。

理性の両義性

普遍が生成した世界が出現した社会的条件を想起するならば、十八世紀啓蒙主義の素朴に普遍主義的なオプティミスムに与することはないはずである。理性の台頭は、理論的には普遍的な、しかし実際には一部の者が独占していた思考・行動様式がすこしずつ創造されていった（特権を土台とする）社会的ミクロコスモスが次第に自立性を獲得していく過程と不可分であった。人々が国内の野蛮である「卑俗《ル・ヴュルゲール》」に対する貴族的な軽蔑と、外国か自国かは問わず、無条件な「人間性《ユマニテ》」に無条件な寛容を示す普遍主義的なモラリスムとに、同時に、あるいは交互に、陥ることがあるが、それは理性台頭の歴史的条件に由来する両義性から説明することができる。

支配的な国と被支配的な国（あるいは中心国家に、その言語と文化などに併合された地方や区域）とのあいだの関係にも同じ両義性が見いだされる。たとえば一七八九年の革命家たち、すなわち（フランス）国家を（その民法、メートル法、十進制貨幣、その他の「合理的」発明物とともに）同時代の国々よりも高度の普遍性にまで押し上げた者たちは、彼らの普遍主義的信仰をただちに普遍《リュニヴェルセル》の帝国主義に投資し、この帝国主義を民族国家《エタ・ナシオナル》（あるいは民族主義国家《エタ・ナシオナリスト》）とその支配層のために利用したのである。そのために、正反対の、しかしともによく理解できる反応を引き起こすことになった。ひとつはカントのようにメッセージの啓蒙的な側面に注目した人々の熱烈な普遍主義である。他方はヘルダーをその理論家とする反応性《レアクショネル》ナショナリズムである。いずれにせよ、普遍主義的信条を深く嫌悪する国民の反動的《レアクショネール》神秘主義と、それと対をなす非合理主義的なパトスはよく理解できる。ともに、普遍の帝国主義という両義的な侵略に対するゆがんだ反撃なのである（今日のイスラム原理主義はこの種の反撃の一形態であるかもしれない）。

啓蒙主義の蒙昧主義《オブスキュランティスム》は理性のフェティシズムと普遍のファナティズムの形をとることがある。この両者は信念の伝統的な表明すべてに閉ざされている。また、一部の者が宗教的原理主義を糾弾する際の反射的暴力性が示しているように、自分が糾弾している当のものと同じくらい不分明であり不透明である。さらにまた理性は、特権によって、みずからをそうと知らない特権によって可能になったものであるがために、権力乱用の潜在性を秘めている。つまり理性は、スコレーを土台として作られた、そして（とりわけ学校制度との関係を介して）支配の分業体制のなかに客観的に組み込まれている（法的、科学的……。）界のなかで生み出されたものであるがために、ある希少性を備えている。この希少性ゆえに、理性は常に（文化的あるいは情報的）資本として、そしてまた（理性を生み出した経済的社会的条件が誤認されているがために）象徴資本として機能する傾向性を持つ。つまり、物質的象徴的利潤の源泉として、と同時に、支配と正当化の道具として機能する傾向性を持っているのである。さらに理性は、（フロイトとヴェーバーが言う二つの意味での）合理化《ラシオナリザシオン》という、いやそれ以上に、極め付きの社会義論《ソシオディセ》である普遍化という、またとない正当化の形態を提供してくれる。不透明かつ必然的な記号の障壁でスコラ的切断を具現する、そして任意の普遍的 x に妥当する命題を書くことを可能にする法的あるいは数学的形式化は、もっとも恣意的な内容にもっとも抗いがたい普遍性を付与するのである。

（わたしのうちに眠っているホモ・スコラスティクスがジョン・ロールズの理論的構築に対して抱く敬意にもかかわらず、わたしは「論理のものごと《ショーズ・ド・ラ・ロジック》」が「ものごとの論理《ロジック・デ・ショーズ》」をあまりにも歴然と覆い隠してしまう、あるいは踏みつぶしてしまう形式的モデルに与することはできない。[22] 多くの論者が指摘しているが、基本的諸自由の優先を主張するロールズの論議のドグマ的性格は、彼が彼自身のものに他ならない潜在的理念、つまり理念的アメリカ民主主義像に愛着するホモ・スコラスティクスの理念を原初状態のパートナーたちに暗黙裏に分与してしまっているという事実によって説明できる。[23] 著者とその読者が社会契約の諸前提の分析のスコラ的諸前提——とりわけ、社会契約を結ぶ当事者から相互の社会的諸特性にかんするいっさいの情報を奪い去る、要するに、彼らを新古典派モデルにしたがって交換可能な個人の状態に還元してしまうという前提——を受け入れるために満たされなければならない諸条件なるものはとても黙過できるものではない。このような典型的にスコラ的な心的実験にはその場限りの、なかば遊戯的な賛意以外のものを表明できないのではないか。(主として理論的伝統の違いに起因する表面的な不一致にもかかわらずロールズときわめて近いハーバーマスと同じく)ロールズは政治の問題(これとてもかなり非現実的なものだが)を合理的倫理の問題に還元してしまう。われわれは社会的経済的諸制度をともに組織しようとしている人々の同意をえなければならないと言うのだが、われわれは当事者相互の趣味や才能、利害について何も知らない、それぞれが占めようとしている社会的位置や彼らが生きようとしている社会について何も知らない、という前提を立ててのことなのだ。ロールズが「無知のヴェール」と呼んでいるものは(すなわち、正義の理論は、完全な公平性に通常相反するものについてわれわれは何も知らないと仮定した上でわれわれの権利とは何か、協同の規則とは何かを語るべきだという考えは)ジョン・ロールズが自分の思考様式を借りた経済的正統教義《オルトドクシー》がそれと知らずに依拠している抽象の(いや、きわめて有用な)うるわしき再現なのである。)

国家貴族は自分の能力の保証である学校と学歴のうちにみずからの社会義論《ソシオディセ》の根元を見いだす。十九世紀ブルジョアジーは「(援助する)価値ある貧民」deserving poor とその他の貧民、自分の無思慮と不道徳のために道徳的に有罪な貧民との区別の上にみずからの正当性と安心をもとづかせていた。今日の国家貴族も自分たちの「貧民」（今日ふうに言うと「排除された人々《レ・ゼクスクリュ》」）を持っている。生存手段の源泉であると同時に生存していることを正当化する根拠でもある労働のそとに放り出された者たち、それゆえに、選ばれるか排除されるかを決定し正当化するとされるもの、すなわち能力《コンペタンス》の名において（ときには自分自身の目にも）有罪とされた者たちである。能力こそは存在理由〔raison d'être〕であり、権力に存在する理由〔raison d'être au pouvoir〕であるとされ、これはまさに学校が合理的かつ普遍的な方法で保証するとされているのである。「天賦の才」の神話と知性《アンテリジャンス》の人種主義が（学校が測定する）知能《アンテリジャンス》を最高の正当化原理にする社会義論の核心をなす。支配する側にあるすべての者たちが表向き表明する倫理的政治的立場のちがいを越えて心底から信奉するこの社会義論は、成功がすべて、という「パフォーマンス」の文明のなかで、貧困と挫折を、かつてのように怠惰や無思慮、不道徳でなく、低脳《ステュピディテ》のせいにする。

理性の大義を前進させるために合理的お説教の力だけに頼る理解力《アンタンドマン》改良計画はいずれもスコラ的幻想から抜け出せない。普遍の現実政策〔*Realpolitik de l'universel*〕――すなわち理性行使の社会的条件と知的活動の制度的基礎を擁護し、歴史のなかで理性が実現する条件であるもろもろの道具を理性に備えさせることをめざす政治的たたかいの固有の形態であるところの普遍の現実政治――に依拠しなければならない。この政策は普遍へのアクセスの社会的諸条件が不平等に分配されていることを確認する（これはヒューマニズム的お説教への挑戦ないし否認である）。そして、もろもろのスコラ的界の内部闘争の論理がある時点において普遍として確立する歴史的諸成果の生産と消費の道具への万人のアクセスを、いたるところで、あらゆる手段を使って、促進するために働くことをその目的とする。(もちろん、歴史的成果を物神と化してしまうことのないよう、また、仮借ない批判によって、正当化の社会的機能を果たしそうなすべての要因を歴史的成果から取り除くよう細心の注意を払いながら、たたかいを進めるのである。)

普遍性の現実政治はまた、実践理性を復権させ、表象においても行動においても、理論と実践の社会的区分を転覆することをめざす。スコラ的無意識の深層に書き込まれているこの対立は思考の総体を支配している。絶対的な分け方原理《プランシップ・ド・ディヴィジオン》として機能するこの対立は、たとえばデューイが挙げている例だが、(ある言語を話すとか自転車に乗るとかの)適合的な実践はひとつの知識であること、それはきわめて特殊な反省を秘めていることの発見を妨げる。この対立はそれが下から支えているすべてのヒエラルキーを介して、知的・芸術的領域においてまでも(「純粋」と「応用」、「科学的」と「技術的」、「芸術的」と「装飾的」など)思考と実践に強制力を発揮する。また、学問的言説の二元対立《ディコトミー》もしかりである。たとえば悟性と感性のカント的区別だが、これは知的能力の行使を内含しないような感性の使用などないということに気づくのを妨げる。

このような対立は(「合理的行動」の論理主義のあらゆる形態とともに、たとえば推論的理性を自然の普遍性のなかに書き込むスコラ的自負心によって、絶えず強化されるわけだが)理性にかなったもの《ル・レーゾナーブル》と慎重さからなる拡大された、また、現実主義的な合理主義の構築の障害となる。この(アリストテレスの言う「実践知」〔phronesis〕の意味での)合理主義こそが(ある種の非合理主義的反動主義的ポピュリズムが合理主義に対立させた実践と伝統との礼賛に陥ることなく）実践理性に固有の諸理性を擁護することができる。また、「知性」の形態の複数性を実際に（つまり学校において正当に評価させることで）認知させること、そして、「知性」というこの多様な形を持つ能力のもっとも形式的な形態のみを認知する学校的な宣告が日常的に行使する運命効果 effet de destin とあらゆる手段をもちいてたたかうことができる。

余談 「純粋」思考の「習性的」限界

理論と実践のあいだの境界は実践的認識の十全な認識を生み出すこと、そして実践的認識に場を与える理性の理論をうち立てることを妨げる。この境界を乗り越えることがいかにむずかしいことかを感じてもらうために、ここでフッサールの一節を引用する。この「意識なき」認識が原初的経験に固有の論理を認知することにもっとも前向きでその用意もある哲学者たちにとっても大きな挑戦であることがよくわかる。

「もろもろの意味の層を破壊することによってはじめて露わにすることができるその始源性において、われわれの生活世界は論理的操作から結果する世界であるだけではない。判断の可能的基盤としての、認識活動の可能的テーマとしての対象が予め与えられている場であるだけではない。それはまた、「経験」という語に結びついている十全に具体的な意味での経験の世界でもある。そしてこの普通の意味は純粋かつ単純に認識行為に結びついているものではない。そのもっとも広い一般性においてとらえると、この意味はむしろ習性〔habitualité／Habitualität〕に結びついている。この習性がそれを備えている者、「経験のある」者に、生活の普通の状況での決定と行動における確信を与えるのである。〔……〕同時にまた、この表現によって、われわれはこの習性が獲得された「経験」の個人的進歩の諸段階と関わっている。かくて、「経験」という語の普通の、馴染みある、具体的意味は、認識的判断的行為様式を特殊的に指すよりは、はるかに実践的評価的行為様式を指しているのである。(24)」

他の伝統においては「直接知」〔knowledge by acquaintance〕と呼ばれているものと、また、それがもたらす「経験」との固有性を認めながらも、そして、それを習性〔Habitualität〕と結びつけながらも（いやたぶんそれだからこそ）、フッサールはそれに認識のステイタスを与えることを拒否する。彼によると、それは「認識的判断的」であるよりは「実践的に能動的で評価的な」行為様式なのである。あたかも、理論と実践の対立の無意識的受け入れと、そして、おそらくはとくに、平板な発生論的説明様式の拒否の姿勢が、事物自体に立ち返ろうとする意志よりも強かった、そのために聖なる境界を乗り越えられなかったかのようなのである。

こうしてみると、理性への絶対的信奉に対して伝統の復権をはかる意図で実践的認識のいくつかの特性を鮮明にすることができたのがハイデガー、ガーダマー、また別の伝統に属するがマイケル・オークショット(25)のような、合理主義的伝統に敵意を抱く保守的思想家であったのは、彼らをして実践的なものに連関するすべてのものに対する嫌悪を乗り越えさせようとする強力な社会的衝動が彼らを突き動かしていたからではないかと思われてくる。オークショットの思想の意義は、実践的認識に対する関心と、合理主義の傾向性——実践的諸伝統の価値を低下させ、明示的な諸理論（彼はこれをイデオロギーと呼ぶ）を推奨する合理主義の傾向性、あるいは意識的に計画化され系統的に遂行されたすべてのものを時間の流れのなかで無意識的に確立されたものよりすぐれていると見なす合理主義の傾向性——に対する政治的敵意とのあいだの（他では隠蔽されているか暗黙にされている）関係を明示的に確立していることにある。

象徴的暴力の究極の形態

理論と実践の対立のような諸対立を介して社会秩序の総体がこの秩序についてわれわれが考えることのうちに現在している。それゆえ人間学的諸科学は自然科学のようにある対象の認識を目的とするだけでなく、あれこれの認識対象の、いや、ありうるすべての認識対象の（実践的あるいは学問的）認識についての認識を目的としなければならない。かといって、人間学的諸科学は、哲学が普通そうしているように、絶対的な位置、それを越えるもののない位置、みずからは認識の対象になることはない、とくに、歴史的認識という特殊な認識の対象になることのない位置を占めようとしている、ということではない。諸認識様式を認識する、それらを歴史的に認識する、歴史化する、同時に認識様式に適用する認識自体を歴史的批判にさらすことに努めるのである。

合理性——科学というステイタスを要求することによって、単なる「言説《ディスクール》」（フーコーさえも歴史科学をこれに還元しようとしていたが）というステイタスと自己を区別することによって、歴史諸科学が標榜する合理性——は論理の当然として歴史的たたかいの中心的な課題である。もちろんそれは、理性が、すくなくとも合理化が次第に決定的な歴史的力となりつつあるからである。象徴的暴力の典型は、ハーバーマスとフーコーの儀礼的対立を越えたところで、合理的コミュニケーションの回路をとおして行使される権力である。すなわち、理性をまとった諸力（たとえば学校制度の宣告をとおして、あるいは経済専門家のご託宣をとおして作用する諸力）が支配する秩序が生み出した被支配者であるがために、合理化された力の恣意性にみずから合意することしかできない人々の帰依をえて行使される権力である。

支配するためにはますます多くの資源と技術的合理的正当化を動員しなければならなくなるだろう。そして被支配者は、ますます合理化される支配形態（たとえば世論調査を合理的デマゴギーの道具として政治的に使用するといった）に対して、ますます多くの理性を駆使して自己を防衛しなければならなくなるだろう。社会科学はかつてなかった諸支配戦略の仮面を剥ぎ、それらに抵抗することができる唯一の学問である（ときとしてこれら支配戦略を鼓吹し武装することもあるが）。社会科学はこれまで以上に明白に二者択一を迫られている。ひとつは、みずからの合理的認識手段をより合理的な支配の用に供すること。他方は、支配を合理的に分析すること。とりわけ、合理的認識が普遍的理性の事実上の独占のためになしうる寄与を合理的に分析することである。普遍の独占という論理的政治的スキャンダルの社会的諸条件を意識し認識することは、普遍へのアクセス条件の普遍化のための不断の政治的たたかいの目的と手段を明確にすることにつながる。

添え書き　アウクトールをいかに読むべきか？

レクトールの読み方に関するわたしの批判が、まさにこの読み方がおこなう脱現実化的中性化作用の犠牲になるのではないかと怖れる。実はここではスコラ的信念の土台そのものが問題になっているのであるから、ひとつのたとえ話として、ボードレールのケースを用いて、理解させる、証明するだけでなく、感じ取らせる、そして型どおりの考え方に打ち克つ、抵抗を取り除くようにしてみようと思う。ボードレールこそは、他の誰にもまして、神聖化効果、永遠化効果の犠牲になった人物である。神聖化、永遠化は脱歴史化し脱現実化する。そして、レヴィ＝ストロースがまったく別のことについて使った表現だが、「事始めの類例のない偉大さ」を取り戻すことを妨げる。

ボードレールのケース、これは未知の社会の解読が歴史学者や民族学者に提起する諸問題とおなじくらいむずかしい歴史人類学の問題である。だが、われわれはそのことを、アカデミックな付き合いをながく続けたことから生まれる親しみにだまされて、意識しない。「古典的作家」を称えあげる言説のもっとも使い古されたやり口のひとつ——その結果として、彼らを時間と空間のそとの、現在の論争や戦闘から遠く離れたリンポ界に追い返してしまうやり口——は、矛盾するようだが、彼らをわれわれの同時代人として、われわれにもっとも近い者たちとして記述することである。あまりにも同時代人であり、あまりにも近い者たちだから、彼らの作品について持っている一見直接的な（実際にはわれわれの受けた教育で媒介された）理解を一刻も疑わなくなってしまっているのである。

　ところが、われわれが知らないだけなのだが、われわれは、ボードレールが置かれていた社会世界、とくに、彼がそれとともに、またそれに逆らって自己を作りあげた知的世界、そして彼が、文学の界《シャン》というまったく新しい世界を作り出すことに貢献することで、大きく変革した、いや革命した知的世界にまったく無縁なのである。ただし、ボードレールが作り出したその世界はいまやわれわれからすれば、当たり前の世界になっている。それゆえに自分の無知に無知なわれわれは、ボードレールの生涯のもっとも異常《エクストラオルディネール》な点、すなわち、文学のミクロコスモスという通常外《エクストラ＝オルディネール》の現実を「逆転した（経済）世界」として出現させるために展開した彼の努力を消し去ってしまうのである。もうひとりの異端であるマネとおなじくボードレールは自分が遂行した革命の成功の犠牲者である。われわれが彼の行動と作品に適用する知覚カテゴリー、彼が推進した革命から生まれた世界の所産である知覚カテゴリーが彼の行動と作品を正常なもの、自然なもの、自明的なものと見なさせる。かくて、大胆きわまるものだった断絶は一部のカーストが継承した特権と化し、いまや侵犯《トランスグレッシオン》に血道をあげる三流作家と反アカデミズムのアカデミックな信仰のこの上もなく凡庸な司祭の手にもとどくものとなっている。

であるとするならば、「還元的」であると、作家や芸術家の創造的独創性を破壊すると常に非難される社会学（あるいは社会的歴史学《イストワール・ソシアル》）が、通常の歴史記述《イストリオグラフィ》が見てとれない大きな断絶の独自性を正当に評価する役割を果たす。通常の歴史記述は歴史を、関与性の原則なしで蒐集した逸話の寄せ集めに還元してしまい、客観的諸関係から成る社会的世界を構築するために必要な厖大な努力をみずからに免除してしまう。ボードレールはこれら客観的諸関係との関係のなかで自己を構築するために自己を定義したのであるし、これら客観的諸関係は歴史記述が記録する諸関係、実際に出会い付き合った作家や芸術家たちとの諸関係、現実の相互作用にかならずしも還元されない。この空間ではユゴー、ゴーティエ、ドラクロアもシャルル・アスリノー、バンヴィル、バブー、シャンフルリー、ピエール・デュポンもおなじく重要なのである。

　ボードレールについて真の意味での歴史人類学を慫慂したが、その根拠として一八五五年の万国博覧会に関してボードレールが書いた最初の記事の一節を引き合いに出すことにしよう。

「［……］すこしはものを考えたことのある、またすこしは旅行をしたことのある善意の人に尋ねるが、現代のヴィンケルマン[26]（うようよいる。国中にあふれている。怠慢な連中は惚れ込んでいる）は、支那の製品、不思議な、奇妙な、くねくねした形の、強烈な色彩の、ときとして消え入るほど繊細な産品を前にして、どうするだろうか、なにを言うだろうか、と。とはいえ、これは普遍的な美の標本なのだ。ただ、これを理解するためには、批評家、見学者は自分のうちで神秘に満ちた変容を遂げなくてはならない。想像力に作用する意志を働かせてこの奇っ怪な花々を生み出した環境に参加することをみずから学ばなければならない。このようなコスモポリティスムの玄妙な資性を備えている者は（全員揃っても）数少ない。しかし程度の差はあれ、万人がこの資性を獲得することができる。この点でもっとも恵まれているのは孤独な旅人である。［……］いかなる学校的ヴェールも、いかなる大学的パラドクスも、いかなる教育的ユートピアも彼らと複雑な真理とのあいだに立ちはだかることはなかった。彼らは賛美すべきもの、不死なるもの、形と機能のあいだの不可避の関係を知っている。この人々は批判しない。眺める。観察するのだ。教育家の代わりに、紳士、知性人を選ぶとしよう。そして彼をはるか遠い土地に連れて行くとしよう。下船したときの彼の驚きはたいへんなものだろう。土地に馴れるにはそれなりに時間がかかるだろうし苦労もあるだろう。しかし、遅かれ早かれ共感は熱く心に染み入るだろう。そして彼のうちに、思想の新しい世界を作り出すだろう。その世界は彼の一部となり、記憶の形で死に至るまで彼とともにあるだろう。はじめ彼のアカデミックな目に違和感を与えた建物の形（どんな国の者たちも他の国の者たちを判断するときはアカデミックだ。どんな国のものたちも判断の対象になるときは野蛮人だ）が、［……］この新たな調和の世界がゆっくりと彼のうちに入っていき、辛抱強く彼の心身に染み入るだろう。［……］」(27)

正真正銘のアウクトールであるボードレールはここで、レクトールの社会的位置を反省的に分析するよう、そして「アカデミックな目」の批判をすべての読みの、とくにアウクトールを読む際の前提条件とするように多かれ少なかれレクトールであるわれわれに促す読み方の原理を明確に定式化している。[28] 実際レクトールは、とくにアウクトーのアウクトール（auctor auctorum）、すなわち「作家《エクリヴァン》」という存在を創出した作家を読む際に、構造的誤読に陥りやすい。この場合、ボードレールが出会った文学世界と彼がわれわれに残した文学世界とのあいだの歴史的文化的距離についての無知の効果がレクトールとアウクトールのあいだの社会的距離についての無知の効果によって倍加される。学校的注釈をカリキュラムにしたがって日常的に反復することが助長する脱現実化、脱歴史化、（マックス・ヴェーバーが預言者的カリスマの祭司的取り扱いについて言った語を使うと）「陳腐化《バナリザシオン》」はその結果として、耐えがたいものを耐えられるものにし、すくなくとも一部の者には受け容れがたいものを万人に受け容れられるものにしてしまうのである。

真の歴史化がもたらす「復活」効果とはどんなものかを例証するために、ボードレールの一節のやや特殊な読み方を提案してみたい（カビリアのことわざに「引用するとは生き返らせること」というのがある）。センヌヴィル（ルイ・メナールのペンネーム）の『解き放たれたプロメテウス』について書いた書評[29]の冒頭である。

「これは哲学詩だな。」「哲学詩ってなんですか？」「エドガー・キネってなんだい？」「哲学者でしょ？」「えっ、ほんと？」「詩人ですか？」「よせやい！」

この一節の驚くべき暴力性を再活性化《レアクティヴェ》するためには、相同性《ホモロジー》の直感を生かして、これをいま現在に置き直すだけでよい（昔の文法教科書に次の文を「現在形に書き改めなさい」という練習問題があった。それとおなじに）。右のやりとりのエドガー・キネの代わりに現代の「詩人＝哲学者」あるいは「哲学者＝詩人」、「哲学者＝ジャーナリスト」の名前を入れてみるのである。「脱陳腐化」効果は強烈だろう。あまりに強烈であるから、頭に浮かぶ名前をうっかり入れてしまったら、えげつない、いやしいと非難されること必定である。構造的歴史化がおこなうアクテュアリザシオン（現在のものにする、アクテュアルなものにするという意味での）は真の意味での再活性化《レアクティヴァシオン》である。このようなアクテュアリザシオンはテクストとその著者にある種の超歴史性《トランスイストリシテ》を保証してくれる。アカデミックな注釈によって永遠化と結びつけられた脱現実化とは対極的に、テクストとその著者とに作用力と実効性を確保してくれる超歴史性である。こうして、テクストとその著者は、いざとなれば新たなものを産出する可能性を取り戻す。前例のない成果《オプス・オペラトム》を生み出すための実践的なやり方《モドゥス・オペランディ》を実践的に復活せしめることができるようになる。

だが、そのような読み方は漠然とした仮定的類似性にもとづいた野放しの投影《プロジェクシオン》——自分の読みを第二の「創造」と考え生きようとしてアウクトール気取りになったレクトールがよくやる投影——とどう区別できるだろうか。著者の場所に、身を置く努力は、その場所をそれとして、つまりひとつの位置《ポジシオン》として、その著者が位置している文学界《シャン》という社会空間における点（視点の原理）として構築する手段を獲得したときにはじめて正当化される。そのときまさに、ボードレールの言うとおり「批評家、見学者」は「自分のうちで神秘に満ちた変容を遂げる」ことができるようになる。「想像力に作用する意志を働かせてこの奇っ怪な花々を生み出した環境に参加すること」を学ぶことができるようになる。さらにまた、わたしが自分の社会論理学的文法の実践のなかでやったように、文化生産のさまざまな界のさまざまな状態のうちに観察できる戦略、すなわち、ふたつの異なる界（哲学界と文学界、哲学界とジャーナリズム界、といったように）に帰属することの特性と利益を――その能力を兼備していないのに、また、それ相応の対価を引き受けようとせずに（ボードレールの「えっ、うーん」「えーっ！」はこれを実に経済的なやり方で要約している）――一挙両得しようとする戦略を定式化《エノンセ》＝告発《デノンセ》することができるようになる。

かくて、ボードレールの作品を本当に理解する、そして、レクトールの偽あるいは真の謙虚さとは無縁なところで、「創造的」活動に積極的に参加することができるようになるためには、この奇っ怪な作品を「生み出した環境に参加する」手段、すなわち、そのなかで、また、それに逆らって、この「創造プロジェクト」が形成された場である文学の世界に参加する手段、さらに精確に言えば、作家が自分の芸術的意図を定義しようとしているその時点に界が客観的に提供する芸術的（詩的）諸可能性の空間に参加する手段を獲得しなければならない。このスタート時点に立てば、作品の生成《ジュネーズ》の歴史的原理をとらえることができるチャンスがおおきくなる。その独自性がひとたび発明され確立されれば、作品はその内的論理にしたがって状況からより独立に発達していくからである。

ボードレールがそのなかで、またそれに逆らって自己を確立した界は、外部からの要求、とくに倫理的要求に対する自立性の程度に応じた主要な対立によって支配されていたと思われる。一方に、ひじょうに自立的な「純粋」詩の極。政治的・道徳的コミットメントに、あるいは内面的経験の個人的抒情に対する無関心を主張する。(『モーパン嬢』の序文と『七宝螺鈿集』の)テオフィル・ゴーティエがその代表である。叙情的吐露と現世的不安の表現に淫することの拒否はルコント・ド・リールが代表する。他方に、より世界に開かれた詩の極。まず自然を道徳教化的に歌いあげた精神主義的詩人たち。ラマルティーヌ的キリスト教詩人ヴィクトール・ド・ラプラドがその例で、後に世界の汎神論的信奉者になった。それに対する「現代派」の中心マクシム・デュ・カン(とその『パリ評論』誌)は『現代の歌』で産業、進歩などを称揚し、テオフィル・ゴーティエ流の形式崇拝と絵画的効果の追求を明示的に退けた。

ボードレールは、二つの極が真っ正面から対立するもとになっているそれぞれの原点を認めると同時に、これを根拠にして、二つの極のいずれとも対決した。一方の純粋形式崇拝を根拠にして自分を自立的文学のラディカルな立場に位置せしめることによって、精神主義的詩人たちのブルジョア的秩序を説く道徳教化主義、あるいは「現代派」の労働賛歌といった、外在的な機能への服従と公式的規準の尊重を拒否し、同時に、他方の、詩の魅惑的機能の称揚、批判的想像力、詩と生命の融合、アスリノーの言う「現代的感情」の名において、純粋形式信奉者たち(この一群に「異教派」や「ギリシア詩人ド・バンヴィル氏」を加えなければならない)の社会からの離脱を拒否したのである。

社会的に絶対に相容れない二つの位置取り《プリーズ・ド・ポジシオン》の画期的な組み合わせによってボードレールはそれまでありえなかった位置《ポジシオン》――美的前衛主義と倫理的前衛主義という二つの切り離された、ほとんど調停しようのない位置を結合した位置――を高電圧の場に出現させたのである。しかも、自分のかかえる生きることの難しさを苦しみつつ生きることを望むかのように、その位置を、ロマン派の詩人のように、あるいはボヘミアン詩人のように、美的原理とすることを拒否するとともに、その位置を棄ててパルナソス派のように「神々しき形式の静謐なる観想」に逃避することを拒否する。「学識豊かな骨董商」(そのひとりが「過去に深い関心を寄せ、知識欲旺盛な」そして「学識豊かな一ページの楽しみをもって純粋絵画の喜悦に代える」画家ジェローム)(30)の現在と現実からの逃避とともに「教化」への配慮、ユゴーのような「道徳的真理の表現」、エドガー・ポーの言う「現代の最大の異端」を拒否するのである。(31)

このように、さまざまな拒否、排斥、反撥、憤怒に彩られ、しばしば同時に二人の作家に対し、詩、芸術、文学についての相容れない二つの考え方に対し向けられた諸関係が織りなす空間を繰り広げなければならない。この二重の拒否は、それが内含する「二つの正反対の一致」のためにますます暴力的になる。それら拒否を言表し体験する者にとってさえ、ますます伝達不能なもの、受け容れがたいもの、理解しがたいものになる。こうして彼は、おのれ自身を、いわば異常な異常として、あるいは「悪魔的な《デモニアック》」者として考え生きなければならなくなる(「わたしが言いたいのは、現代芸術は本質的に悪魔的な傾向性をもっている、ということである(32)」)。

ひとはきっと言うだろう。そうしたことはすべてよく知られていることだ、と。そう、知られていないはずがない。無数の敬虔なレクトールがよってたかって無数の注釈、無数の聖なる「読解」を加えたのだから。だがこれは単に「読み」の問題なのだろうか。著作者と読者は「読み」の問題を提起しているのであって生と死の問題を提起しているのではないと決め込んでいるレクトールは原理としてそう措定している。一方では、預言者のことばの交換可能なつつましい奉仕者（これこそまさにヴェーバーの言う祭司の定義だ）という身分的なつつましさに縛られているために、他方では、彼の性向と同業者との競争の論理ゆえに慎重かつ微細な考証に傾き、戦場《シャン・ド・バタイユ》＝たたかいの界をそれとしてとらえることができず、創造の絶望と苦悩にみちた対決の暴力性をつまらない争いと矮小ないさかいをことごとく洗い出すことに解消してしまうために、レクトールは、ボードレールにとっては、詩の問題、詩人の生と生き方の問題は全体的、包括的な絶対的投資の対象であるということ、身を滅ぼす危険を冒してがむしゃらに突入していくべき事業であることを忘れてしまっているのである。ここで制御された破滅《ペルディシオン・コントロレ》の問題、破滅のなかの警戒の問題が提起されてくる。とりわけ芸術と生き方の新たな関係のシンボルおよび手段としての麻薬の使用である。この新たな関係は、道徳的規範性を拒否し、おのれ自身の法則しか認めない芸術を完遂することとしての倫理的侵犯のうちに、あるいは、エドガー・ポーのように「奇妙な理想を探求する」(33)芸術家の「暗く荒涼たる才能」(34)のうちに発現する。

そしてまたここで、ボードレールの文芸・美術批評の総体を再検討すべきであろう。レクトールたちは（いかにも寛容そうに「独自な批評」などと言ったりするが）この批評のなかにレクトールの批評しか見てとれなかった。しかし卓越したアウクトールであるボードレールはこの批評のなかで、またこの批評をとおして、みずからをアウクトールとして作り出す（いや、みずからを創造する）ことに努めている。そのことを見るためには、その時代に構築されつつあった批評の界《シャン》を再構築し、そのなかにボードレールを置き直さなければならない。一方の極にはアカデミックな批評がある。絵画を知識の展示をめざす執筆活動のてがかりと考える批評である。他の極にはなんでもこなす聞屋《ぶんや》がいる（『ル・プティ・ジュルナル』紙の評論家たち）。揶揄や冷笑によってでも、ブルジョアを喜ばせることを至上命令とする連中である。一八四六年以降、ボードレールはこの世界——さまざまな対立の下に深い一致が隠れている世界——の暗黙の諸前提と断固として縁を切る。実践的である（ボードレールは芸術を語ることに満足しない。芸術家の人物を生きる）と同時に理論的な断絶である。批評は作品の内的論理に従わなければならない、「画家ひとりひとりの深い意図のうちに偏見なしに進入しなければならない」、「当該の芸術に無縁の手段で驚かせようとする」のではなく、絵画固有の言語（形態と色彩の言語）を固有の描出のなかで／によって、再現しなければならない、と主張したのである。そうすることによってボードレールが、自分が発明しつつあった自立的な詩の考えを持ち込み一般化しようとしていたのかどうか（偉大な画家と偉大な音楽家を評価する作家の権利を主張していた「この「ワグナーの」音楽はわたしの音楽であるように思われた」ところからすると、そう考えられなくもないが）、あるいは、芸術家の作品と生のうちに、また、これについての自分の分析のうちに、創造者としての芸術家の人物像を構築するための英雄的な努力の正当化を、またとくに、その努力の霊感を求めていたのかどうか、そして見いだしたのかどうか、これを確かめようとするのは虚しいわざである。

アカデミック絵画の歴史的ないし哲学的テーマ群に対する嫌悪と、クールベと風景画家流の、あるいは風俗画の現実の平板な表象に対する同じくらい強烈な嫌悪の板挟みになったボードレールは数々の矛盾と混乱を押して、この二者択一の乗り越えを画するが果たせない。絵画の領域においてはアウクトールの視点への自己同一化を意図したのだがレクトールの地位にとどまらざるをえなかった。この絵画で見いだせなかった乗り越えの道をパルナソス派のネオ・アカデミスムの虚飾と過激な洗練《プレシオジテ》を取り去った詩、その強烈な簡素さによって「ロマン主義のロココ」とレアリズム的あるいは感傷的な、卑俗な描出とをともにまぬがれている詩のなかに見いだしたのである。

こうして、歴史的考証が逆説的にもたらす脱歴史化に対して、文学的空間とこの空間が提供する可能態ないし不可能態の（ここで素描した）歴史的再構築はボードレールが――家族ミクロコスモスの経験、彼の制度との関係、より広くすべての社会秩序との関係のマトリックスである母親との関係に凝縮している経験と結びついた心理的であるとともに社会的な苦しみにおそらく部分的に関連する理由によって――みずから身を置いた不可能な位置《ポジシオン・アンポッシブル》を浮き上がらせる。この異常な緊張と強烈な暴力性を生成する位置は（相互に対立する諸位置に対立することによって、また相互に深く対立し社会的に両立不可能な諸特性と諸計画を調停的譲歩なしに結合しようとすることによって）彼自身が作り出した、いや発明したものなのである。

もしこのモデルが（わたしが信じているように）大きな象徴的革命の遂行者すべてに妥当するものならば、それはおそらく、彼らがすでに出来上がった可能態の空間——彼らのために、彼らのみのために、ひとつの作るべき可能態《ポッシーブル・ア・フェール》を欠如によって指定する空間——の前に位置しているという共通点を持っているからである。この不可能な可能態は、それを定義している、しかし空虚として、不足として定義している空間によって排除されていると同時に呼び求められているのであるが、彼らはまさにそれを存在せしめようとして努力するのである。構造的に排除された可能態の出現が、その可能態を排除する構造のうちに、また、その構造を構成するすべての位置の安楽な占有者たちのうちに出現させるあらゆる抵抗とたたかうことによって。

注

（1）C.C. Geertz, *The Interpretation of Culture. Selected Essays*, New York, Basic Books, 1973, et *Bali. Interprétation d'une culture*, trad. D. Paulme et L. Evrard, Paris, Gallimard, 1983, p.165-215.
（2）添え書き「アウクトールをいかに読むべきか?」を参照〔本書一四一頁〕。
（3）この部分はわたしが『実践感覚』（Éditions de Minuit, 1980、とくに p.333-439）で詳細に展開した分析の要旨である。
（4）標準的なスコラ的質問表（世論調査会社ＳＯＦＲＥＳの質問表）の回答者に彼らの回答の意味を問う二次的な面接をおこなって、このことを確認した。
（5）〔訳注〕ミシェル・フーコー『性の歴史』第Ｉ巻のタイトル。

(6)『芸術の規則』参照。また、本書一四一頁、「添え書き　アウクトールをいかに読むべきか?」

(7) Pascal, «Art de persuader», in *Pensées et Opuscules*, ed. L. Brunschvicg, Hachette, 1912, p.193.

(8) 社会科学にかんする認識論的反省が主として社会科学の専門家に任せ放しになっていることをわたしはいつも残念に思っている。社会科学者はそのために必要な能力と平静さをかならずしも常に備えていないからである。傑出した例外（たとえばジャン＝クロード・パリアント〔一九三〇年生まれ。クレルモン＝フェラン大学教授。言語哲学〕）は別にすると、哲学者がこの仕事から身を退いてしまっているのも残念である。すくなくともフランスではそうである。フランスでは専門分野間のカースト的障壁がよそよりも高いからであろう。

(9) J. Habermass, *Théorie de l'agir communicationnel*, Paris, Fayard, 1987; *Connaissance et Intérêt*, Paris, Gallimard, 1976.

(10)「言説の理念的状況」と、それから奇蹟的に派生してくる「コミュニケーション的倫理」にかんするハーバーマスによる記述を読むと、『共産党宣言』のなかでマルクスがドイツの哲学者たちについて述べた箇所を連想しないわけにいかなくなる。マルクスによると、ドイツ哲学者たちは実にみごとな芸を発揮して、「フランス革命期のブルジョアジーの意志が表明された諸政策」を「純粋意志、あるべき姿の意志、真に人間的な意志の法則」の表現に変換してしまった（K. Marx, *Œuvres*, Paris, Gallimard, «Bibliothèque de la Pléiade», 1963, p.185-186）。この類比は無骨《ぶこつ》で不器用、したがって単純化しすぎている。しかしながら、ある思想の総体をその社会的使用と効果に還元してしまうことはできないとしても、ハーバーマスの著作が世界的に受け容れられている理由の一端が、民主的対話にかんする、素朴きわまるキリスト教ヒューマニズムに裏打ちされた敬虔な所説に彼の思想が偉大なるドイツ哲学の証印を押してやっているという事実に由来することは間違いない（次の書を参照。A. Wellmer, *Ethik und Dialog. Elemente des moralischen Urteils bei Kant in der Diskursethik*, Francfort, Suhrkamp, 1986）。

（11）わたしはこの批判を次の書でさらに展開した。*Ce que parler veut dire. L'économie des échanges linguistiques*, Paris, Fayard, 1982.〔邦訳『話すということ――言語交換のエコノミー』稲賀繁美訳、藤原書店、一九九三年〕; *Language and Symbolic Power*, Cambridge, Polity Press, 1991.

（12）わたしはこの統計的バリエーションを次のテクストでより詳細に分析した。« L'opinion publique n'existe pas » in *Questions de sociologie*, Paris, Éditions de Minuit, 1980, p.222-235.〔邦訳『社会学の社会学』田原音和監訳、藤原書店、一九九一年〕

（13）保守思想は「寡頭支配の鉄則」に普遍的価値を認めるが、社会的弱者たちは政治的「生産手段」をも奪われていると（あらゆる民衆迎合主義に反して）確認することは、その鉄則の普遍的価値を否認することである。受任代表者の手中に権力を集中するということは、手段を奪われていること、そのため自分を無条件に人の手に委ねることの帰結である。したがってこの事態は、政治的意見の生産手段へのアクセスが教育の普及とともに一般化するにつれて、減退するはずである。

（14）意見についてのさまざまな自生的「哲学」については次を参照。P. Bourdieu, «Questions de politique», *Actes de la recherche en sciences sociales*, 16, septembre 1977, p.55-89.

（15）次を参照。P. Bourdieu et al., *Travail et Travailleurs en Algérie*, Paris-La Haye, Mouton, 1964.

（16）社会を、既成の秩序を正当化するという意味で〔sociodicée はマックス・ヴェーバーの Theodizee 神義論（弁神論）にならったブルデューの造語〕。

（17）O. Weininger, *Geschlecht und Gharakter. Eine prinzipielle Untersuchung,* Munich, Matthes & Seitz, 1980. E.L. Santner, *My Own Private Germany : Daniel Paul Schreber's Secret History of Modernity*, Princeton, Princeton University Press, 1996, p.141-142 の引用による。

（18）Pascal, *Pensées*, 253.

（19）次を参照。P. Bourdieu et al., *Un art moyen. Essai sur les usages sociaux de la photographie*, Paris, Éditions de Minuit, 1978.

(20)次を参照。W. Labov, *Langage in the Inner City : Studies in the Black English Vernacular*, Philadelphia : University of Pennsylvania Press, 1972（〔仏訳〕*Le Parler ordinaire. La Langue dans les ghettos noirs des États-Unis*, Paris, Éditions de Minuit, 1978.）

(21)〔訳注〕カントの『判断力批判』とそれについてのデリダの注釈に対するブルデューの批判については次を参照。Pierre Bourdieu, *La distinction*, Éditions de Minuit, 1979, Post-scriptum, p.565 *sq.*（邦訳『ディスタンクシオンII』石井洋二郎訳、藤原書店、一九九〇年、三六八頁）なお、フランス語原書表紙の絵「美食家」はここの「舌と口蓋とのどの趣味」を表象する絵である。

(22)J. Rawls, *Théorie de la justice* (*A theory of Justice*, Harvard, 1971), trad. C. Audard, Paris, Éditions du Seuil, 1987. 両者がともに主張している差異を越えて、ロールズとハーバーマスをつなぐ深層の親近性については次を参照。J. Habermas, «Reconciliation through the Public Use of Reason-Remarks on Political Liberalism», *Journal of Philosophy*, 1995, n°3, p.109-131.

(23)次を参照。H.L.A. Hart, «Rawls on Liberty and its Priority», in N. Daniels (éd.), *Reading Rawls*, New York, Basic Books, 1975, p.238-259.

(24)E. Husserl, *Expérience et Jugement. Recherches d'une généalogie de la logique*, Paris, PUF, 1991, p.60-61 (*Erfahrung und Urteil. Untersuchungen zur Genealogie der Logik*, Hambourg, Felix Meiner Verlag, 1972, p.51 *sq.*)

晩年の仕事のなかでフッサールが、純粋自我《エゴ》の超越的理論（この場合、ハビトゥスは純粋主観の――恒常的な「持続的目標」を措定することができる――自己同一性〔constantia sibi〕のようなものにすぎなくなる）と「習性」〔Habitualität〕としての経験的自我の人類学的理論（この場合、彼が使用する意味でのハビトゥスと「習性」という語は、「経験的なもの」すなわち生成的なものと歴史的なものへの還元から純粋主観を救おうとして彼が展開するやや絶望的な努力が生み出す緊張の場となる）とのあいだで絶えず揺れ動いていたことを指摘すべきであろう。

「モナド的意識の絶対的流れの内部にいまやある種の統一的形成物が現われる。しかしこれらは現実的自我の志向的統一性とその諸特性とはまったく異なるものである。唯一かつ同一の主観の「持続的目標」などはこれらの形成物に属する。本来の習慣に属するハビトゥスではないけれども、これらはある意味で「習性的」と名づけることができる。あたかも、習性的と呼ぶ現実的性向を獲得することができる経験的主観であるかのごとく。ここで問題となっているハビトゥスは経験的自我ではなく、純粋自我に属するものなのである。」(E. Husserl, *Idées directrices pour une phénoménologie et une philosophie phénoménologique pures. Livre second. Recherches phénoménologiques pour la constitution*, Paris, PUF, 1982, p.164-165)

(25) M. Oakeshott, *Rationalism in Politics and Other Essays*, Londres, Methuen and C°, 1967.

(26)〔訳注〕Johann Joachim Winckelmann(一七一七―六八)。ドイツの考古学者。美術史家。古代ギリシア・ローマ美術史学を確立。当代のロココ芸術を批判。均衡と節度と静謐にもとづく普遍悠久の美を説き、文学・美術で新古典主義への道を拓いた。

(27) Ch. Baudelaire, «Exposition universelle de 1855», 1, *Œuvres complètes*, II, édition de C. Pichois, Paris, Gallimard, «Bibliothèque de la Pléiade», 1985, p.576 *sq*.

(28) この教授的批評批判は頻繁になされている。たとえばおなじ万国博覧会にかんするテクストで教授＝審査員の「衒学《ペダントリー》」と「文献主義《エリュディシオン》」が弾劾の対象にされている (Ch. Baudelaire, *op. cit.*, p.579)。これはすでに「ポー研究」に見られた。「しかし教授＝審査員たちが考えなかったことは、人生の動きのなかでは、彼らの小学生的な知恵にとっては思いもかけないあれやこれやの困りごと、いざこざが、生じてくるということである」(Ch. Baudelaire, «Éutdes sur Poe», *op. cit.*, p.320)。また、よく知られているように、ボードレールは絵画における、また、美術批評における教化主義《ディダクティスム》をしばしば弾劾した（たとえば Ch. Baudelaire, «Salon de 1859», *op. cit.* p.640)。

(29)〔訳注〕『解き放たれたプロメテウス』〔*Prométhé délivré*〕はルイ・メナール（Louis Ménard　一八二二―一九〇一）が一八四四年、二十二歳のときに刊行した哲学的叙事詩。ボードレールは『海賊＝悪魔』〔Corsaire-Satan〕紙一八四六年二月三日付に掲載した書評で、この作品の観念的つくりもの性を揶揄的に批判した。ルイ・メナールはルイ・ル・グラン高等中学校でボードレールと同級生だった。エコル・ノルマルを経て、文学はもちろん哲学、絵画などで多産な活動を展開した。科学者としても一八四六年、コロジオンを発明する功績を挙げた。プルードン主義を鼓吹した『革命のプロローグ』(一八四九年)で十五ヵ月の禁固刑に処せられたこともある。旧友ボードレールの書評を恨み、『悪の花』(一八五七年刊)を酷評した。

エドガー・キネ(Edgar Quinet　一八〇三―七五)は哲学者、歴史家、政治家。一八二七/八年にヘルダー『人類史哲学の理念』の翻訳を刊行したのをはじめ、ドイツ思想の紹介に尽力。共和主義リベラリズムの立場から、一八四一―四七年、コレージュ・ド・フランスの講壇からカトリック教会を批判し、解任された。ナポレオン三世の第二帝政期はベルギー、ついでスイスで亡命生活を送った。パリ十四区の通り、また地下鉄の駅にその名を残している。

キネはボードレールがメナールの作品の書評を書いたころはその反体制的な言論で学生たちのアイドル的存在だった。そのキネを「哲学者(詩人)だって? よせやい!」とからかっている。ブルデューはこの「キネ」にたとえば「ジル・ドゥルーズ」「ジャック・デリダ」「ベルナール=アンリ・レヴィ」などを置き換えてみればボードレールの言説の暴力性がわかるだろうと示唆している。

(30) Ch. Baudelaire, *op.cit.*, II, p.640.
(31) *Ibid*, II, p.336-337.
(32) *Ibid*, II, p.168.
(33) *Ibid*, II, p.337.
(34) *Ibid*, II, p.250.

III　理性の歴史的根拠

社会学者はある種の精神分裂症に脅かされているのではないだろうか。というのも、普遍性と客観性を主張する言説のなかで歴史性と相対性を説かざるをえないからである。一切の素朴な帰依を棚上げすることを前提にした分析のなかで信念の性質を明らかにせざるをえないからである。その可能性の条件において、またその表現形式において不可避的にスコラ的にならざるをえない批判にスコラ的理性をさらさざるをえないからである。要するに、ちょうど、自分の言うことなすことを否定するメタ言説で自分の言うことなすことをコメントする患者たちとおなじように、合理的な論証のなかで理性を破滅させるかのように振る舞わざるをえないからである。あるいはそれは、科学的理性であれ、法的理性であれ、理性の歴史性を受け容れることを嫌悪することに由来する幻想にすぎないのだろうか。

伝統的には、歴史化するとは相対化することであり、それゆえ歴史的には、歴史化は蒙昧主義と絶対主義に対する、またより一般的には、特定の社会世界の歴史的な（したがって偶然的で恣意的な）諸原理のあらゆる形の絶対化ないし自然化に対する啓蒙主義〔Aufklärung〕のたたかいのもっとも有効な武器のひとつであった。ところで逆説的なことだが、理性にもっともラディカルな歴史化のテストを課することによってこそ、とりわけ起源の恣意性を想起させ、歴史・社会科学自体の諸手段を歴史的・社会的批判にかけて、根拠《フォンドマン》づけの幻想を突き崩すことによってこそ、はじめて理性を恣意性と歴史的相対化から奪い返すことができるのである。そのためには、規則にしたがった闘争のなかで／によってエゴイスティックな欲動と利害に自己を越えせしめることができる社会的ゲームの規則と規則性がどのようにして、またいかなる条件で、事物と身体のうちに設置されうるのかを理解しなければならない。

暴力と法

「慣習は、それが受け容れられているという、ただそれだけの理由で、公平そのものとなる。これが慣習の権威の神秘的根拠《フォンドマン》である。慣習をその原理にまでさかのぼらせる者は慣習を消滅させてしまう。過ちを正すという法律ほど過っているものはない。法律は正義にかなっているという理由で法律にしたがう者は自分が想像する正義にしたがっているのだ。法の本質にしたがっているのではない。法はそれ自体で充足している。法は法、それ以上のものではない。法の動機を検討しようとする者はその動機があまりにも弱く軽いのを知るだろう。そして、人間の想像力が生み出す驚異を観察することに慣れていない場合には、一世紀のあいだに法がかくも大きな荘重と尊厳を獲得したことに感嘆することであろう。謀反を起こす、国をくつがえす術は確立された慣習を、その起源までさかのぼって調べ、それに権威と正義が欠けていることを示して、ゆるがせることにある。［……］民衆が詐取の真実に感づくことがあってはならない。慣習はむかし理由なくして導入された。そして理性にかなったものとなった。それがすぐに終わってしまうのを望まないなら、真正なもの、永遠なものと思いこませ、その始原を隠さなければならない(1)。」

かくて、法の唯一の根拠はまさにあらゆる種類の根拠を消滅させてしまう歴史のなかに求めなければならない。法の根源には（二つの意味での）恣意性、「詐取の真実」、正当化を欠いた暴力以外のなにもない。慣習への慣れに由来する生成の記憶喪失は「法は法。それ以上のものではない」というむきだしの同語反復のうちに表明されていることを覆い隠している。「法の動機」、その存在理由を検討しよう、しかもそれを「その起源までさかのぼって調べ」よう、すなわち、哲学者たちのように、最初の始まりまでさかのぼって法を根拠づけようとする者はいわば自己充足的な没理性の原理以外のものを発見することはけっしてないだろう。

起源には慣習、すなわち歴史的制度の歴史的恣意性しかない。この起源が、民主主義宗教（これは近年ジョン・ロールズの『正義論』[2]で合理性の箔づけをされた）の起源神話である契約理論とともに神話的理性を根拠とすることによって、あるいはもっと平らな言い方をすると、自然化することによって、そして誤認にもとづく認知を獲得することによって、忘れられていく。「われわれの自然的原理とはわれわれが慣れた原理でないとしたらなんであろうか。[3]」それゆえこの問題に関しては、「原理」から出発して厳密な演繹の手続きを経て、おのれ自身を根拠づけようとする理性ほど虚しいものはない。「哲学者たちはそこ〔無限小〕に到達すると自負した。だが、みなそこでつまずいた。そのために、『事物の原理について』『哲学の原理について』といったごく普通の書名、またそれに類した書名が出現したのである。これらはもうひとつの『知りうべきすべてのことについて』という目をむくような書名に比べると一見地味だが、実はおなじくらいはなばなしい書名である。[4]」

パスカルは明らかにデカルトのことを考えていた。しかしながら、認識の領域と政治の領域、「真理の観想」〔contemplatio veritatis〕と「生活の慣わし」〔usus vitae〕を厳密に区別していた『哲学原理』の著者は、大胆不敵ではあったが、認識の領域のそとでは懐疑はお呼びでないことを認めていた。モンテーニュからヒュームにいたる近代のすべての懐疑論者たちとおなじやり方で、デカルトは知の領域で創始したラディカルな思考様式を政治に拡張することを常に控えて、注釈者たちを驚かせた（マキャベリを語るときの彼の慎重さは皆が知っている）。おそらくそれは、パスカルが予見していたように、「詐取の真実」は「むかし理由なく導入され、理性にかなったものとなった」という究極的な発見——すべてを理性の上に根拠づけるという野心を崩壊させるべき発見——をいずれはなさざるをえないことを予感していたからではないだろうか。

しかし慣習の力が力の恣意性を完全になくしてしまうことはない。力こそはすべてのシステムの支えであり、いつでも白日のもとに姿を現わしうる。たとえば警察だが、その存在自体によって警察は法的《レガル》秩序の土台である（そしてとりわけ法哲学者ケルゼン[5]が彼の「根本規範」理論で隠蔽しようとしている）法＝外《エクストラ・レガル》な暴力を想起せしめる。より悪辣な形ではあるが、権力の再生産のサイクルを断ち切る異＝常《エクストラ・オルディネール》な暴力の究極的行動であるクーデタが、あるいはより月並みな例だが、物理的あるいは象徴的暴力を正当に行使すべく社会的に定められた行為者（王、大臣、裁判官、教授など）が新たな任務を委託される就任式典が「継起・相続《スクセッシオン》の順序」の順調な流れのなかに持ち込む危機的断絶についても同様である。（ノーデを注釈しつつルイ・マランが述べているように）ある政府が国家を救うためと考えておこなう例外的行動という古典的意味に理解するにせよ、ある個人あるいは集団が権力を奪取する、あるいは憲法を改定するために企てる暴力的行動という、より限定された近代的意味に理解するにせよ、クーデタとともに、ふたたびルイ・マランによれば「力の絶対の炸裂、暴力、衝撃」のなかに姿を現わすのは暴力であり起源の恣意性であり、同時に権力の正当化の問題である。認識《ス・フェール・コネートル》されるだけで認知《ス・フェール・ルコネートル》される、行使されることなく姿を見せるだけで認知されることができる力の表象としての権力の「正当な」行使との断絶である。(6) 軍事パレードにおける、また、（E・P・トムスンが分析しているような）(7) 司法の場での儀礼における力の誇示は力の制御の誇示を含意している。つまり、力は役立てうる、しかし使用されない潜在的な力の地位にとどめおかれるのである。力を示すとは、力の行使を節約する十分な力があること、それだけ力の効果に自信をもっていることを示すことである。力は力の否定《デネガシオン》（精神分析の用語でVerneinung）である。不可分離的に力の否認でもある力の肯定である。市民警察の力を定義するのはまさにこれである。力としての自己を忘れる、忘れてもらうことのできる力、そして誤認され認知された正当な力、象徴的暴力に転化した力である。（クーデタとおなじく「警察の暴力」が憤激を招くのは、それが「公的な力」をなす実践的信念、すなわち力を振るわれる立場にある者たち自身のために、行使されうるが――しかし実際には行使されないが――ゆえに正当と認知される力に対する実践的信念をおびやかすからであろう。）

ノモスとイルーシオ

恣意性はまた、すべての界の根源、芸術や科学の世界のようにもっとも「純粋な」界の根源でもある。それぞれの界にその「根本規範」〔loi fondamentale〕、ノモス〔nomos〕がある。(このノモスという語はふつう「法」〔loi/law〕と訳されているが、「基本法」〔constitution〕と訳す方がよい。その方が恣意的制度化〔institution arbitraire〕という行為をよりよく表現するからである。あるいはより語源に近く、「見方・分け方の原理」〔principe de vision et de division〕と訳すのがよい[8]。)この基本規範については、パスカルとともに「法は法、他の何ものでもない」ということ以外、何も言うことがない。仮に言表されることがあるとしても、同語反復の形でしか言表されえない。この、他の規範に還元できず通約できない根本規範は他の界の規範と、その界が強制する真理規定とに関連づけることはできない。このことは芸術の界の場合とくに顕著である。芸術界のノモス(「芸術のための芸術」)は十九世紀後半に確立されたが、これは経済の界のノモス(「ビジネスはビジネス」)の逆転である。バシュラールが指摘しているように[9]、「法学的精神」と「科学的精神」のあいだにもおなじ非両立性がある。たとえば、いっさいの近似値の拒否、紛争の種である曖昧さを何としても排除しようとする意志は法律家に一フラン刻みで地価を評価させる。これは科学者の視点からすると不条理である。

ということは、ある界を構成する視点をひとたび受け容れたら、もうその界に対して外部の視点をとることはできない、ということである。それとして措定されることのなかったために反駁されることのありえない「テーゼ」であるノモスはアンチテーゼを持たない。生存《エグジスタンス》の根本的局面のすべてに適用可能で、考えられるものと考えられぬもの、指示されたものと禁止されたものを定義する、正当な分け方原理であるノモスは考えられることのないものであるほかない。適切な問題すべてのマトリックスであるノモスはみずからを問い直すにふさわしい問題を提起することができない。

パスカルの秩序とおなじく、すべての界はそれ固有の争点《アンジュー》のうちに行為者を閉じ込める。これらの争点は、他の視点、すなわち他のゲームの視点からすれば、見えないもの、少なくとも意味のないもの、いや、幻想となる。

「この世の偉大のいかなる光輝も精神の探求にたずさわる人々にはすこしも輝かしくない。精神的な人々の偉大は王や富者や将軍、すべて肉において偉大な人々には見えない。［……］知恵の偉大は肉的な人々にも精神的な人々にも見えない。これらは類を異にする三つの秩序である。[10]」

パスカルの命題を検証するためには、さまざまな界のそれぞれが提供する争点と利益がどこで、知覚できることをやめるか、魅力的であることをやめるか（これは界の境界をテストする方法のひとつである）を観察すればよい。たとえば高級官僚のキャリアに対する野心には研究者は無関心である。芸術家の損得無視の投資や一面トップを争うジャーナリストの競争は銀行家には（ブルジョア家庭に生まれた芸術家や作家の父とのいざこざは芸術・文学賛歌の単なるトポスではない）、またおそらくは、界に無縁のすべての人々、すなわち多くの場合、皮相な観察者には、ほとんど理解不可能である。

余談　サンス・コマン(11)

以上から、サンス・コマンの世界はまさにその名の意味するとおりの世界ということになる。つまり（スコラ的性向と学問的世界の歴史的成果にアクセスできないために）そこに居残されている者たちが例外的に出会うことができる、そして理解し合うことができる真の意味で共通の唯一の場所である。また、なんらかのスコラ的世界に帰属しているすべての者たちについても同様である（さらに、サンス・コマンはこの人々に、特異体質《イディオサンクラジー》と特異言語《イディオレクト》のうちに閉ざされたそれぞれの世界の内部で生起する事柄について彼らのあいだで話し合うための唯一の共通の指向対象と唯一の共通の言語を提供する）。サンス・コマンは、ある社会空間の内部で、世界の意味についての根源的なコンセンサスを保証する、万人が共有する自明の理の集合である。対決、対話、競争、さらには闘争を可能にする、暗黙裏に受け容れられている、共通の場所＝常套句《リュー・コマン》の集合である。世界の知覚を構造化する主要な二項対立のような分類原理はこの共通の場所＝常套句《リュー・コマン》のひとつである。

これら分類図式（構造化する構造）はおもに社会構造（構造化された構造）を組織する根本的分布の諸構造を身体化した所産である。それゆえに、その秩序に組み込まれた行為者全員に共通であるから、それら分類図式は対立する位置《ポジシオン》（高／低、可視／不可視、稀少／非稀少、富／貧、など）に置かれた、そして弁別的特性（これらも社会空間のなかで差異があったり対立していたりするが）によって性格づけられた行為者たちの不一致のなかの一致を可能にする。言い換えれば、それら分類図式があればこそ、人々は同一の対立（たとえば高／低、上／下、稀少／非稀少、軽／重、富／貧、など）を参照し、世界とそのなかの自分の位置を考えることができるのである。もちろん、ときには対立する項に反対の記号や価値を付与することはあるが——たとえばおなじ自由な立ち居振る舞いが、ある者たちには「無遠慮」、無礼、下品とされ、他の者たちには「わざとらしくない」、きさく、ざっくばらん、磊落とされる、といったように。

サンス・コマンはおもに各国固有なものである。というのも主要な分け方原理はこれまで、おなじ「カテゴリー」、つまりおなじ「サンス・コマン」を持った集団としての国民を作りだすことを主たる任務とする学校によって教え込まれ強化されているからである。外国で感じる（そして、その国の言語をマスターしていても完全に克服できない）違和感はその時々に遭遇する場面と自分のサンス・コマンを構成している性向と期待の体系とのあいだの無数のちょっとしたずれが原因になっている。超国境的な界（とくに学問の界）の存在は一国的なサンス・コマンを動揺させる固有のサンス・コマンを作りだす。そしてすべての国のすべての学者〔scholars〕に（ほぼ）共通のスコラ的見方の出現をうながす。

制度化された視点

社会分化の過程はもろもろの自立した界の存在をもたらすわけであるが、これは存在と同時に認識に関与する事態である。社会は分化する過程で、世界の認識様式の分化を生じさせる。それぞれの界に世界への基本的視点——それ固有の対象を創造し、この対象に適合する理解・説明原理をおのれ自身のうちに見いだす視点——が対応している。「視点が対象を創造する」とソシュールが言っているが、それは、おなじひとつの「現実」が社会的に認知された、しかし部分的には（いずれもが普遍性を自負しているが）相互に還元できない複数の表象（たとえばそれらの表象を作りだした界において社会的に制度化された視点）の対象になるということである。（「生活形態《フォルム・ド・ヴィ》」としてのそれぞれの界が、現実のさまざまな側面にアクセスすることを可能にする「言語ゲーム」の場であるということからして、地域的な差異を超越した一般的合理性が存在するかどうかはおおいなる疑問点である。統一のノスタルジーはいかに強固であっても、すべての言語の言語なるものを探すのはヴィトゲンシュタインとともに断念せざるをえないだろう。）

固有の表現形式とともにある界に通用している見方・分け方の原理と（宗教的、哲学的、法的、科学的、芸術的、……）認識様式とは社会的ミクロコスモスとしてのその界固有の合法性との関係においてはじめて認識され理解されることができる。たとえば、哲学的と呼ばれる「言語ゲーム」

は、そのゲームが展開する「生活形態」としての哲学界との関係においてはじめて記述され説明されることができるわけである。哲学者、作家、芸術家あるいは科学者の思考形態は、したがって思考可能なもの、あるいは思考不能なものとして彼らに課せられてくるものの限界は、常に一定程度、彼らの界の構造に左右される。したがってその界を構成する諸位置とそれら位置が育成する性向との歴史に左右される。認識の無意識《アンコンシャン・エピステミック》とは界の歴史である。であるからこそ、自分のなすことを真に知るチャンスを得るためには思考者と彼の思考とが組み込まれているさまざまな内含関係のうちに書き込まれているものを、すなわち、思考者が持ち込む諸前提を、また、それと知らずにおこなう包含や排除を開示しなければならない。

界とはひとつの視点が物事とハビトゥスのうちに制度化したものである。新入者が入界金として課せられる固有のハビトゥスは固有の思考様式（エイドス〔eidos〕）に他ならない。すなわち、現実を固有の仕方で構築する原理――構築の用具と構築された対象の議論の余地のない価値への前反省的信奉（エートス〔ethos〕）にもとづく原理――に他ならない。（現実には、新入者がゲームに持ち込まなければならないのは、ゲームで暗黙裏にあるいは明示的に要求されているハビトゥスではなく、実際に相性のよい、あるいは十分に近接的な、とりわけ展性があり適合的なハビトゥスに転換可能な、要するに相似的で従順な、すなわち再構造化の可能性に開かれたハビトゥスである。ラグビー選手であれ、教員、高級公務員、警察官であれ、新入者の選考が、能力の徴候に注意するのとおなじくらい、ほとんど知覚できない指標、多くの場合身体的な指標――身なり、身のこなし、マナー、「われわれの一員」である、いや、なりうる性向――に注意を払うのはそのためである。）

　ひとつだけ例を挙げよう。芸術界（とその生産物）が暗黙裏に要求する、そしてその界の構造と機能が教え込む美的《エステティック》性向は、芸術作品をそれがそう望むような仕方で、つまり美的《エステティックマン》に、芸術作品として（単なるモノでなく）理解するよう仕向けるわけであるが、固有の能力と不可分離のものである。関与性の原理として機能するこの能力は他の諸構築原理から無視されたり同一として扱われたりする特性を識別し、別のものとして扱うよう仕向ける。また、さまざまな現実に共通の特性を探知するように、したがって、これらの特性によって性格づけられる諸現実を等値と宣言するように、そうすることで、程度の差はあるが厳密に定義された等値クラス――様式《スティル》（ゴシック、ロココなど）、派（印象派、象徴派）、あるいは個々の芸術家の作風――を析出するように仕向ける。（この記述は宗教[12]、ジャーナリズム、医学[13]、格闘技[14]、科学、いずれの性向にも適用できる。『科学革命の構造』でクーンは専門マトリックス、すなわち「共同体が共有する、信念、価値、技術などの星座」と言っている。）

　芸術界とおなじく、どの科学界もそれぞれ固有のドクサを持っている。ドクサとは、認識面および評価面での諸前提の総体であり、界に帰属しているということはすなわちこれを受け容れていることを意味する。それは主要な不可避の二項対立であり、逆説的だが、それによって対立する人々はそのこと自体によって結合している。というのも、それらの対立をめぐって、あるいはそれらの対立を介して、対立することができるためには、そして、まさに対立する相手によって即座に関与的かつ適切と認知されている位置取りを生みだすためには、それら対立をともに認めているという共通点がなければならないからである。これら固有の（認識論的、芸術的、……）対立は界内部の仲間である敵対者間の社会的対立でもあるのだが、（政治をも含めた）正当な討論の空間の境界を画する。そして、予測されていない位置を作りだす一切の企て（「しろうと」「半可通」あるいは独学者の非常識な、あるいは場違いな侵入であれ、宗教的、芸術的、さらには科学的異端派リーダーの一大革新であれ）を不条理なもの、折衷的なもの、要するに考えられないものとして排除する。象徴的革命の推進者たちはこれらのもっとも根本的な、そして界の深奥に隠されている対立を転覆させる、あるいは消滅させるわけである。たとえば、アカデミズム絵画の、古代と現代、「素描《エスキス》」と「完成《フィニ》作品」といった規範的対立を打破したマネのように。

確立した対立はついには事物の自然に書き込まれたものとして現われる。だが、すこしでも批判的な検討、とくに（界として構築された）界の知識を武器とした検討を加えれば、対立する諸位置のいずれもがそれと対立する位置との関係以外にはいかなる内容もないこと、それが対立する位置の合理化された反転にすぎないことが否応なしに見えてくることが多い。今日の社会科学で受け容れられている多くの対立は明らかにこのケースである。個人と社会、コンセンサスと闘争、あるいは英米学派の「構造と行為主体」〔structure and agency〕などである。また、もっと顕著な例は、「学派」「運動」「流派」、また「構造主義」と「構築主義」、「モダニズム」と「ポスト・モダニズム」の区分である。これらはいずれも、いかにも概念めかしたラベルにすぎず、社会的諸位置の対立に比べたら、文学や美術の界で通用している同様の区分（たとえば十九世紀末の文学の界における自然主義と象徴主義の対立）とおなじくほとんど自立性を持たない。

界構成をめざす性向——これは他の界の視点から見れば必然的、したがって絶対的に要求されるのであり、当該の界固有の合法性の視点から見れば恣意的、あるいは場違いかつ笑うべきもの（さもないと無様《ぶざま》、滑稽扱いされてしまう）わけであるが——はノモスへの、すなわちスコラ的界が要求する、そして日常生活の諸目標を棚上げにし、ゲーム自体が措定し作りだす新たな争点を採用することを前提とするイルーシオという信念の特別な形態への暗黙裏の帰依である。界の土台をなすこれら自明性に異を立てることが巻き起こすスキャンダルが証明しているように、この根源的信念は界（とくに宗教界）における明示的な、また明示的に掲げられている信念よりもはるかに奥深く隠されており、はるかに「五臓六腑《ヴィセール》」に染みこんでおり、したがって抜き去りがたいものなのである。

知恵を説く諸哲学はすべての種類のイルーシオ（知識欲〔libido sciendi〕のようなもっとも「純粋な」イルーシオでも）を単なる幻想に還元する傾向がある。すべての形態の投資を棚上げにすることで得られる、俗世のすべての争点に対する精神的自由にアクセスするためには、それらイルーシオから自由にならなければならない、というのである。パスカルもそう説いている。肉と精神という下級の秩序にかかわる「欲望」の諸形態を「気晴らし」として断罪している。そうした欲望は唯一の真の信念、愛《シャリテ》の秩序のなかで生み出される信念から人々を遠ざけるから、というのである。

界の必然性への直接的帰依としてのイルーシオは、議論からいわば保護されているだけに、意識にのぼってくるチャンスが少ない。議論の争点の価値と、議論するという事実そのもののなかに書き込まれている諸前提とに対する根本的信奉なのであるから、この帰依は議論の（異論の余地のない）条件なのである。諸論拠を議論しようとするためには、それら論拠が議論に値すると信じなければならない。とにかく、議論のメリットを信じなければならない。イルーシオは明示的な原理、人々が措定し立証するテーゼの秩序に属すものではない。行動、ルーティン、人々がおこなう事柄、人々がそうするから、いつもそうしてきたからおこなう事柄の秩序に属するのである。正統派に属そうが異端派に属そうが、すべて界にコミットしている者はたちはおなじドクサへの暗黙の帰依を共有している。このドクサが競争を可能にし、競争の限界を画するのである（異端派は依然として信者である。より純粋な信仰への回帰を説く信者なのである）。この帰依は信念の諸原理を問題視することを禁じる。それは界の存在そのものを脅かすものであるからである。帰属の理由、ゲームへの腑《ヴィセラル》からの参入の理由にかんする問いに対して、界への参加者は結局、なにも答えることがない。そのような場合に持ち出すことができる原理は正当化しようのない投資を他人よりは自分に対して正当化することを狙った事後的な〔post festum〕合理化にすぎないのである。

余談　権力の分化と正当化の回路

相対的に自立的な界が構成されてくるにつれて、政治的未分化と交換可能な諸権力（クラン的単位の長老とか村社会の有力者など）間の機械的連帯性は過去のものとなる。あるいはごく少数の専門化した機能、さらには戦士〔bellatores〕と祭司〔oratores〕のような一対の対立権力に限定された支配の分業は過去のものとなる。つまり権力は個人あるいは専門化した機関に体現されるのをやめて、分化し分散する（フーコーが、中央集権的・一枚岩的装置というマルクス主義的観念に反対して、「毛管性《カピラリテ》」というやや曖昧なメタファーで示唆しているのはこのことであろう）。つまり、権力は、真の有機的連帯性によって結合された、したがって異なると同時に相互依存的なもろもろの界の総体を介してはじめて現実化し出現する。より精確に言うと、権力は、（経済界や教育界のように）競争関係にあると同時に相互補完的な界のなかに位置を占めた行為者と制度——そして、正当化の交換回路（この回路は次第に長くなり複雑化する。したがって象徴的により効果的になる。ただし同時に、少なくとも潜在的に権力・権威闘争の種を拡大させていく）のなかに組み入れられた行為者と制度——の一見無秩序な、しかし実は構造的に拘束された行動と反動とを介して、目に見えない無名の形で行使される。

モンテスキューが推奨していたのとはちがう権力分離が、それに由来するミクロコスモスの分化と、分離した権力間の現在的あるいは潜在的闘争の分化という形で起こる。一方で、さまざまな界（とりわけ、医学界や法曹界のように、特殊な種類の文化資本が争点になっている界）で行使される権力は、むろん、ある点で、また、それら固有の分野で、抑圧的になることがありうる。それゆえに正当な抵抗を巻き起こすことがある。しかしそれら権力は政治的・経済的権力に対して相対的な自立性を保っており、それら権力に対する自由を保証している。他方で、界で支配的な位置を占める者たちはそれら位置間の相同性にもとづく客観的連帯性によって結ばれているのだが、しかしまた、権力の界内部では、とりわけ支配的な支配原理をめぐる、また、さまざまな権力の土台となっているさまざまな種類の資本間の「交換レート」をめぐる競争と闘争の関係によって対立している。その結果、被支配層は勝利するために彼らの支援を必要とすることが多い権力者間の闘争を利用する、あるいはそこから利益を得ることができる。「階級闘争」の範例的昂揚とされる歴史上の大規模な対決には、実は、権力の界内部の支配層間の闘争が被支配層との同盟の論理によって拡大したものにすぎない例が少なくない。それでも、この種の闘争は、正当化あるいは動員の目的を持って個別的利害を象徴的に普遍化する戦略で武装するがために、普遍性を前進させること、また、そのことを介して、被支配層の利益の（すくなくとも形式的な）認知を前進させることがありうる。

権力分化の進歩のひとつひとつが、唯一の人間（皇帝教皇主義《セザロパピスム》のように）あるいは唯一の集団の手中へのすべての権力の集中にもとづく唯一単系のヒエラルキーの押しつけに対する、また、より一般的に、ある界に連結した権力が他の界の働きに侵入するという意味での圧政《ティラニー》に対する防衛の前進である。

「圧政は自分の領分を越えた普遍的支配欲から成る。［……］圧政とは他[illegible]なければ得られないものを、あるひとつの道によって得ようと欲することである。ひとは異なる価値に対して異なる報い方をする。快には愛をもって、力には恐れをもって、学識には信用をもって報いる。(15)」たとえば、政治権力あるいは経済権力が学問の界、あるいは文学の界に、直接的に、あるいは、アカデミーや出版社、各種委員会、ジャーナリズムのような、より特種な権力を介して介入し、自分のヒエラルキーを押しつけ、学問や文学の界固有のヒエラルキーづけ原理の主張を抑圧しようとする場合は圧政となる（ジャーナリズムは、今日、政治、知識、法律、科学などさまざまな界にその影響力をますます及ぼす傾向がある(16)）。

圧政の野心は見方・分け方の原理のひとつを絶対化し、それを他のすべての原理の乗り越え不可能な究極の根拠とすることを狙うわけだが、矛盾してはいるが、逆説的に、正当性の要求である。というのも、力は力として、そのものずばりの、正当化を伴わない、うむを言わさぬ恣意的な暴力として自己を主張することはできない。力は法《ドロワ》の外観のもとにしか存続できないこと、支配は認知（これは支配の原理の恣意性を認知できないということに他ならないが）を獲得することに成功してはじめて持続的に維持されることは経験的な事実である。言い換えれば、力は正当化されること（したがって認知され、尊重され、称揚され、重視されること）を欲する。しかし、行使されることを断念するという条件においてのみ、正当化されるいくらかのチャンスを持ちうるのである（認知を獲得するための力の使用はすべて、恣意性の増長をもたらすだけで、象徴的な自己破壊につながる）。それゆえ、力（物理的力であれ経済的力であれ）を根拠とする権力は、力に依存しているという疑いをかけることのできない権力からしかその正当化を期待することができないということになる。また、認知行為（賛辞、敬服のしるし、崇敬の表明）による正当化の有効性は、その行為を受ける者に対する、その行為をおこなう者（行為者や制度）の独立性（そしてまたこの者自身が享受している認知度）に応じて変化するということになる。認知行為による正当化の有効性は自己聖別《オートコンセクラシオン》の場合（法王の手から帝冠を自分の頭に載せるナポレオン）、あるいは、自己賞讃《オートセレブラシオン》の場合（自分の作品をほめそやす作家）はほとんどゼロになる。認知行為が金で買われた者たち（劇場のさくら、広告業者、宣伝担当者）によって遂行される場合はこの有効性は低い。共犯者、取り巻き、仲間などによる場合もおなじである。彼らの判断はエゴイストなおもねり、人情的な盲目に発すると疑われる。認知行為が、直接的で（行為相互の時間的間隔が）短ければそれだけ見え見えの交換回路に組み込まれている場合（書評欄で互いを持ち上げる交換サービス）もおなじである。逆に、関係する制度間あるいは行為者間の物質的ないし象徴的な利害の、現実的あるいは可視的関係が消滅する場合、そして認知行為の行為者がより広く認知されている場合は、正当化効果は極大になる。

　こうして、力を誤認させ認知させるために、そして法《ドロワ》という正当化された力を作りだすために力を尽さねばならないことになる。正当化作業の象徴的有効性はこの作業の分化の程度と、したがって、この分化に由来する転用の危険と密接に関連している。君主はお抱えの詩人や画家や法律家に（相対的）自立性を認める限りにおいてはじめて彼らから真に効果的な正当化の象徴的奉仕を受けることができる。ところが彼らに認めたこの自立性は独立した判断の条件であるが、批判的検討の元にもなりうるものである。というのも、表面的な自立性あるいは誤認された独立性は真の独立とおなじ効果を持ちうるけれども、正当化される機関に対する正当化する機関のある種の独立性を条件とする象徴的有効性は、その不可避の代償として、正当化する機関がその委託された正当化の権力を自己の利益のために転用する比例的危険をはらんでいる。たとえば、十二世紀ボローニャに専門的法律家集団が現われて以降、現世的権力と文化的権力との関係（かつての戦士と祭司の関係のような）の両義性が顕わになった。カントロヴィッチ[17]が立証したように、法曹の界の自立化は、新しい種類の権力、そして法律家集団が君主に逆らって獲得し強化した権威にもとづいているがゆえにより正当な権力を君主に保証する。しかしまた、その自立性は法律家たちが君主に突きつける諸要求と、法律文書の正当な操作権を独占する者たちが君主権力の恣意性に対して法固有の権威を盾にして挑む権力闘争との元になるわけである。

同様に、芸術と文学も非常に強力な正当化の手段を——賞讃を捧げることで直接的に、あるいは賞讃する者たち自身がそのことで聖別されるような崇拝をとおして間接的に——支配層に提供することができる。しかしまた、美術家と作家が、直接的あるいは間接的に、射程の大きい象徴革命（十九世紀のボヘミアン的生活スタイルや今日のフェミニズムあいは同性愛者運動の反逆的な挑発行動）を巻き起こすことがある。世界観の根本的な分け方原理（オトコ／オンナの対立のような）を変革し、同時にサンス・コマンの諸自明性を問い直すことによって、家族構造のような、社会秩序のもっとも深い構造をくつがえすことのできる革命である[18]。

権力の界が分化し、それと相関して正当化の交換回路がより長くより複雑になるにつれて、正当化の作業のために費やされる社会的エネルギーのコストが、危機の脅威とおなじく、増大する。正当化回路の複雑性の増大とともに、またとくに、学校制度のメカニズムのように複雑かつ隠蔽されたメカニズムの介在とともに進行する象徴的有効性の進歩は、その代償として、分化の過程から生まれるもろもろの界への帰属に結びついた固有の資本を破壊的目的に転用する可能性を著しく増大させる。（たとえば、学位の「価値低下」と学歴と仕事のずれとに由来する個人的・集合的不満から一九六八年のような大規模な反体制運動にいたる、教育システムと結びついた変革要因がそれである。）

言説の専門家は、世界を語る能力と権限を、表現するのがむずかしい実践的経験（重い雰囲気、憤慨、反逆）に（宗教的、法律的……）形を与えるための能力と権限を、そして自分が言表する事柄を（公にするという事実自体によって）普遍化する、そしてその言表にいわば公的な認知と理性および存在理由の外見（たとば預言的体系化に類する）とを付与する能力と権限を持っているわけだが、同時に、固有の社会的理性《レーゾン・ソシアル》（テクノクラート的支配、裁判官共和制、神権政治など）を絶対化することによって転用の挙に出る構造的な傾向性を持っているのである。

ある合理主義的歴史主義

しかし歴史諸科学は原初的恣意性を（パスカル的に）確認する（これはこれで有益かつ解放的な

ことであるが）ことだけしかできないというわけではない。歴史諸科学はみずからの生成を理解し説明することを自己の任務とすることができる。より一般的に言うと、スコラ的界の生成（すなわちそれらの界の出現過程、あるいは自立化過程）と、それら界が構成されていくにつれて作りだされ、学習過程で次第に身体に書き込まれていった諸性向の生成とを理解し説明することを自己の任務とすることができる。世界についての、普遍性を自負する言表が錬成される場である、個別の（特権的な）ミクロコスモスの歴史的必然性あるいは存在理由を、理性にではなく、いわば歴史に、歴史的理性に根拠づかせることは、まさに歴史諸科学にふさわしい仕事である。このようにして得られた認識には個人的かつ集合的な二重の歴史と、それが思考に及ぼしうる思わざる効果とに関する反省的な統御の可能性が含まれている。

科学的理性は歴史の産物であることを認めるならば、また、外在的な拘束と決定に対する科学の界の相対的自立性が増大するにつれて、すなわち、科学の界が固有の機能法則を、とりわけ討論、批判などにおいて、堂々と適用するようになるにつれて、科学的理性はますます確固としたものになることを認めるならば、広く受け容れられている二者択一の二つの項をともに拒否することができる。ひとつは、科学的方法にア・プリオリな「論理的根拠」を与えると称する「論理主義的」絶対主義である。もうひとつは、たとえばクワインが定式化しているが、数学を論理学に還元する企ての挫折は認識論を心理学に関連づけることによって「認識論を自然化する」以外に道はないと主張する「歴史主義的」ないしは「心理学主義的」相対主義である。(19)

また、今日、いわゆる「モダン」と「ポストモダン」なる「運動」の名祖《なおや》ハーバーマスとフーコーがシンボルとなっている新たな二者択一のどちらかの項を選ぶ必要もない。一方はハーバーマスの法的・論証的見解で、法の自立的力を主張し、合理的意志の形成に必要なコミュニケーション形態の法的制度化の上に民主主義を根拠づけようとする。他方は、フーコーの権力分析論で、支配のミクロ構造と権力闘争戦略とに着目し、普遍概念を、とりわけ普遍的に受け容れうる道徳性の探求を排除するものである。

同様に、客観化されていない視点の客観性を検討抜きで受け容れる前批判的確実性である（トマス・ネーゲルの言う）「どこからのものでもない視点」〔view from nowhere〕[20]という客観主義的幻想は退けなければならないが、かといって、ナルシス的反省性——すなわち批判の（社会的）根拠の問題を回避した根拠の批判、「脱構築する者」を「脱構築する」ことを忘れた「脱構築」——が「ポストモダン」を標榜して追い求める「いたるところからの視点」〔view from everywhere〕の遍在性《ユビキテ》の幻想に陥ってはならない。絶えず動いている、ひとの心をとらえるが、みずからはとらえどころのない、場所も環境もない、すなわちアトポスな哲学者が、ニーチェの舞踏の隠喩よろしく、一切の位置決定を、不動の観察者の固定した視点を、客観主義的なパースペクティヴをまぬがれ、「脱構築」すべきテクストを前にして、著者も批評家もアクセスできない無限数の視点を取ることができると主張する。いつも高所から見下ろし、意表をつく、魅惑するが魅惑されない、超越性を一見断念したかのような哲学者がとりわけ社会科学と頭隠して尻隠さずのゲームを演じる。社会科学を必死になって吸収するのだが、それは社会科学を挑発するため、「乗り越える」ため、否定するためなのだ。いつも、もっともラディカルな問い直しの試みを問い直しているつもりでいる。そして哲学に他の何も残されていなくとも、哲学者自身以上によく哲学を脱構築できる者はいないことを立証するつもりなのである。

こうした二者択一はすべて界の社会的区分が「観念」の天空に投射されたものに他ならないのだが、それらの特徴は、思考はまったく恣意的な選択のうちに必然的に閉じ込められていると錯覚させることである。「ふたつの悪のどちらかを選べと言われたら、わたしはどちらも選ばない」とカール・クラウス[21]は言っている。いずれの場合も、思考の努力（そして思考についての思考の努力）の限界は、貴族的な思い上がり〔hubris〕にとらわれ、おのれの知的救済をおのれの特異な明晰さからしか期待できない思想家の孤独な企てとしてしか自己認識できないという事実にある。しかも、これら正面から対立しているように見える理論的見地がスコラ的諸前提を共有していることに由来する共通点はこれにとどまらない。言語とのスコラ的関係を正当化するための変形に他ならない「コミュニケーション行動」理論のうちにレクトールの言語的フェティシズムを見てとることはむずかしいことではない。それとおなじく、みずからを「ポストモダン」と位置づける者たちの多くが、すべての文化的現実に、そして社会そのものに、自己充足的かつ自己生成的テクスト、厳密に内在的な批判の対象になるテクストの資格を付与するのは、自立化されたテクストに対する典型的にスコラ的なフェティシズムのなせるわざである。このことは、女性の身体、女性の条件、女性の劣った地位を遂行的発話による社会的構築の純粋な産物と見なし、現実を変えるためには言語あるいは理論を変えるだけでは不十分であることを忘れて、レクトールの典型的な幻想によって、テクスト批判に無検討に政治的有効性を認める、ある種のフェミニズム的批判にも妥当する。ジェンダー、国民、民族、人種、いずれも社会的構築物だと指摘するのはよいが、これら社会的工作物を遂行的発話で「抵抗」を歌いあげて「脱構築」するだけで破壊できると信じる、あるいは信じさせるのは素朴、したがって危険である。性や人種、国民によるカテゴリー化は人種差別的、性差別的、ナショナリズム的「でっちあげ」であっても、諸制度の客観性のなかに、したがって事物と身体の客観性のなかに刻み込まれている。マックス・ヴェーバーがすでに指摘しているとおり、運動（労働運動であれ何であれ）にとって「現実的諸関係の誤認に根ざす目標」以上に大きな脅威はない。いずれにせよ、「現実」の抵抗を捨象してしまう抵抗の現実性は眉唾ものである。

科学的理性の二つの顔

現実主義的な歴史観は、歴史の越えることできない限界を虚構的に越え出ることを禁ずるが、いかにして、いかなる歴史的諸条件のもとで、歴史に還元できない真理を歴史から奪い取ることができるかを検討するように導く。理性は、説明できないままにとどまるべき神秘的な賜《たまもの》のように、空から降ってくるものではないこと、したがって理性は徹頭徹尾歴史的なものであることは認めなければならないが、だからといって、よく言われるように、理性は歴史に還元されうると結論しなければならない、ということではない。理性は歴史の産物であるが、その歴史に対する理性の相対的独立の起源は歴史のなかに、歴史のなかにのみ探さなければならない。より精確に言えば、理性の特異な歴史がそのなかで進行する例外的世界が制度化された際の固有の歴史的論理のなかに探さなければならないのである。

スコレーと、（とりわけ経済的な）必然性と緊急性に対する距離とを根拠とする、それら例外的世界は社会的拘束が論理的拘束の形を取る（あるいはその逆の）社会的交換を促進する。それら世界が理性の発展にとって好都合なのは、その世界で自己を前面に押し出すためには理性を前面に押し出す必要があるからである。その世界で勝利するためには論拠、証明、反証を勝利させなければならない。カントが言う「病理的動機」、そしてスコラ的思考の「純粋な」世界にコミットした行為者が少しもまぬがれえない（科学の世界における発見の剽窃や盗用が示しているように）「病理的動機」とても、これらの世界においては、方法的対話と一般化した批判との規則にしたがうという条件を満たしてはじめて効果を発揮する。

たが間違ってはいけない。これは「最良の論拠の力」にしたがう知的交換という、ハーバーマスが語る和教《イレニック》神学的見方（あるいは「科学共同体」というマートンの記述）とも、学問の世界についてのダーウィンないしニーチェ的表象――「権力＝知」〔power - knowledge〕というスローガン（フーコーの仕事はあまりにもしばしばこれに凝縮させられてしまっているが）のもと、すべての意味関係（科学関係）を乱暴至極にも力関係と利害闘争に還元してしまう表象――とも遠い世界である。科学的確認の限界を逸脱することなしに、また、そうした場合伝統的に持ち出されるさまざまなデウス・エクス・マキナに頼ることなしに、科学的言説の固有性と自立性を主張することは十分に可能である。科学の界というこのミクロコスモスは、ある点では、権力と資本の集中、独占や力関係、エゴイストな利害、闘争をともなった、他とおなじ社会世界であるが、別の点では、構造と性向の現実のなかに理性の必然性がさまざまな程度で確立している、奇蹟的とも言える例外的世界なのである。アペルやハーバーマスが願っているようなコミュニケーションの超歴史的普遍概念は存在しない。しかし、コミュニケーションの、社会的に制度化され保証された諸形態は存在する。これらが科学の界に事実上場を占め、「不偏不党」とか「倫理的中立」とかの呼びかけよりも競争の論理がはるかに有効に機能させる相互コントロールのような普遍化メカニズムにその十全な有効性を付与するのである。

こうして科学の界は、その類的《ジェネリック》次元においては、界の一般理論の共通法則、あるいは実践の経済学の共通法則にしたがわない例外として科学を称揚し美化する見方と対立する。科学界における競争は固有の形態の利害を前提しているし、また、つくり出す。通常の利害、とりわけ権力と金にかかわる利害との比較においてのみ利害と無関係に見える利害、技術的能力と象徴的権力が分かちがたく絡み合っている科学的権威の独占の征服に方向づけられた利害である。しかしながら科学界は、その種的《スペスィフィック》次元においては、そこにおいて競争がとる（組織された、そして規則にしたがう）

形態によって、競争に課せられる論理的・経験的拘束によって、競争が追求する認識の目的によって、他のすべての界と区別される（専門、社会、時代によって変化する自立性の程度に応じてその違いに差があるが）。したがって、ゲシュタルト理論の「曖昧なイメージ」とおなじように、科学界は、その内在的な二面性ゆえに、同時的な二つの読み方にさらされる。知と認識の蓄積の追求は同時に認知の探求と名を成す欲望でもあり、分かちがたい。技術的能力と科学的認識は同時に象徴資本蓄積の手段としても機能する。知的闘争は常に権力闘争でもあり、理性にもとづく論争は科学的ライバル間のたたかいでもある、といった具合である。

ある命題は歴史的出現過程の帰結であるという事実をその真理内容を疑う論拠にする者は、あるいはローティ(22)のように、認識上の力関係は政治的力関係に還元される／科学と他の認識諸形態との違いは認識論的視点にではなく、とりわけ、科学がみずからの諸定義を修辞的説得によって認めさせる能力にある／要するに、あれこれの認識形態の真理性を決定するのは、「言語ゲーム」を構造化することによって、ある種のメタファーへわれわれの選好を方向づける力である、と主張する者は本質的なことを忘れている。物理的世界についての科学的志向を持った命題はすべて他に対して自己を主張するひとつの構築物であるということは確かである。また、科学の界においてこのように相対峙するさまざまな見方は、もっとも自立的な界においてさえ、その相対的な力の一部を、それを主張する者たちの社会的な力（あるいはその者の位置）と彼らの修辞的戦略の象徴的有効性とに負っていることは確かである。にもかかわらず、たたかいは界を構成する規準の統制下で、界で公認されている武器のみを使って展開する。そしてこのたたかいに投入された諸命題は、物事自体の属性に、それらの構造、効果などに適用されると主張することで、したがって真理の地位を要求することで、自己を整合性の検証と実験（経験）の判決に服すべきものと、暗黙裏に、あるいは明示的に、認知しているのである。であるからこそ、理性の擁護が事実の統制のもとに置かれた批判的対決の集合的作業に委ねられる科学の世界を観察しただけで、認識絶対主義とも非合理主義的相対主義とも縁を切った批判的・反省的現実主義に帰依することができるのである。

界の検閲と科学的昇華作用

美化した見方から「還元主義的」見方（科学社会学においてはときに「強力なプログラム」と呼ばれることがある見方）――社会的世界は絶えず遂行的定義と分類操作によって構築されるという異論の余地のない事実を強調して認識にかかわる利害と戦略を力の戦略と利害に還元し、スコラ的界の現実の不可分離的な二つの面の一方をすっぱり消滅させてしまう見方――に陥るのでは、質のよくない象徴的利益以外に、たいした利得はえられない。それゆえ、科学の世界とこの世界にかかわるすべてのものの内在的二面性を明確に措定した上で、その種的な固有の次元を強調し、界が生成する固有の欲動がいかにして昇華され、界による検閲の限界のなかで、また界による検閲の拘束のもとで充足されていくかを示さなければならない。

個人の投資と利害の無秩序な対決が合理的な対話に変わりうるのは、界が十分に自立的で（したがって十分に高い柵で入口を守られていて）固有でない武器、政治的ないし経済的な武器を内部のたたかいに持ち込ませない限りにおいて（その限りにおいてのみ）である。界の内部のたたかいの参加者がその分野における科学的要請（たとえば「愛の原則」）に適合する議論あるいは証明の手段のみに依拠するよう拘束されている、つまり、彼らの支配のリビドーを知のリビドー――証明に対し反証を、科学的事実に対し他の科学的事実を対峙させることによってのみ勝利することができるリビドー――に昇華することを余儀なくされている限りにおいてである。

理性の進歩に寄与しうる行動を励ますことができる拘束は、多くの場合、明示的な規則の形をとる必要はない。それら拘束はゲームへの参入を規制する制度化された手続き（選考《セレクシオン》と指名《コオプタシオン》）のなかに書き込まれている。交換の条件（議論の形態と空間、正当な問題系など）のうちに書き込まれている。市場のように機能し、個人の生産物に経済あるいは政治の世界を律している法則に還元できないまったく固有の法則にしたがってプラスあるいはマイナスの評価を下す界のメカニズムのうちに書き込まれている。そしてなによりも、これら効果の総体の産物である行為者たちの性向のうちに書き込まれている。こうしてたとえば、「認識論的断絶」を遂行する性向と適性は、外側から既成の問題を受け取るのではなく、自分の問題をみずから生成することができる自立的な界の機能の論理のうちに書き込まれることになる。（社会科学の場合、認識論的断絶と自立性の社会的諸条件を確立することはとくに必要であるし、またとくにむずかしい。社会科学の対象が、したがってその対象に関して社会科学が語ることが政治的争点である（それゆえに社会科学は社会世界について権威をもって語ると自負するすべての者たち、作家、ジャーナリスト、政治家、宗教家などと競争関係に入る）という事実からして、社会科学はとくに「政治化」の危険にさらされている。他律性を生み出す（そして諸前提から解放された研究の成果の前に立ちはだかり、無力化し、ときに消滅させてしまう）外在的諸力と諸形態を社会科学の界へ持ち込み押しつけることが常に可能なのである。）

こうして、集合的に蓄積された科学的資源が増大していくにつれて、また、それと相関的に、入界金が高騰し、競争に効果的に参加するのに必要な能力を持たない候補者が権利上あるいは事実上排除されるにつれて、競争に参入した行為者と制度はもっとも手強い競争相手のみを可能的な名宛て人ないし「顧客」とすることになる。認知を獲得するために、「妥当性の主張」〔validity claims〕はおなじように科学的に武装した競争相手の主張に対抗することを余儀なくされる。発見の成果を挙げた者は、同僚のうちもっとも有能で、馴れ合いの寛大さとはもっとも無縁な者たち、つまり界の歴史の過程で蓄積された固有の資源をそれら発見の批判――反証、訂正、追補の力によって理性を前進させることに寄与する批判――のなかに投入するのにもっとも高い能力を備え、そうすることにもっとも熱心な者たちのみに理解され認知されるチャンスがあることになる。

科学のたたかいは、界のなかで、また界によって集合的に蓄積されてきた――したがって行為者各人のうちに身体化された形で蓄積されてきた――科学的資本の量が大きければ大きいほどますます強力かつ有効である武器を所有する敵対者間の武闘である。敵対者どうしは少なくとも最終的な審判として経験（実験）、すなわち「現実」の判決を受け容れるという点で一致している。すべての者が明示的にあるいは黙示的に準拠するこの「客観的現実」は、究極的には、ある時点において界に参入している研究者たちが一致してそれと認めるものに他ならず、それはその審判を求める者たちがそれについて与える表象を介してのみ界のなかに姿を現わす。宗教界や政治界のような他の界についてもおなじである。敵対者は社会世界の見方・分け方の原理、階級や地域、国民、民族などへの分類システムを強制するためにたたかい、絶えず社会世界を証人として召喚し、法廷に呼び出し、自分たちの診断や予測、自分たちの見方と予見を認証するよう、あるいは否認するよう要求する。しかしながら科学界の固有性をなすのは、競争者たちが「現実」への適合性の検証原理について、テーゼと仮説の妥当性を認証する共通の方法について、要するに、客観化の作業を支え律する、不可分離的に政治的かつ認識的である暗黙の契約について一致している、ということである。その上で界において対峙するのは競争関係にある諸社会的構築物、表象《ルプレザンタシオン》（あるひとつの見方を見せる、また認めさせるという、この語が持つ「公演」という演劇的な意味を含めて）である。ただし、これは現実主義的表象である。すなわち、諸科学と界の検閲との拘束のもと、そしてまた、諸ハビトゥスの協同という目に見えない力に支えられて集合的に蓄積され集合的に活用されてきた実験の方法や道具、技術を装備した「現実」のなかに根拠をもつと見なされた現実主義的表象である。

ということは、界とは合理的拘束——社会的交換のある種の構造のなかで客観化され表出されて、研究者たちが主として学問の世界の諸学科の経験をとおして獲得した性向のうちに、即座に、共鳴を呼び起こす合理的拘束——の形で制度化された合理性統治の場である、ということである。これらの性向のおかげで研究者たちは、討論や課題や知のあるひとつの状態（これは行為者たちと制度、傑出した人物、「……主義」という概念などで具現しているわけだが）として界のなかに書き込まれている固有の可能態の空間（問題系《プロブレマティック》）を構築することができるのである。それら性向のおかげで研究者たちは界が提供する象徴システムを、界を定義する諸規則、そして論理的であると同時に社会的である拘束の力をもって彼らに課せられてくる諸規則にしたがって、機能させることができるのである。科学的な対象、とりわけ数学的対象の超越性の経験という、本質主義的諸理論が持ち出す経験はイルーシオである。すなわち、界と、諸象徴システム——それらシステムを把握して機能させる者たちにみずからの諸要請を強制することができる諸象徴システム——とが社会的に要求するハビトゥスを備えた行為者たち、そして界の自立性と緊密に連結した自立性を享受する行為者たちどうしの間の関係のうちに生まれるイルーシオである。（超越的必然性という実感は蓄積された資源という資本が大きければ大きいほど、また入界金が高ければ高いほど鋭敏になるということはここから説明できる。）

（文化的な対象、とりわけ数学的実体《アンティテ》をそれらの把握以前に存在する超越的本質として記述する者たちは（その場合、この把握は自然科学の言い方にならって「発見」として記述される）、数学的手続き（あるいはこの手続きを表現する記号）の拘束力は、少なくともその一部は、それらが持続的集合的諸性向のなかに、またそれら性向によって受け容れられ、獲得され、活用されているという事実に由来していることを忘れている。これら超越的な諸「存在」の必然性と自明性は長期の学習によってそれらを「迎え入れる」ために必要な適性を獲得した者たちにのみ強制される（ジャック・メートル[23]が記述している神秘体験の社会史は、まったく同じような理由から、宗教の超自然的「存在」の経験についても同じことが言えることを示している。この経験も、固有の伝統を担った界において、少なくともその一部は、獲得された性向を前提にしている）。非時間的であると同時に歴史的な、超越的であると同時に内在的な数学的記号は、宗教的シンボル、絵画あるいは詩となじく、この自立的象徴空間を（それを定義する諸規則にしたがって機能させることによって）能動的に存在させるために必要な性向と能力を持った行為者の空間との関連において、はじめて生き生きと活性化する。ただし、それらに固有の合法性――諸要請の一体系として、つまり、美的あるいは法的、数学的など特定の存在様式にしたがって存在する志向をもって自己を強制してくる合法性――にしたがってのことであるが。

こうして歴史化は観念（とくに数学的観念、しかしまた、法的あるいは文学的観念）の世界の自立性というプラトン的幻想のフェティシズム、いろいろな界でほとんどおなじ形で現われるフェティシズムから解放してくれる。この幻想は、記号・演算子・規則の世界と、それらを身体化した行為者（これら記号・演算子・規則は、それらの使用を、したがってそれらの機能のときには想定外の産物を強制することによって行為者にみずからを強制してくるのである）とのあいだの常にやや奇蹟的な出会いから生まれる必然性の経験のうちに書き込まれている。歴史の彼岸は存在しない。美術作品、文学作品、さらには科学の成果に絶対へのノスタルジーを転移した者たちを失望させることになるかもしれないが、社会科学は、利害とはもっとも遠い「利害」を強制し鼓吹することのできるパラドクサルな世界であるスコラ的界に固有の論理のうちにこそ、美術や科学、文学の存在原理を、それらの歴史性と、また超歴史性の二面において、探求しつづけなければならない。)

起源の想起《アナムネーシス》

隅から隅まで歴史的として自己を受け容れるべく拘束されている科学、根拠のない科学である社会科学は、自己を根拠づけようとする一切の野心を突き崩す。そして事物をあるがままに、すなわちすべて歴史から発生したものとして受け容れることを強いる。世界の諸規則性が幾千年にもわたって人間にさまざまな拘束を課し、人間が生き残るためにそれら拘束にしたがうなかから生まれてきた共通の認識性向が世界を媒介なしに理解可能なものにしているわけであるが、その共通の認識性向を含めて、すべては歴史的である、ということを想起せしめることは(すぐそう決め付けられることが多いのだが)歴史主義的ないし社会学主義的還元主義を標榜することにならない。それは、「永遠の真理と価値」(デカルト)の創造者である神を創造者＝主体(主観)で置き換えることを拒否し、そして、超越性ないし超越的主体に与えたものを歴史に、また社会に、返すことである。

より精確に言えば、それは、創造されたのではない「創造者」の神話（これを範例的に定式化したのはサルトルである。「始原的投企《プロジェ・オリジネル》」(24)なる自滅的概念は生成論的思考に対する嫌悪と対をなす自己原因の夢の表現である）を棄てて、もっとも完璧に成し遂げられた人間の営為の真の「主体」は界《シャン》に他ならないことを認めることである。人間の営為は界のなかでこそ、つまり界のおかげであると同時に界に逆らって成し遂げられたのである（界を界のなかの特別な一位置——部分的にはその界の外で形成されることもありうる諸性向の布置と連関した一位置——と言い換えてもおなじことである）。「芸術は拘束から生まれる」（アンドレ・ジッド）と言うのは正しい。しかしその拘束とは、界に書き込まれた諸可能性と諸不可能性、いや、より精確には、ハビトゥスと界との関係のなかに出現する諸可能性と諸不可能性の客観的構造が課す拘束である。

こうして、社会科学は一方ではすべてのスコラ的思考につきまとうプラトン的フェティシズムと対立し、スコラ的界（またとくに科学の界）の客観的諸構造と、界の機能の産物であると同時にその条件である認識諸構造との系譜を作成することに努める。普遍妥当性を主張する諸象徴システムが生産されるさまざまな社会空間の固有の論理と、それに対応する認識諸構造とを分析する。そして、論理の（絶対視される）諸法則を、界（あるいは「生のゲシュタルト」）の内在的諸拘束に、とりわけ言表についての討論と正当化の（社会的に規制された）活動に関連づける。他方で、社会科学は相対主義的還元主義と対立する。そして、科学的界は、ひとがそこに投入する諸動機によっては他の界と絶対的に区別することはできないとしても、おのれの情念と利害をその界で勝利させるためには遵守しなければならない諸拘束（たとえば論争のテストを受ける必要性のなかに含意されている矛盾律）、武装した競争のなかで行使される相互コントロールが課す検閲の諸拘束という点からすれば、他の界と完全に区別されることを立証する。これは科学界に固有な、種的な必然性であり、それ自体（その展開のほとんど目的論的な論理のなかで）固有の歴史から生まれてきたものである。

それぞれの界のそれ固有の必然性が次第に確立されていく長い歴史的出現過程は同一の理性がみずからを肥沃化していく連続的単為生殖——そして（振り返ってみたとき）主知主義的な見方（とりけ科学思想史と哲学思想史）が想像する諸理性の長い連鎖に還元できる単為生殖——のごときものではない。また、勝ち誇る理性の傲慢とたたかうためにパスカルが時として示唆しているように、単なる偶然の連鎖にも還元できない。この過程はその固有の論理、まさに社会学的な論理を、ある界で生起する行動はその界に固有の必然性によって二重に決定されているという事実に負っている。すなわち、界の歴史に由来する諸位置の空間の構造は、この構造の諸要請によって性向が条件づけられている行為者たちによって知覚されるとき、それぞれの時点で、これら行為者たちには諸可能態の空間——その刺激によって彼らの期待と企図を方向づける可能態の空間、さらにはその拘束によってマイナスの方向に作用する可能態の空間、この二重の作用でより複雑な構造の発達に寄与する諸行動をうながす可能態の空間——として立ち現れる。仕事に取りかかる芸術家、作家、科学者はピアノを前にした作曲家とおなじである。ピアノは作曲における（また演奏における）創造に一見無限の可能性を提供する。しかし、ピアノはまた、その構造（たとえば一定の音域を強制する鍵盤の幅という造りによって、それ自体決定されている構造）のなかに書き込まれた拘束と限界を強制してくる。拘束と限界は芸術家の性向のなかにも現存する。たとえ彼の性向が楽器の可能性を啓示し、多かれ少なかれ存在せしめるのであっても、その性向は楽器の可能性に依存しているのであるから。

　歴史的過程の不透明性は、人間の行動は歴史の刻印を押されたハビトゥス（ハビトゥスは歴史から生まれる）と、ハビトゥスがその潜在性を現実化する場である社会的世界（とりわけ界）とのあいだの無意識的な無数の出会いの（非偶然的な、しかしけっして合理的に統御されることのない）産物である、という事実に由来する。社会的世界はハビトゥスがみずからの潜在性を実現する場であると言ったが、それはしかし、その世界の構造の拘束のもと、この二重の必然性から、おのれの固有の意味で歴史的な論理を受け取りながらのことである。「理性的真理」の論理的理性と「事実的真理」の純粋な偶然性とを媒介しているこの歴史的論理は演繹できない。理解されるか、必然化されるかである。

　ここで反論が出てくるかもしれない。実定的《ポジティフ》なものと規準的《ノルマティフ》なものとの二律背反を、魔術を使って、巧妙に回避して、わたしが科学界の規範的記述〔description prescriptive〕を提示している、という異論である。科学界の機能の真理を明示すると称して、この界の客観的必然性に対する自由の可能性をもたらすような、この界の客観的必然性についての認識——したがって、この自由を増大させることをめざす実践的倫理の可能性をもたらす認識――を提供する記述を提示している、という異論である。事実、この界に関する確認的言表で規準的読み方の対象になりえないものはない。ある種の条件のもとで、競争は認識の進歩を促進する、という指摘がそうである。科学的ゲームの課題《アンジュー》＝争点はそれ自体が科学的ゲームの課題＝争点である、したがって、この界には、裁判の当事者でない判事はいない、という指摘がそうである（これは革命的断絶が起こる際に顕著である。理論的あるいは方法論的能力の既成の定義に異議を申し立てる理論あるいは方法を判定する権限を持つのは誰か？）。真理と客観性は非暴力的な、しかし利害と無縁ではない闘争の社会的メカニズムの強制された産物であると措定することによって、このような遂行的見方はある種の規準性を再導入することにならないか？　こう言表することによって、このような遂行的表象の「主体」はいわばゲームの外に身を置くことにならないか？　外部の高い位置からゲームを把握することにならないか？　君主的な、全体化的、客観的視点、中立的、不偏不党の観客の視点を肯定することにならないか？

言語の自生的に遂行的な論理は、わたしが常に指摘してきたように、自分の言うことをおこなう（あるいは存在させる）ことに（とりわけ、分類というものが持つ不可分離的に認識的かつ政治的な構築的有効性をとおして）寄与するわけだが、この論理から抜け出すことはそう容易なことではない。また、科学の反省的な歴史＝社会学的分析がおのれ自身の科学性規準をまったく循環的につくり出し強制する傾向性を持っていることを否定できない。だが、単に分析のなかではなく、現実のなかに現在する循環を、デウス・エクス・マキナに頼ることなしに、免れることができるだろうか？　というのも、まさに科学の界の自立化こそが固有の法則の確立を可能にするのだし、これらの法則がお返しとして理性の進歩に、それをとおして、界の自立化に寄与するのであるからだ。

さらに、いっそう面倒なことになるが、科学界のより進んだ、つまりより自立的な状態を記述することが、他の遅れている界、とくに諸社会科学の界の批判（この批判は社会科学の界内部で発生してくるのだが）を含意していると見えることをどう避けることができるか（避けることが本当に望ましいとしての話だが）？　科学の進化の主要な傾向（入界金の漸次的高騰、競争者間の同質性の増大、保守戦略と革新戦略の差異の減少、周期的な大革命に、外在的な政治的因果関係から解放された絶えず頻発する小規模革命が取って代わる、など）に関する認識が、真に科学的な界の根本的法則（すなわち、論争の正当な対象についての、またそれに決着をつける正当な手段についてのコンセンサス）の規準的定義を含意し誘導していることは確かである。また、科学の進化の主要な傾向の認識が、宗教的あるいは哲学的、政治的正統派の（あるいは偽科学の）偽の一致——ア・プリオリな共犯関係と妥当性承認の社会的にあらかじめ定められた諸形態とにもとづいた偽の一致——と、不一致の争点と不一致に決着をつける手段に限定されている一致にもとづいているがゆえに、したがって、真の一致（これも必然的に暫定的なものだが）に導きうるがゆえに科学的と言いうる真の不一致との違いを示す真の基準を提起することも確かである。

真理が存在するのは、真理は闘争の争点であるからである。科学界についてもおなじである。ただ、そこで展開する闘争にはそれ固有の論理がある。この論理が、ラディカルな遠近法主義《ペルスペクティヴィスム》による鏡像の無限の送り返しから、科学界の闘争を引きはがす。これらの闘争の客観化と、位置《ポジシオン》の空間と位置取り《プリーズ・ド・ポジシオン》の空間（これが位置の空間の論理を開示する）とのあいだの相応のモデルとは、全体化と分析の手段（たとえば統計学）を武器とする営為、たえず遠ざかる究極の地平である客観性をめざす営為の産物である。バシュラールに倣って「脱主観化の不断の努力」と記述できる集合的実践の総体の産物である。

反省性と二重の歴史化

批判的反省性を選び取ること、それは、理論のための理論という純粋に理論的な意図に発する選択ではなく、経験によって裏付けられる二つの確信にもとづいている。まず、人間学的思考のもっとも重大な誤謬あるいは幻想（これらは、歴史家や社会学者、民族学者など社会科学の専門家だけでなく、哲学者にも見いだされる）の起源は、とりわけ、行為者を、意識的で合理的な、条件づけられていない個人（あるいは「主体」）とみなす見方の起源は、人間学的言説の社会的生産条件のうちに、すなわち、「人間」に関する言説が生産される諸界の構造と機能のうちに存する、という確信である。次に、こうした条件からの真の自由の可能性を思考に提供するような思考の社会的条件にかんする思考は可能だ、という確信である。

ある界における（征服すべき、あるいは防衛すべき）位置を占めていることと結びつく利害と思考習慣と連関する帰依と信奉を探求し解明することは実は終りのない作業である。それに、自分の視点に対し絶対的な視点を取りうると信じるのは思考の全能性というスコラ的幻想に陥ることである。反省性の要請はいささかもむなしい自負心といったものではない。普通の行為者たちの、また、学問の世界における競争者たちの経験的視点に対して超越的な視点を占めうる、そして自分の世界のゲームと争点に参加している経験的行為者である自分の経験的視点から、最初期の断絶によって、根底的かつ決定的に切り離された視点を占めうる、と考えているような思想家の自負心ではない。

一部の哲学者が反省性への配慮を、絶対的な知の難攻不落の要塞で真理性確認の排他的権力を振りかざす権威的理性のゆるぎない位置を狙うただひとりの人間の野心として弾劾するのは彼らの思考習慣と野心のせいである。現実には、反省性は科学界に参入している者たち全員に課せられている。そして反省性は、競争が理性的論争の諸要請にしたがうための条件、そして、参加者各人が自分の「エゴイストな」利害を対話的対決の規則にしたがわせることに利益を見いだすための条件がみたされたとき、彼らを結合し、また対立させる競争の働きを介して成就する。

反省性の個人的成果（たとえばスコラ的幻想の発見）は、競争の論理からして、かならず科学闘争における武器となり、すべての参加者に強制される。敵対者に対して使用される武器を発明すれば敵対者あるいは他の者たちがその武器をただちにこちらに振り向けてくるのは必定である。より多くの反省性への進歩を期待することができるのはこの、まさに社会的な論理からであって、幻想的、偽善的な職業倫理からではない。この進歩は相互的な客観化の効果によるのであり、個々の主観性の多かれ少なかれナルシス的な自省によるのではない。科学界の機能論理の科学的解明は、より意識的より体系的になることによって、界の内部でおこなわれる相互監視を強化し、その有効性を高めることに役立つ。そのことは、こうして提供された認識をシニックに利用する可能性を排除しないけれども。

反省性を実践するということ、それは客観化の作業から恣意的に排除された認識「主体」の特権性を問うことである。それは、科学的実践の経験的「主体」を（社会的空間＝時間の特定の点に位置させることによって）科学的「主体」が構築した客観性の連関のなかで説明しようと努めることである。そうすることで科学的「主体」に（この科学的「主体」を経験的「主体」に、経験的「主体」の利害・欲動・諸前提に縛り付ける束縛、自己を確立するために科学的「主体」が断ち切らなければならない束縛を介して）加えられてくる可能性のある諸拘束をより鋭敏に意識し、よりよく制御しようと努めることである。伝統が顕揚する「自由な」「利害を超えた」「主体」の「選択」は界の力学、したがって歴史から、完全に自由であることはけっしてない。界は歴史の到達点であり、歴史は界の客観的構造のなかに書き込まれている。そしてまた歴史は、応用される認知構造、見方・分け方の原理、諸概念、諸理論、諸方法（これらのいずれもまた、界のなかで「主体」が占める位置とこの位置に関与する利害とから完全に自由であることはけっしてない）のなかに、界の客観的構造を介して、書き込まれているのである。

古典的な（カント的な）認識論哲学が（そして今日なお、エスノメソドロジーとか、あらゆる形態の「構築主義的」観念論が）教えるように、客観的認識の可能性の諸条件と限界を「主体（主観）」のなかに探すことに甘んずることはできない。「主体」の可能性の社会的諸条件と、対象（このなかにはスコレーと、問題・概念・方法などの継承資産も含まれる）を構築する「主体」の活動の可能性の社会的諸条件を、科学によって構築された対象（社会空間あるいは界）のなかに探し、「主体」の客観化行為の社会的限界を明らかにしなければならない。こうすることによって、相対主義に陥ることなしに、古典的客観主義の絶対主義を放棄することができる。というのも、科学の「主体」の社会的生産条件の認識における進歩には、科学の対象の認識における進歩が対応しているから、また、その逆も真であるからである。このことは、研究が科学の界そのものを、すなわち、科学的認識の真の主体を対象とするときにもっとも鮮明になる（わたしは『ホモ・アカデミクス』にこのような研究の成果をまとめた）。このとき、科学的認識の可能性の諸条件とこの科学的認識の対象の可能性の諸条件は同一のものであることが明白になる。

こうして諸歴史科学は、カント的な古典的形態をとるにせよ、理性の普遍的形態なるものを言語に導入したハーバーマスにおけるように装いを新たにした形をとるにせよ、超歴史的・超個人的理性の超越性という幻想を崩壊させる。そして、カントの合理主義の批判的志向を継承し先鋭化することを可能にする。界そのものに由来する、すなわち競争が界に課する抗争的な、しかし規則に従った協力に由来する万人による万人の認識論的批判の自由かつ一般的な行使を社会学的に武装することによって、理性を歴史から引き離す努力に十全な有効性を与えることを可能にするのである。

いわゆる永遠なる真理と価値を多かれ少なかれ巧妙に世俗化された啓示からでなく、ひじょうに特種な闘争——各人が、闘争の以前の状態によって、また以前の状態のために生産された武器のうち最良のものを、勝利をめざして、投入することができる、また投入しなければならない闘争、世界について、つまり闘争が展開するまさにその世界について真理を語る権利が争点になっている闘争、そして、異なる位置を占める者たちが参照することができる、また参照しなければならない現実による裁定が審判である闘争——から期待するということには、なんら絶望する理由はない。諸歴史科学はこの事実を確認し、文化的所産の生産と受容の可能性の（個人的な、あるいは集合的な）歴史的・社会的諸条件を、それらと相関する諸限界とともに、解明することに努める。そうすることで、それら文化的所産を偶然性あるいは不条理に還元して、その価値を失わせようと意図しているのではない。まったく逆で、文化的生産の諸界にのしかかる経済的・社会的拘束という科学的に望ましくない効果を発見させることによって、それら文化的所産を偶然性や不条理から引き離す手段を増大させ強化しようとしているのである。諸歴史科学はそれらが生産する認識手段をおのれ自身に、とりわけ、それら手段を生産する場である社会的世界に向ける。そうすることで、諸歴史科学はそれらが解明する経済的・社会的決定論の効果を（部分的にせよ）免れる手段、また、それらがまずおのれ自身に及ぼす歴史主義的相対主義の脅威を除去する手段を自分のものにするのである。

一部の人々はそう信じているふりをしているが、思考の営為が遂行される諸条件の分析は理性をおとしめることを狙った論争的な告発などではない。理性がおこなう論争の特権的な手段なのである。この分析は、思考がみずからの社会的生産条件に負っている限界をより強く意識させることによって、また限界はない、すべての決定に対して自由であるという幻想（これがかえって諸決定に対して思考を無防備の状態に置いているのだが）を根絶やしにすることによって、それが暴露する諸決定に対する真の自由の可能性をもたらすことに努めるのである。科学の世界の（その力関係、支配効果、専制勢力と顧客層の）現実主義的認識を前進させることは、同時に、外在的な諸拘束（今日では、ジャーナリズムを介して加わる拘束）の効果と、外在的制約の有効性を中継する、そしてまた、逆説的だが、他律性に対する抵抗力を弱めることになりかねない内在的拘束（知名度競争や予算、民間・公共機関からの受託競争など）の効果とを制御する理論的・実践的手段を前進させることでもある。

今日、科学に対する非合理主義的批判――科学主義と実証主義の告発の衣をかぶった批判――に最良の武器を提供しているように見えるけれども、理性の根底的な歴史性を敢然として引き受け、不断の歴史化の試練によって鍛えられた諸社会科学は、歴史主義的合理主義あるいは合理主義的歴史主義のもっとも確かな担い手になりうるであろう。存在論的根拠の追求という幻想（反合理主義的ニヒリズムはこの根拠へのノスタルジーの現われだが）をひとたび拒否したあとは、批判的反省性の集合的営為は、科学的理性が、対立をはらんだ協力と相互批判のなかで、またそれを介して、おのれ自身をよりよく制御していくことを、そして次第に、拘束と偶然性に対する全面的な独立性

——合理主義的確信がめざす、また尺度とする、カントのあの「想像上の焦点」〔focus imaginarius〕——に接近していくことを可能ならしめるであろう。

普遍化の諸戦略の普遍性

共通の指標への参照によって可能になった、規則にしたがった討論という社会関係のなかには論理が書き込まれている。より精確に言うと、すべての参加者がおなじ視点——おなじ世界への帰属の構成要素である、したがってまた、その世界で表現される不一致と一致の構成要素でもある視点——を採用していることにもとづく合理的交換のなかには論理が書き込まれている。しかし、だからといって、すべての参加者が自分の立場を擁護する、討論を開始する、あるいは続行する、自分の感情と判断を自由に提示する、説明と証明を求める平等なチャンスを持っている理想的言説状況〔ideal speech situation〕が、それ自体の力だけで、常にどこでも成り立つ、ということにはならない。「協力原則」(「会話へのあなたの寄与が、その寄与がなされた瞬間において、あなたが参画している口語交換の、全員に受け容れられている目標と方向が要求するものであるようにせよ」[25])を述べたグライス自身が、その原則は絶えず踏みにじられると言っている。(コンセンサスは議論の力のみによって得られるべきであるという、ハーバーマスが提案する原則についても同じことが言える。)ということは、グライスの原則は会話に実際に参加している現実の話し手の実際の行動を説明している社会学的法則ではなく、実は、すべての会話の暗黙の前提であることを示している。絶えず侵犯されているけれども、侵犯という事実自体に逆らって、暗黙裏に承認されている理想的秩序を想起させる手段として、あるいは真の対話であるために会話のあるべき形への暗黙の参照として、絶えず喚起される互恵の原理の固有なバリアントである。

ある物事が真に何であるかを言うつもりでいて、実は、それが真にそれであるためにはこうあるべきであると言う、という可能性が常にある。実定《ル・ポジティフ》の次元から規準《ル・ノルマティフ》の次元に、存在《エートル》の次元から当為《ドゥヴワール・エートル》の次元に滑っていってしまうのである。人間性の「精神主義的自負心」とでも言うべき普遍性の命令《アンペラティフ》に対して公式に与えられる認知の普遍性は誰でも認めることだろう。たとえば認識的普遍性の命令である。これは主観的なもの、個人的なものを拒否して超個人的・客観的なものをとることを要求する。倫理的普遍性の命令はエゴイズムと個別的利害を拒否し、無私と寛大《ジェネロジテ》をとることを要求する。しかし、これらの規範の現実的侵犯の普遍性も確かである。本質的分析に歴史的分析を置き換えなければならない。歴史的分析のみが、本質的分析がその結果をそれと知らずに記録する過程を記述することを可能にする。すなわち、倫理的・認識的普遍性の規範を実践的に強制し、論理的・道徳的理想に適合する昇華された行為を現実になさしめることができる諸世界が出現するなかで、当為が前進する運動を記述することを可能にするということである。

普遍が前進するとするならば、それは、特権と、身分的分離に満足したエゴイズムとのうちに閉じこもっていることに由来する本質的な曖昧性にもかかわらず、普遍を争点とする闘争、そして、その位置と軌跡によって程度はさまざまだが、普遍に対し、理性、真理、徳に対し個別的利害関心を持つ行為者たちが、過去の諸闘争のもっとも普遍的な成果を武器として参加する闘争の場であるところの社会的ミクロコスモスが存在するからである。法曹界のケースがまさにそうである。この界の闘争の争点はすべて、また常に法にかなっているわけではない。しかし闘争は、（今日、商法の分野におけるように）法の規則を変えることを目的とする場合でも、規則にしたがって遂行されなければならない[26]。

数世紀にわたる集合的作業によって国家を創設した法律家たちは一般的利益、公的なものに役立つ諸概念、手法、手続き、組織形態の総体を、まさに無から、つくり出したのだが、同時に彼らは、公務の遂行と結びついた諸権力の保有者あるいは受託者として自己を確立し、公共機関の、もはや出生ではなく教育と能力にもとづく私有化を達成したのである。言い換えれば、理性の輝かしい台頭と、ジャコバン的見方が謳い揚げるフランス革命を頂点とする解放の叙事詩には暗い裏面がある。文化資本の保有者たち、とりわけ法服貴族たちの段階的台頭である。中世の教会法学者から十九世紀の弁護士と法学教授、あるいは今日のテクノクラートにいたる者たちは、とくに、長い連続した闘争の単なるエピソードにすぎないフランス革命のおかげで、旧貴族の場を奪い取り、みずからを国家貴族として確立することに成功したのである。

文明化の過程の侵奪、つまり普遍化を名のる独占化の曖昧性は法が適用される度に再現される。法が適用されるとはつまり、すくなくとも見かけは、帰納ではなく演繹（原則あるいは先例からの）

を優先させるということである。現実との現実主義的な（社会学的な、と言ってもよい）示談ではなく、普遍的倫理の諸原則を「純粋に」主張するのである。法律家（とりわけ最高の審級の法律家）の極度の慎重さは、法律行為のひとつひとつが先例を作ることによって法を作ることに寄与するということ、また、自分の決定によって——とりわけ自分の決定にまとわせる普遍的合理性によって、自分の決定を正当化するために彼らが事後につくり出す、しかし実は、正当化された決定とはまったく逆の決定の原則になりかねない、いかにも演繹的な「合理化」によって——いわば自分自身を縛り続けているということを彼らが忘れることができないということに由来する。

国家の出現と連動する統一化と相対的普遍化は国家が生産し獲得させる普遍的資源の一部の者たちによる独占化と不可分の過程である（ヴェーバー、次いでエリアスは、国家資本の形成過程と、この資本の生産に寄与した、あるいは、この資本を生産することで自己を生産した国家貴族によるこの資本の独占化の過程を見ていない）。しかしながら、この普遍の独占はその独占を保有する者たちが普遍性の根拠に、したがって支配の普遍主義的な表象にすくなくとも表面的にしたがうことによってはじめて獲得される。マルクスのように、国家官僚がみずからについて与えようとした公式のイメージを逆転させて、官僚を、公共資源の私的所有者として行動する普遍の侵奪者として記述した者たちは間違っていなかった。しかし彼らは、中立性と公益への無私の献身との価値への義務的準拠の、まさに現実的な効果を無視している。普遍性の場としての、また一般的利益の機関としての国家という公的表象が創造され普及するにいたる象徴的構築の作業の長い歴史が展開するなかで、公益という概念は国家官僚に対して次第に大きな強制力を持つようになったのである。

こうして、高い地位にある人物がおこなった倫理的侵犯をメディアが暴露するという形での政治的スキャンダルはグループの公式の化身であるべく指名されたすべての人物に課せられた一般的利益への献身という規則、すなわち無私の規則を裏付ける。公共を体現する特権は私生活の秘密によって保護されているすべてのものを断念することを含意しているかのごとく、「公」人についての私的情報の公開は許容される（私人の場合、法的伝統の違いによる程度の差はあるが、情報の公開は処罰される）。公共に捧げられた、理論的には公共に献身すべき「公」人が、とりわけ公的手段を私的目的に使用して、公私の境界を侵犯したことが判明したとき、つまり私の秘密が実は公の私的使用を隠蔽するために役立てられたことが判明したときは、とくにそうである。

政治界、またとくに官僚界のように、普遍に対する（すくなくとも外面的な）服従をより強く要求する世界がある。たとえ、無私の義務を命ずる公的な規範と実践の現実とのあいだの乖離は誰の目にも明らかであっても。無私の義務への違反の数々。公共財あるいは公共サービスの横領、収賄、職権乱用など「公共機関の私的使用」のケースの数々。情実がらみの手加減、適用除外、優遇など不当な恩恵の数々。要するに法の不適用あるいは侵犯から利益を引き出す違反行為の数々。だが、これらの世界は（文化的生産の界とおなじく）、そのパラドクサルな論理から、無私の利益に与えられる報償を介して、無私な性向の出現を促進するのである。

普遍は普遍的認知の対象である。そしてエゴイストな利益（とりわけ経済的な利益）を犠牲にすることに対して普遍的に認められる認知は、それが保証する議論の余地のない象徴的利潤を介して、普遍化の諸戦略を奨励する。集団《グループ》に対しての尊敬を無条件に表明すること（これはとくに、「市民宗教」の一見まったくありふれた儀礼のなかでおこなわれる）以上に、集団が無条件に認知し報償を与えることはない。また、それ以上に、集団が絶対的に要求することはない。そして集団は普遍化の戦略が内含する規則の（たとえ表面的・偽善的なものであっても）認知に対して社会的認知を与える。普遍性の利潤は普遍への参照が有力な武器となる象徴的闘争の主要な争点のひとつである。規則に叶うようにすること、（事実上の状況を）「規則に従ったものにする」ことは、集団の規則を、したがって集団そのものを認知することを表明して、集団を自分の側につけることである。そして集団の秩序への服従は、あまり普遍的とは言えない原則によっているかもしれない実践を――普遍的な形にととのえ、普遍的な文言にすること（まさに「合理化」）によって、あるいは私的な利害と利潤を隠蔽し抑圧することによって、あるいはまた、多かれ少なかれ作りものである、しかし恣意の恣意的な主張の断念を含意する原則や理由や動機を持ち出すことによって（集団はこれらの行動様式を持ち前の現実主義でそれなりに評価し、「敬虔な偽善」「悪徳が徳に捧げる献辞」として認知する）――普遍化することをめざす、真摯な、あるいは偽善的な戦略のすべての根源である。

純粋志向を説く道徳主義に逆らって、それでよいのだと言いたくなる。もはや誰も、歴史は理性を原理とすると信じることはできない。理性がすこしでも前進するとするなら、また、普遍も前進するとするなら、それはたぶん、合理性と普遍性の利益があるからである、理性と普遍を前進させる行動は同時にそれら行動を遂行する者たちの利益をも前進させるからである、ということになる。

歴史的自明性を否定することをやめて、理性は無歴史的自然のなかに根を下ろしているのではないことを認めれば、人間が創始したものである理性はその出現と行使を助ける社会的ゲームと連関してはじめて確立されることを認めれば、われわれは理性の出現の歴史的条件にかんする歴史科学という武器を手にすることになる。そして、さまざまな界のそれぞれにおいて、理性固有の論理の全面的な支配、すなわち、伝統、宗教、国家、市場勢力など、あらゆる種類の外在的な権力ないし権威に対する独立を促進する要因を強化することができるようになる。こうした展望に立てば、科学界の現実主義的記述を、民主主義的理性に適合した政治界のありうべき姿を示す理性的なユートピアと見なすことができるだろう。より精確に言うと、科学界のもっとも自律的な形態のなかに観察されるものに匹敵するものを政治界のなかで実現することをめざす行動原理を、観察された現実との対決をとおして、導き出すためのモデルと見なすことができるだろう。それはすなわち、規則にしたがった競争である。シンポジウムとか「〇〇審議会」とかで儀礼的に持ち出される良心ぶったアリバイにすぎない職業倫理《デオントロジー》に頼るのではなく、固有の内在的論理だけによって、すなわち、行為者が「合理的に」行動し、自分の欲動を昇華させるよう仕向けることができる社会的メカニズムをとおして、自己を制御する競争である。

お説教にとどまりたくないのなら、団体と運動を創出したり、デモを組織したり、マニフェストを作成するなど政治行動の通常の手段を駆使して、理性の現実政策〔Realpolitik de la raison〕を実践的に実現しなければならない。民主的な規準に違反する行為（被選出者の汚職など）を防止するような、また、規準にかなった行為を励ます、あるいは強制するような（できれば自動的な）賞罰を課するメカニズムを政治界のなかに設置する、あるいは強化する、といった現実政治である。また、大規模な情報生産・伝達の手段を支配しようとする勢力との不断のたたかいをとおして、権力の保持者と市民とのあいだの歪曲のないコミュニケーションをはかる社会的構造の創出をうながす現実政治である。

以上のような理性の現実政策を支える「道徳哲学」にはひとをしらけさせるものがあることはわかっている。民主的対話、コミュニケーションの倫理、合理的普遍主義といったものへの信仰を説いてやまない者たちが、ものごとが現実にどのように機能するかの記述、いかなる諦めとも無縁な記述を、それが糾弾しているものを追認しているという嫌疑をかけて、シニカルな現実主義と非難するだろう、と怖れる。実はしかし、普遍が生成する世界についての「現実主義的な」見方に立ち返らなければならない、とわたしは信じている。それでなければ、最良の場合でも、無責任なユートピア主義に陥るだけである。青春とおなじくはかなく美しいヒューマニズムの夢がもたらすつかの間の陶酔以外になんの目的も効果もないユートピア主義、研究の世界においても政治の世界においても有害な効果しかもたらさないユートピア主義である。とかくそうしがちだが、行動原則を示唆することができる「制御的観念《イデー・レギュラトリス》」という資格を普遍に与えるだけでこと終われりとするのは、普遍が制御《レギュラシオン》の「構成的」原理、内在的原理になる世界が存在することを忘れていることになる。科学界がそうである。水準は下がるが、官僚界、また法曹界がそうである。より一般的に言うと、普遍的妥当性を主張する諸原理（たとえば民主主義の諸原理）が言表され公式に標榜された暁には、あらゆる社会状況において、それら原理は、利害を賭けた闘争における象徴的な武器として、あるいは真理あるいは徳に利害関心のある者たち（今日、とりわけ下級国家貴族のうち、国家と法と連結した普遍的既得権益にかかわりのある者たち）の批判の手段として、役立つことになる。

ここで述べたことはなによりもまず国家にあてはまる。スコラ的界の相対的に自立的な歴史と結びついた歴史的既得権益とおなじく、国家は深い両義性の刻印をとどめている。というのも、国家は、普遍的利益など眼中にない経済的・政治的権力の（たぶん相対的に自立的な）中継者としての役割、と同時に、その構造自体のなかに過去の闘争の痕跡をとどめ、闘争の成果を記録し保証しているがゆえに、仲裁者としての役割を果たしうる中立的機関として記述し、そう扱うことができるからである。国家はたぶん常に偏向した仲裁者である。しかし、自由と自由主義の欺瞞的な旗を掲げて「レッセ・フェール」を、つまり経済的力の野蛮で暴君的な行使を説く者たちが称揚することどもよりは、被支配層の利益にとって、また、正義と呼びうるものにとって、結局は、有利に機能しる仲裁者である。

注

（1）Pascal, *Pensées*, Br., 294.

(2) J. Rawls, *Théorie de la justice*, op.cit.

(3) Pascal, *Pensées*, Br., 92.

(4) Pascal, *Pensées*, Br., 72.

(5)〔訳注〕ハンス・ケルゼン（Hans Kelsen　一八八一―一九七三）オーストリア出身のアメリカの法学者。『純粋法学』（一九三五）ほか。

(6) L. Marin, «Pour une théorie baroque de l'action politique», préface à Gabriel Naudé, *Considérations politiques sur les coups d'État*, Paris, Les Éditions de Paris, 1989, p.7-65, とりわけ p.19-20.〔ガブリエル・ノーデ（一六〇〇―五三）は文学、哲学、医学の勉学の後、（主としてマザラン枢機卿の）司書として一生を過ごした。『蔵書形成手引き』はフランス最初の図書館学教科書。『クーデタにかんする政治的考察』は一六六三年刊。ルイ・マランについては第一章、注（36）を参照〕

(7) E.H. Thompson, «Modes de domination et révolutions en Angleterre», *Actes de la recherche en sciences sociales*, 2-3, 1976, p.133-151.

(8) 近く刊行する予定の著作〔『科学の科学と反省性』〕で界の理論をより体系的に展開するつもりである。それまで次を参照されたい。*Les Règles de l'art*, op. cit., とりわけ p.254-259.〔邦訳『芸術の規則II』石井洋二郎訳、藤原書店、一九九六年、とくに一六―二一頁〕

(9) G. Bachelard, *Le Nouvel Esprit scientifique*, Paris, Librairie Félix Alcan, 1934.

(10) Pascal, *Pensées*, Br., 793.

(11)〔訳注〕sens commun は英語の common sense とおなじく「万人に共通の判断の仕方、行動の仕方」（*Le nouveau Petit Robert*）と定義される。bon sens「良識」とおなじ使われ方をすることもあるが、「常識」の意味で使われると軽蔑的なニュアンスを帯びることがある。ブルデューがミニュイ書店で監修していた叢書の名称は «Le sens commun» だった。これには「社会科学の界に共通の基盤」であるべき内外の書を集めた叢書という積極的主張が込められていた。

(12) C. Suaud, *La Vocation*, Paris, Éditions de Minuit, 1978.
(13) J. Cassell, *Expected Miracles. Surgeons at Work*, Philadelphie, Temple Univesity Press, 1991.
(14) L. Wacquant, «Corps et âme. Notes ethnographiques d'un apprenti boxeur», *Actes de la recherche en sciences sociales*, 80, 1989, p.33-67.
(15) Pascal, *Pensées*, Br., 332.
(16) わたしはテレビジョンの場合についてその影響力を次の書で記述した。*Sur la télévision*, Paris, Liber-Raisons d'agir, 1996.〔邦訳『メディア批判』櫻本陽一訳、藤原書店、二〇〇〇年〕
(17)〔訳注〕エルンスト・H・カントロヴィッチ（Ernst Hartwig Kantorovicz　一八九五―一九六三）。ドイツ生まれの中世史家。ナチスの迫害を逃れてアメリカに亡命。バークレーを経て、プリンストン大学教授。著書に『王の二つの身体』（上・下巻、小林公訳、ちくま学芸文庫、二〇〇三年）など。
(18) R.S. Halvorsen et A. Prieur, «Le droit à l'indifférence : le mariage homosexuel», *Actes de la recherche en sciences sociales*,.113, juin 1996, p.6-15.
(19) Cf. W.V.O. Quine, *Relativité de l'ontologie et quelques autres essais*, trad. J. Largeault, Paris, Aubier, 1977, p.83-105（«Epistemology Naturalized», in *Ontological Relativity and Other Essays*, New York, Columbia University Press, 1969）.
(20)〔訳注〕トマス・ネーゲル（Thomas Nagel　一九三七年生まれ）アメリカの哲学者。ニューヨーク大学教授。*The View from Nowhere* は一九八六年刊の著作のタイトル。
(21)〔訳注〕カール・クラウス（Karl Kraus　一八七四―一九三六）オーストリアの作家。『たいまつ』誌を主宰。オーストリアの政治・社会・文化を痛烈に批判した。
(22) R. Rorty, «Feminism and Pragmatism», *Radical Philosophy*, 59, 1991, p.3-14.
(23)〔訳注〕ジャック・メートル（Jacques Maître　一九二五年生まれ）フランスの宗教社会学者。メートルの著書 *L'autobiographie d'un paranoïaque : l'abbé Berry(1878-1947)*, Paris, Anthropos, 1994 の序文でブル

デューは著者と対談している。

(24) J.-P. Sartre, *L'Etre et le Néant*, Paris, Gallimard, 1943, p.648 *sq*.

(25) H.P. Grice, «Logic and conversation», in P. Cole and J. Morgan (eds), *Syntax and Semanatics 3 : Speech Acts*, New York : Academic Press, 1975, p.45.

(26) Cf. Y. Dezalay et B. Garth, «Merchants of Law as Moral Entrepreneurs : Constructing International Justice out of the Competition for Transnational Business Disputes», *Law and Society Review*, 29 (1), p.27-64.

Ⅳ 身体による認識

主体《スユジエ》（主観）の問題は、「主体」と呼び習わされているもの（すなわち、さまざまな対象《オブジエ》に対峙する対象《オブジエ》）を対象《オブジエ》とする科学――したがって「主体」の諸哲学が掲げる哲学的諸前提とは真っ向から対立する哲学的諸前提を投入する科学――の存在自体によって提起される。他の主体を客観化する権利、他の主体の客観的真理を生産する権利を拒否する者たちは、常に、社会科学の専門家のなかにさえ、いるであろう。科学性の保証を与えることによって主体（主観）性の神聖な諸権利の擁護者たちを安心させることができると信ずるのは素朴にすぎる。専門的に精錬された方法と手段を備え、集合的検証に服する固有の作業に依拠する社会科学の命題は、日常生活における有無を言わせぬ断定――ゴシップや侮辱、中傷、噂、阿諛（これらは実は知的世界においてさえめずらしくないのだが）といった部分的で利害心に発する直感にもとづいた断定――とはちがうと指摘しても無駄である。それどころではない。科学的意図そのものが我慢のならない暴挙として拒絶されるだろう。すべての「創造者」が、自分自身のために（とりわけ対象が何ものにも代え難い存在としての独自性を備えた自分自身に他ならないときに）、また、他の「創造者」たちのために（作家や芸術家、哲学者を通常の科学的調査の対象にしようとするたびに連帯心を発揮して侮辱に抗議するといったやり方で）要求する真理表現の侵すべからざる権利を乱暴にも簒奪するものだ、というわけである。さらには、知的世界の一部の地域においては、「人格」の精神的次元に濃やかな心配りをする者たちが（おそらくは客観化の方法的手順を論争や論難、はては中傷、名誉毀損のための修辞的戦略と混同しているからだろう）社会学者の言表を「告発」とみなし、これを、当然の権利・義務として

「告発」することもある。あるいはまた、社会学者の言表を神の権利を侵奪し科学の審判を最後の審判とすることを狙った、それこそ悪魔的な思い上がりを裏付ける宣告だと非難するのである。

ときには遡及的訴訟という安易な道をとってこのことを忘れてしまう者がいないではないが、実は歴史学者あるいは社会学者はひたすら説明と理解の普遍的原理を確立しようとしているだけなのである。すべての主体――言うまでもなく、これらの原理を言表する者、そしてみずからもこれらの原理の名において批判にさらされることを知らないはずのない者も含めたすべての主体――に妥当する原理である。証明と反証の非人称的な弁証法にしたがう界の論理の表現であるところの、歴史学者ないし社会学者の言表は常に競争者の批判と現実の検証にさらされている。そして、彼らの言表が科学の世界自体に適用される場合は、まさに科学的思考の運動総体がこの自省のなかで、この自省によって、それら言表を介して完遂されるのである。

そのように指摘した上でなお、わたしは、必然的にカテゴリックであらざるをえないカテゴリーで客観的に定義しようとする意図自体、いや、説明する、生成論的に説明しようとする意図自体が――確率論的な推論と言語（残念ながらこれもよく誤解されるのだが）に依拠した方法論的・論理的慎重さをもって作業にあたるにもかかわらず――スコラ的世界に適用されると、特別に許しがたいものと見なされてしまう、ということを知っている。スコラ的世界の人々は、自分たちはその地位《ステイタス》からして、根拠づけられる、説明されるよりは「根拠づける」、説明する資格のある者、客観化にさらされるよりは客観化する資格のある者と感じている。つまり、無際限な象徴的生殺与奪権と自分が見なすものを他の審級に委譲するいかなる理由もないと考えている（委譲するどころか、科学の規律が保証するガードレールなどおかまいなしに、その権利を日常的に行使するのを当然と見なしてしている）のである。ひとたび「人間」が問題となると、哲学者が常に、説明という科学的野心に対する闘争の最前線にいたというのはよく理解できる。あるいは「人間諸科学」をディルタイ的な旧い分類法にしたがって「理解」のうちに——彼らの自由と独自性に対してより理解があるように見える「理解」のうちに——閉じ込めようとする。あるいはまた、その宗教的起源からしてスコラ的生産の神聖なテクストの研究により適合している「解釈学《エルメヌーティック》」に閉じ込めようとするのである。(1)

この際限のない議論から抜け出すためには、パスカルが見事な一文のなかに凝縮した逆説的定言を出発点にすればよい。客観主義と主観（主体）主義の二者択一を一気に乗り越えさせてくれる定言である。

「［……］宇宙は空間によってわたしを含む。点として呑み込む。わたしは思考によって宇宙を含む」(2)。世界はわたしを含む＝理解する。(3)もののうちのひとつとして内包する。しかし、存在するもろもろのもの（すなわち世界）に対峙するものであるわたしはその世界を含む＝理解する。しかもそれは（言い足す必要があろうか）世界がわたしを包み込み、含む＝理解するからである。実際、この物質的な内包関係（これは気づかれないか抑圧されていることが多い）を介して、そしてそれに続く結果、つまり諸社会構造が性向構造の形で、客観的チャンスが期待《エスペランス》と先取り《アンティシパシオン》の形で身体化されることを介して、わたしは内含する空間についての実践的認識と統御を獲得するのである（わたしはわたしにできること、できないことを漠然と知っている。「わたしに向いている」こと、「向いていない」こと、あるいは「わたしのような者には向いていない」こと、わたしがしても、期待しても、要求しても「よい」ことをわたしは漠然と知っている）。しかしわたしは、この実践的理解をそれとして定義するものを、意識的、学問的理解との対立において理解してはじめて、また理解のこの二つの形態の諸条件（社会空間における位置と連関した諸条件）を理解してはじめて、この実践的理解を理解することができるのである。

わたしが暗黙のうちに空間の概念を拡大し、そこに、パスカルが考えている物理的空間と並んで、社会的空間を導入していることに読者は気づかれたことと思う。この社会的空間は、諸社会的位置が——すなわち、それらの位置を占める者たちにとって視点の根拠となる、互いを排除し合うさまざまな点が——共存する場である。物理的空間と社会的空間を実践的に含む＝理解する「わたし〔je〕（これは動詞「含む＝理解する〔comprendre〕」の主語（主体）であるが、かならずしも意識の諸哲学が言う意味での「主体＝主観」ではない。むしろ、ハビトゥスである。すなわち、性向の体系である）はそのような空間に含まれている。内含され、書き込まれ、巻き込まれている。この「わたし」はその空間である位置を占めている。そしてその位置は物理的空間と社会的空間についての諸位置取り（意見、表象、判断など）と規則的に連結していることが（経験的相関関係の統計的分析から）わかっている。

二重の内包というパラドクサルな関係から、パスカルが悲惨と偉大の章にまとめたすべてのパラドクスが導き出されてくる。決定論と自由の学校的二者択一に閉じこもり続けている者たちはこれらのパラドクスに思いを潜めるがよい。人間は決定されている（悲惨）、しかし自分がどう決定されているかを認識することができる（偉大）、そして諸決定を乗り越えようとすることができる。これらすべてのパラドクスがその根源を反省性という特権のうちに見出す。

「人間は自分が悲惨であることを知っている。ゆえに人間は悲惨である。なぜなら人間は悲惨なのであるから。しかし人間は実に偉大である。なぜなら人間が悲惨であることを知っているから[4]」。

あるいはまた、

「[……]人間の弱さは、それを知っている人たちよりは、それを知らない人たちにおいて、ずっとよく現われる[5]」。

たしかに、すくなくとも思想に関するかぎり、「悲惨」の認識からしかなんらかの偉大を期待することはできない。そしておそらく、正から反への逆転という、典型的にパスカル的なおなじ弁証法によれば、社会学――自分に、したがって自分の思想にのしかかっている社会的決定についての認識にアクセスさせてくれるがゆえに、「思想家」から唾棄されている思考形態である社会学――は、物事を変わらぬままに放置することの多い一見ラディカルな断絶よりは、悲惨と弱さのもっとも普通の形態のひとつからおのれを引き離す可能性を思想家たちに与えてくれるはずである。無知は、あるいは知ることを高慢に拒否することは、思想を悲惨と弱さにとどめおくだけである。

位相幾何学〔analysis situs〕

身体および生物個体としてのわたしは、モノとおなじく、ある場所に位置している。そして物理的空間と社会的空間のなかである場所を占めている。わたしは、プラトンがソクラテスについて言ったように、無場所〔atopos〕ではない。あるいは、知識人社会学の創始者のひとりと見なされているカール・マンハイムがやや軽率に言ったように「根なしで浮遊する」存在ではない。またわたしは、おとぎ話の人物のように（フローベールが夢見ていたような）物理的・社会的遍在性、複数の場所と複数の時間に同時にいることができる、複数の物理的・社会的位置を同時に占めることができる遍在性《ユビキテ》を備えてなどいない。（場所、トポス〔topos〕は、まさに、あるモノあるいは行為者が「場所を持つ（＝起こる）」箇所、実在する箇所、要するに位置決定《ロカリザシオン》、あるいは関係論的、トポロジー的に、ある秩序のなかの位置、ランクとして定義することができる。）

切り離された個体という観念は、きわめてパラドクサルだが、一九三四年の講義でハイデガーが言っているように、「われわれの外側から知覚される」そして「捉えることができて堅固な」もの、すなわち身体についての素朴な理解にもとづいている。「人間は他者のあいだに生きている個的存在である、そして肌がその境界、内面は経験の在り場所、人間は胃を持っているのとおなじ仕方で経験を持っている、さまざまな影響を受け、それに反応する、という印象ほどわれわれに親近なものはない。」このきわめて素朴な自生的唯物論、プラトンにおけるように、「両手で」つかめるもの（ハイデガーの用語では das Handgreifliche）しか知ろうとしない唯物論は物理主義《フィジカリスム》への傾向を説明することができるだろう。身体を寸法、重さを計り、数えることができるモノと扱って、「人間」に関する科学を、ある種の人口学のように、自然の科学に変えようと意図する物理主義である。しかし、この素朴唯物論はまた、さらにパラドクサルなことだが、人格の唯一性への「人格主義的」信仰――個人と社会を対立させる科学的に破滅的な立場の土台である信仰――と、フッサール的な志向性理論――意識の内容であるノエマを内包する意識の作用としてのノエシスとしての志向性の理論――において措定されている「メンタリズム」への傾斜とを、同時に、説明することができる。（「人格主義」が科学的な人間観の構築に対する主要な障害であり、過去においても現在においても、科学的人間観の普及に対する抵抗の拠点になっているのは、人格主義がすくなくともキリスト教的伝統の諸社会において、また、これら社会のもっとも恵まれた諸階層において、もっとも普通な自生的哲学のすべての理論的先入観（メンタリズム、唯心論、個人主義など）を凝縮しているからである。それはまた人格主義が、自己を独自性の唯一の「創造者」と考えることに執着し、閉じた／開いた、コンフォーミズムとアンチ・コンフォーミズムという古い保守的なお題目を新しい旋律にのせて唱えたりする者たちのうちに、また、デュルケームに対抗してベルグソンが作りあげた「非人格的な社会的諸要請が下す命令」と聖人、天才、英雄など「諸人格が人間ひとりひとりの意識に向けて発するよびかけ[6]」とのあいだの対立をそれと知らずに作り直したりする者たちのうちに即座に共犯性を見出すからである。科学主義的な行きすぎに陥ったことがあることは否定できないが、宗教的世界観に対抗して建設された社会科学は、「人間」観と人間の運命観をめぐる政治・宗教的闘争のなかで、啓蒙主義の中心的陣地として自己を形成した。デュルケームの仕事の中核である宗教社会学とそれが巻き起こした抵抗を思い起こせばよい。社会科学が定期的に標的となった諸論争は政治闘争の論理を知的世界に拡大しただけである。だからこそ、それら論争のうちには、十九世紀にバレス、ペギー、モーラス、またベルグソン、あるいはアガトン（本名アンリ・マシス）とアルフレッド・ド・タルドらがテーヌとルナンの「科学主義」に対して、またデュルケームとセニョーボスが代表する「新ソンボンヌ」に対して挑んだ古いたたかいのテーマのすべてが見出されるのである。(7) 固有名詞を置き換えさえすれば、こうした徒輩の、決定論と自由に関する、創造的天才の社会学的説明への還元不可能性に関する果てしないリフレインは、あるいは「やっとぼくは、テーヌやルナンのおぞましい世界から、仮借ない、しかも認識し教えることができる法則が支配する恐ろしいメカニズムから抜け出ようとしつつあった」というクローデルの心の叫びは、そのまま、今日、人権の擁護を声高に説いたり、「主体の復権」を宣教したりする者たちにあてはめることができるだろう。）

心と身体、精神と物質の二元論信仰と不可分の「メンタリズム」は外在性としての身体についてのほとんど解剖学的な視点に、したがって典型的にスコラ的な視点にその起源を持つ。（この視点は、パースペクティヴ観がデカルトの『屈折光学論』の暗室〔camera obscura〕に集約されているのとおなじく、ウプサラ大学の解剖台を中心にした円形の階段教室に物体化されている。）パスカルは言っている。「人間はひとつの実体である。しかしそれを解剖すれば、それは頭、心臓、血管、一本一本の血管、血管のそれぞれの部分、血液、血液の個々の液になるのだろうか。(8)」このモノとしての身体、単なる機械のように外側から認識される身体、究極的には機械の分解とひとしい解剖に委ねられた死体となる身体、あるいは絵画に描かれる虚無を秘めた眼窩の空洞な頭蓋骨にひとしい身体、そして魂を宿した、しかし忘れられた身体――内側から開放、飛躍、緊張あるいは欲望、また有効性、暗黙の了解と親近性として感じ取られる身体――と対立する身体は観客の世界への関係を身体に適用した結果の産物である。かくて、このスコラ的観客の認識論である主知主義は、身体に加えられる効果の説明ができず、身体の行動について知的認識を持つことができずに、人間の行動を神の介入に帰せざるをえなかったあのデカルト派の哲学者とおなじような仕方で、身体に対して、あるいは身体に関して、認識の問題を提起する。困難さは言語問題とともに深まる。物質的な音として表現された非身体的な意味としての言行為のひとつひとつが真の意味での奇蹟、いわば実体変化《トランススュブスタンシアシオン》なのであるから。

他方、孤立した、区別された身体の自明性は次の事実を確認することを妨げるもとになっている。つまり、（この身体が時間と空間のうちに位置づけ、分離し、孤立させるのであるから）異論の余地なく個体化の原理として――抽象的、交換可能な、性質のない存在という個人の法的定義によって認証され強化される個体化の原理として――機能するこの身体はまた、現実の行為者として、つまり固有の歴史、固有の身体化された属性を持ったハビトゥスとして、ヘーゲルが言ったような「社会化《コレクティヴィザシオン》」〔Vergesellschaftung〕の原理でもあるという事実である。世界に開かれている、したがって世界にさらされているという（生物的）属性を持っている、それゆえに世界によって条件づけられ、物質的・文化的生存条件（身体ははじめからこのなかに置かれている）によってつくられる可能性のある身体は個体化自体の元である社会化過程に委ねられているのである。「自我」の独自性は社会関係のなかで、社会関係によって形作られるのである。（ストローソンとともに、しかし正確にはたぶん彼の意味とはちがう意味で、「集合主義的主体（主観）主義」[9]と言えるかもしれない。）

社会的空間

ストローソンによると物理的空間は諸位置の相互的外在性によって定義される[10]（ライプニッツの言う「共存の秩序」に相当する）。それとおなじく、社会的空間はそれを構成する諸位置の相互的排除（あるいは差異化《ディスタンクシオン》）によって定義できる。すなわち、諸社会的位置の並置構造として定義できる（後に触れるが、社会的位置はまた、さまざまな種類の資本の分布構造における位置として定義される）。社会的行為者は（そしてまた行為者によって所有される、したがって財産とされるモノとしてのモノは）社会的空間のひとつの場所に位置している。すなわち区別《ディスタンクト》された、そして示差的《ディスタンクティフ》な場所——それが他の場所に対して占める相対的な位置（上、下、中間など）と、それと他の場所を切り離す距離（この距離は時に「敬して遠ざける距離」〔e longinquo reverentia〕と言われる）とによって性格づけられる場所――に位置している。そのようなものとして、社会的行為者は位相幾何学、社会的トポロジーの対象とされるべきものである。（わたしの『ディスタンクシオン』はまさにこの社会的トポロジーを対象としていた。あらかじめ否定しておいたにもかかわらず、おそらくタイトルのせいであろう、この本は「人間のすべての行動の原理は差異化の追求である」と主張しているという誤った解釈がなされたが、社会的トポロジーはこのような解釈とはまったく異なるものである。）

社会的空間は行為者と財産のある種の配置という形で、多かれ少なかれ歪曲されて、物理的空間に翻訳し直される傾向性がある。その結果、社会的空間のすべての区分と差異（高／低、左／右など）は物象化した社会的空間として所有される物理的空間（たとえば、フォーブール・サン・トノレ通りとか五番街とかの高級地区と下町あるいは庶民地区との対立）のうちに実体的に、また象徴的に表現される。この空間は諸行為者のある種の共存（分布）秩序と財産のある種の共存（分布）秩序とのあいだの対応によって定義される。したがって、すべての者が、自分が多かれ少なかれ恒常的に位置する場所（「住所不定」「ホームレス」は社会的存在を奪われているということ、「上流社会にいる」とは社会世界の高所を占めているということである）によって性格づけられることになる。また、相対的な位置によって、つまり自分が占める一時的な場所（たとえば貴賓席、種々な式典での特別待遇）と、とりわけ恒常的な場所（公私のアドレス、指定席、比類のない眺望、占有権、優先権など）の（物質的・象徴的金利を生み出す）希少性によって性格づけられることになる。さらにまた、多かれ少なかれ「空間を消費する」〔space-consuming〕財産（家屋、土地など）を介して空間において自分が（法的に）占める場所によって性格づけられるわけである。

内含／理解〔La compréhension〕

世界のなかに含まれて《コンプリ》いるものは世界を対象として持つ身体である。世界に内包されて《エンクリュ》いる、しかし単なる物質的・空間的内包《エンクリューズィオン》に還元できない内包様式で内含されている身体である。イルーシオとは、行為者が遠くに離れたものによって、いや（それが、行為者が参加しているゲームの一部をなしているならば）不在なものによってさえ、影響されることがありうるような仕方で世界のなかにいる、世界によって占められているということに由来する。身体は世界と直接的な接触関係で結ばれているが、この関係は世界と関係を結ぶ多くの仕方のひとつにすぎない。行為者はある空間（界という空間）と結ばれているが、そのなかでの近接性は物理的空間における近接性とおなじものではない（他の条件がすべておなじとした場合、直接的に知覚されたものが常に実践的特権を持つということはあるが）。界をゲーム空間として構成するイルーシオのために、思想と行動は物理的接触とはまったく無関係に、象徴的相互作用とも無関係に、とりわけ内含《コンプレアンシオン》関係のなかで、また内含関係によって影響され変化をこうむる。世界は（身体が、その感覚と脳の働きによって、世界のなかでおのれ自身の外側に現在する能力、世界によって刺激され持続的な変化をこうむる能力を持っていて、世界の諸規則性に長期間（始めから）さらされているがゆえに）理解可能《コンプレアンシーブル》であり、即座・無媒介に意味を付与されるのである。こうして、世界の規則性に適合した諸性向体系を獲得した身体はそれら規則性を身体による認識――理解という観念でふつう意味されている意識的解読という意図的行為とはまったく異なる実践的な世界理解を可能にする身体による認識――を投入した行為において実践的に先取りできるようになる。言い換えれば、行為者が身近な世界について即座に無媒介の理解を持つのは、彼が動員する諸認識構造が、彼がそのなかで行動する世界の諸構造を身体化した所産であるからである。彼が世界を認識するために使用する道具が世界によって構築されたものであるからである。所与を組織するためのこれら実践的原理は頻繁に出会う状況の経験をもとに構築されたものであり、挫折が重なれば再検討されたり、廃棄されたりする。

（「性向」概念に対して、型どおりの、したがって安上がりな思考で高額な象徴的利得が得られる批判があることはよく知っている。しかしながら、人間学という個別的なケースに関するかぎり、事実の明証性を否定することなしに、どうすれば「性向」概念に依拠することを避けることができるのか。性向を語るということは人間の身体の自然的な傾向性を確認しているだけのことである。厳密な人間学が前提とする権利がある（ドゥルーズが解釈した[11]ヒュームよれば）この唯一の傾向性は非自然的な、恣意的な諸能力を獲得する自然的な能力としての被条件づけ可能性《コンディシオナビリテ》にほかならない。獲得された諸性向の存在を否定することは、人間の場合、シナプス接合の強化あるいは弱化によっておこなわれる身体の選択的・持続的変化としての学習の存在を否定することにひとしい。[12])
実践的理解を理解するためにはモノと意識との、機械論的唯物論と構築主義的観念論との二者択一を越えたところに身を置く必要がある。より精確に言えば、世界に対する実践的関係を「知覚」と考え、この知覚を「心的総合」と考えるメンタリズムと主知主義を棄てるのである。ただし、ジャック・ブーヴレスが指摘したように、[13]言語の介入になんら負うところのない「非概念的な諸組織形態を動員する」構築の実践的作業を無視することなしに。

言い換えれば、『フォイエルバッハに関するテーゼ』でマルクスが提唱したように、唯物論的伝統が観念論の手に放棄してしまった実践的認識の「積極的側面」を観念論から取り戻すことができるような唯物的理論を構築しなければならない。まさにそれこそがハビトゥス概念の機能である。この概念は行為者に生成的・統一化的力、構築的・分類的力を取り戻させる。そして、この社会的現実を構築する――それ自体社会的に構築される――能力は、超越的主体の能力なのではなく、社会的に構築され、状況づけられ日付けられた社会的経験のなかで獲得された諸組織化原理を実践に投資するところの社会化された身体の能力であることを想起させてくれる。

スコラ的盲目についての余談

このようなきわめて簡単な事柄が考えるのがきわめてむずかしくなるのは、退けられた誤り(これは分析のひとつひとつの段階で喚起しなければならない）がペアをなしているからである（機械論を構築主義で免れたかと思うとその構築主義がすぐ観念論に陥る可能性がある）。それはまた、排除すべき対立する諸テーゼが、学問の界と社会空間で対立する位置に対応しているために論争的利害に触発されて、常に再生してくる可能性があるからである。また、部分的には、われわれが、スコラ的状況によって常に助長され再活性化される長い理論的伝統に囚われているからである。再創造と反復の混交によって永続する、そして基本的には半可通な行動「哲学」の泥臭い理論化にすぎない理論的伝統である。二〇世紀にわたるプラトン主義の雰囲気と『パイドン』のキリスト教化した読解が、身体を、道具と見なすのではなく、認識を妨害するものと見なさせ、実践的認識の固有性を無視させ、実践的認識を単なる認識の障害物あるいは初歩的学問として扱わせるのである。

月並みなスコラ的思考が諸実践的論理の厳密な記述のうちに発見したつもりになる矛盾と背理の共通の根はスコラ的思考が内含する意識の哲学にほかならない。この哲学は創造的意図の介入なしに内発性と創造性を考えることができない。目的への意識的照準なしに目的性を考えることができない。規則への服従以外に規則性を考えることができない。意味作用の意図なしに意味作用を考えることができないのである。さらに困ったことに、この意識の哲学は日常言語のなかに、目的論的記述にうってつけのその文法構造のなかに書き込まれている。また、伝記、歴史物語、小説など類型的な物語形式のうちに書き込まれている。十八世紀と十九世紀、ミシェル・ビュトールが指摘しているように(14)、小説は個人の経験する出来事を物語ることとほぼ完全に一体化し、ほとんど常に「個人の、意志的な熟考に先行された、相互に決定し合う、決定的な行動」の連鎖という形をとったのであった。

無数の論説の素材を提供した「意志的な熟考」という観念はすべての決定を諸理論的可能態として構成されたもののあいだの理論的選択と見なして、すべての決定は二つの予備的操作を前提とするという仮説に導く。まず可能な選択の完全なリストをつくる操作。次に、さまざまな戦略の結果を決定し、それら結果を比較的に評価する操作である。通常の行動についてのこのようにまったく非現実的な表象（これは多かれ少なかれ経済理論が採用しているもので、すべての行動は前もって考え抜かれた明示的な企図に先行されているという考えにもとづいているのだが）はとくにスコラ的見方――すなわち理論的な視点、実践的気がかりから身を引いた、ハイデガーの表現によると「世界内存在としての自己を排除した」超俗的な観想を特権視するように仕向ける特権を知らないがために、自己を認識しない認識――に典型的なものである。

ハビトゥスと身体化

ハビトゥス概念の主要な機能のひとつは二つの相補的な誤り、ともにスコラ的見方に発する誤りを退けることにある。ひとつは機械論で、行動は外在的な原因による拘束の機械的結果であるとする誤りである。他方は目的論で、合理的行動理論がその最たるものだが、行動はチャンスと利益の計算の所産なのであるから、行為者は自由に、意識的に、また、一部の功利主義者が言うように熟知して〔with full understanding〕行動する、と主張する誤りである。これらの理論に対して、社会的行為者は過去の経験によって身体のうちに書き込まれたハビトゥスを備えている、と措定しなければならない。このハビトゥスという、知覚・評価・行動図式のシステムが実践的認識行為――それら行為が反応すべき、条件付きで慣習的な刺激を見分け認知することの上に成り立つ実践的認識行為――を遂行することを可能ならしめるのである。そして、目的を明示的に措定することなしに、また手段を合理的に計算することなしに、適合した、そして絶えず更新される戦略を生み出す（ただしそれら行為がその所産であり、それら行為を定義するところの構造的諸拘束の範囲内で）ことを可能ならしめるのである。

目的の方に客観的に方向づけられた諸行動のシークエンスという、すべての界に見出されるものを指示するために戦略という語を用いざるをえないわけだが、この語にだまされてはならない。もっとも有効な戦略とは、とりわけ無私の価値に支配された界においては、界の内在的な必然性によってつくられた性向の所産であるがゆえに自発的に、明白な意図や計算なしに、この必然性に適応する傾向性のある戦略である。ということはつまり、行為者は完全に自分の実践の主体であることはけっしてない、ということである。ゲームへの参加の根源にある性向と信念を介して、界の実践的公理系（たとえばエピステーメー的ドクサ）を構成するすべての前提が一見もっとも明晰な意図のうちにまで入り込むのである。

実践感覚とは、なすべきように（アリストテレスが言う ôs dei）行動すること、カント的な「当為」、行為規則を措定したり実行したりすることなしに行動することを可能ならしめるものである。実践感覚が現働化する諸性向は、教育による身体の持続的変化から結果する在り方であるが、これら性向は行動のうちに現勢化しないかぎり見えてこない。それらの必然性と状況への即時的適応との自明性ゆえである。世界の諸構造と諸傾向の身体化の所産であり、少なくとも大ざっぱにそれら構造と傾向に適合しているところの、汎用的な見方・分け方の原理であるハビトゥスの諸図式は部分的に変更されるさまざまなコンテクストに絶えず適応することを可能ならしめる。そして状況を、意味を付与された全体として構築することを可能ならしめる。この構築は、界に内在的な諸傾向と、すべての同形のハビトゥスが生み出す行動とをほとんど身体的に先取りする《アンティシパシオン》という実践的作業のなかでおこなわれるのである。同形のハビトゥスは、自生的に相互に適合しているがゆえに、よく訓練されたチームあるいはオーケストラのごとく、即時的かつ無媒介にコミュニケーション関係に入りうるのである。

（「合理的行動理論」の擁護者たちは、おなじ著作のなかで、ともに純粋意識と身体＝モノというスコラ的二者択一に根ざしているところの、機械論的な見方（これは物理学にモデルを借りるということのうちに内含されている）と目的論的な見方に交互に準拠することがよくある。（その顕著な例がジョン・エルスター[15]である。この著者にはそのことをはっきり表明しているというメリットがある。自分は合理性を意識的な明晰性と同一と考えると言明すると同時に、不分明な心理的諸力の働きによって欲望は諸可能性に合わせて調節されると考えるのは非合理性の一形態だとも言っている。）そうすることによって、行為者は原因の直接的な拘束のもとで行動する、それらの原因を同定することができるのは学者であるという仮説と、一見それとはまったく逆の、行為者は状況を完全に認識した上で行動する、そして、機械論的仮説のなかで学者が彼らに代わってなすことを自分ですることができるという仮説との、どちらによっても実践の合理性を説明できることになる。

これら対立する二つの立場相互の移行がいとも簡単なのは、原因による外在的機械的決定論と理由（「考え抜かれた利害《アンテレ・ビヤン・コンプリ》」）による知的決定論は合流し合体するからである。違いは、ほとんど神に等しい計算家である学者が原因についての自分の完全な知識あるいは理由についての明晰な意識を行為者にどの程度貸し与えるかである。功利主義理論の創始者たち、とりわけベンサム（その主要著作のタイトルはまさに『義務論』〔Deontology〕だった）においては、快楽の経済学の理論は明示的に規範的《ノルマティヴ》だった。合理的行動理論〔rational action theory〕においても快楽の経済学の理論は規範的である。ただしみずからは実定的《ポジティヴ》であると信じている。すなわち、（学者が言う意味で）合理的であることを欲するならば行為者はこうあるべきであるという規範的モデルを、行為者が現実におこなうことの説明原理を記述したものと見なしているのである[16]。これは、合理的な意図、目的〔purpose〕、計画といったもの以外に合理的行動の原理を認めようとしない場合、理由による、あるいは理由として有効な原因による説明以外に行動の説明原理を認めない場合、不可避のことである。考え抜かれた利害（と功利性の機能）は、厳密に言えば、公平な観察者の目に映る行為者の利害、あるいは同じことだが「完全に慎重な選好[17]」にしたがう行為者の目に映る行為者の利害に他ならないのであるから。

この考え抜かれた利害は一見正反対の理論的伝統が援用する、そして「付与された階級意識」という観念の基底にある「客観的利害」とあまり遠くない。(おなじく空想的な「偽意識」という観念の基礎になっている)この「付与された階級意識」はルカーチの定義によると「ある特定の状況において、人々が、その状況をその全体において〔つまりスコラ的視点から……〕把握できる、またその状況から派生する利害――その場の行動とそれら利害に対応する社会構造とにかかわる利害――を把握できるとした場合に、人々が抱くであろう観念や感情[18]」ということになる。スコラ的利害が学者〔scholars〕のあいだでもっともよく分有されているものであることがよく分かる。考え抜かれた利害どころではない。)

ハイデガー的な語呂合わせを試みて、性向〔disposition〕は露出〔exposition〕だと言うこともできる。身体が(程度の差はあるが)世界のなかで露出しているから、賭けられているから、危険にさらされているから、情動や痛手、苦しみ、ときには死の危険に直面しているから、したがって世界と真剣に対さざるをえない(有機的装置の心底に達するのだから、情動ほど真剣なものはない)からこそ、身体はそれ自体が世界への開放、すなわち社会世界の構造自体への開放であるところの性向を獲得することができる。性向とはこの社会世界の構造が身体化したものにほかならないのである。

世界との関係は世界への現存の関係、世界に属するという意味で「世界にいる」という関係、世界によって所有されているという関係である。この関係のなかでは行為者も対象もそれとしては措定されていない。身体がこの関係にどの程度投資されているか、この度合いはこの関係に投入されている利害と関心を、そしてそれらに由来する身体的変化の大きさ（これはそれら変化の持続や強度などから測定できる）を決定する主要な要因のひとつである。（このことを主知主義的な見方は忘れている。まさにスコラ的世界は身体と身体にかかわるすべてのことがらを、とくに欲求の充足の緊急性と（事実的あるいは潜在的）身体的暴力を、身体があたかもゲームの場から退場させられているかのように扱うからである。）

われわれは身体によって学習する。社会秩序は、この不断の、多かれ少なかれドラマテックな対決――常に感情性の役割、より精確に言えば社会環境との感情的取り引きの役割が大きい対決――を介して、身体に書き込まれる。読者は、フーコーの仕事との関連で、制度の規律が行使する正常化《ノルマリザシオン》を連想するであろう。だが、事物の普通の秩序の連続的な、そしてしばしば無自覚な圧力あるいは抑圧を過小評価してはならない。物質的生存条件が課する、また経済的社会的構造とこれら構造が再生産されるメカニズムとのひそかな強制と（サルトルの言う）「惰性的暴力」とが課する条件づけを過小評価してはならない。

もっとも真剣な社会的強制は知性でなく身体に、メモ帳として扱われる身体に向けられる。男らしさと女らしさの学習の核心は、歩き方、話し方、姿勢、視線の向け方、座り方などにおける性差を身体のなかに（とりわけ服装をとおして）書き込むことにある。叙任儀礼は、集団が社会的境界を、あるいはおなじことだが、社会的分類（たとえばオトコ／オンナの区分）を教え込もうとする明示的行動の究極の形態である。それら境界、分類を、身体のなかの（入れ墨のように消すことのできない書き込みとおなじく持続的であるべき）区分として、身体的ヘクシス、性向として、また見方・分け方の集合的原理として、自然化しようとする明示的行動の究極の形態なのである。日常的なしつけ（「背筋を伸ばしなさい」「ナイフは右手で持ちなさい」）においても叙任儀礼においても、こうした心身両面の働きかけは情動と（心理的、さらには身体的）苦痛をとおして、とりわけ身体のまさに表面に弁別的な記号（身体の一部の切断、身体瘢痕、入れ墨など）を書き込むことによって加えられる苦痛をとおしておこなわれる。『矯正訓練所』のなかでカフカは侵犯者の身体に彼が侵した掟の文字をすべて書き込む話を書いているが、この箇所は残酷な記憶術を、E・L・サントナーが示唆するように[19]、「グロテスクな粗暴さをもってラディカル化し文学化している」。わたしもかつてこのことを指摘したが、恣意を自然化し、（これもまたカフカ的、あるいはパスカル的直感だが）恣意に不条理かつ計り知れない必然性――無比の、神聖この上もない制度の背後に身をかくす必然性――を付与するために、集団はこの種の記憶術をよく利用する。

行動する論理

世界として知覚されるのでない世界、自覚的な知覚主体の前に置かれた対象として知覚されるのでない世界、一瞥で把握できる景観あるいは表象として知覚されるのでない世界への内在関係を見てとれない、あるいは忘れているというのはスコラ的幻想の基本的な、また始原的な形態である。実践的理解の原理は、認識する意識（フッサールの超越的意識やハイデガーの実存的現存在《ダザイン》）ではなく、ハビトゥスの実践感覚である。自分が住んでいる世界に住まわれているハビトゥス、世界を構築し世界に意味を与えるところの、参画と緊張、注意の直接的関係のなかで、自分が積極的に介入する世界によって先・占有されている〔pré-occupé〕ハビトゥスの実践感覚である。

ハビトゥスは世界の流れを先取りすることを可能にする知識を秘めた、世界と関係を結ぶ特別な、しかし恒常的な仕方である。そのハビトゥスは世界に、そして世界に予告される未・来〔à venir〕に、客観化的距離なしに、無媒介に現存する。世界に露出している、すなわち感覚や感情、苦痛にさらされている身体、つまり世界に参加している、世界に抵当として入れられている、賭けられている身体、世界に全面的に開かれた身体は、おなじく、世界と、世界で無媒介に見られ、感じられ、予感されうるものとに方向づけられている。身体は適合した回答を世界に与えることによって世界を制御することができる。世界を掌握することができる。（ハイデガーの有名な分析によれば）使いこなした道具のように、道具と見なされることはけっしてない道具、それのおかげで遂行できる仕事、それがめざす仕事に貫かれた透明な道具のように、世界を利用すること（解読するのではなく）ができる。

実践に参入している行為者は世界を知っている。ただし、メルロ＝ポンティが示したように、認識する意識の外在関係のなかで成立するのではない知識によって知っている。彼は世界をある意味ではあまりにもよく理解する。客観化する距離なしに、自明的であるかのように理解する。それはまさに、彼が世界に囚われているからである。世界と一体になっているからである。着慣れた衣服のように世界を着ているから、住み慣れた住まいのように世界に住んでいるからである。彼は、世界もまたハビトゥス——必然性の愛、運命的な愛〔amor fati〕を内含する必然性＝徳であるハビトゥス——の形で彼のうちにあるがゆえに、世界のなかを自分の家のように感じているのである。

実践感覚による行動はあるハビトゥスとある界（あるいはある界のなかのある位置）との必然的一致である（この行動が予定調和の外観を呈するのはそのためである）。世界の（あるいは特定のゲームの）構造を身体化した者は、即座・無媒介に、熟考する必要なしに、その場で「水を得た魚」となる。そして考えるまでもなく、「なすべき事柄」（ビジネス〔pragmata〕）、また「見事に」なすべき事柄を現前させる。客観的潜勢態として、緊急態として状況のなかに点線で書き込まれている、そして、意識と意志によって、また意識と意志のために明確な輪郭を与えられた規準あるいは命令として構成される必要なしに、彼の実践を方向づける行動プログラムを現前させるのである。ある道具を使う（あるいはある職を務める）ことができるようになるためには、しかも「申し分なく」使うためには（「申し分なく」とは主観的にも客観的にもということで、行動が楽々と効果的になされると同時に行為者に達成感と至福感をもたらすように、という意味である）長く使い込むことで、場合によっては系統立った訓練によった道具に慣れていなければならない。道具のなかに暗黙の使用マニュアルとして書き込まれている目的を自分のものにしおおせていなければならない。要するに、道具に使いこなされている、道具によって道具化されているのでなければならない。この条件を満たしてはじめて、ヘーゲルが言う熟達《デクステリテ》の域に達することができる。計算する必要なしにぴったり合う、なすべきことをなすべきときになすべきようにおこなう、無駄な動作なしに、労力の節約と必然性をみずから深く感じつつ、また、それがそとからも見てとれるようにしつつおこなう境地である。（これはまさに、プラトンが正しい意見〔orthè doxa〕、として記述しているものである。なにひとつ偶然に負うことなしに、考えることも意図することもなく状況に適応することによって、ぴったり的を射る、学ある無知。プラトンは言う、「政治家はこのオルテ・ドクサによって都市を成功裏に統治する。学識についてはと言えば、政治家は予言者、占い師とすこしも変わらない。この人たちはしばしば真実を語るが、自分が語っていることについて何も知らない[20]。」）

ハビトゥスはノモスの身体化、すなわち、ある社会秩序あるいはある界を構成する見方・分け方の原理の身体化の産物である。ハビトゥスはその社会秩序に即座に適合した実践を生み出す。即座に適合した実践とはそれを遂行する者、また他の者たちがぴったり、正しい、巧み、うってつけと知覚し評価する実践である。義務という意味での命令、規準や法の規則への服従の結果ではまったくない実践である。この実践的志向性、非定立的志向性、ノエマ〔cogitatum〕に意識的に方向づけられたノエシス〔cogitatio〕とは無縁の志向性は姿勢、身体の保ち方（ヘクシス）、（ある限界内で）絶えず変化しつつ生み出され持続していく、持続的に変化する身体の持続的なあり方に根ざしている。つまり環境との、構造化され構造化する二重の関係のうちに根ざしているのである。ハビトゥスは世界に向かうある種の仕方によって——心身を集中した跳躍の選手の注意とおなじように、切迫した未来への能動的・構築的緊張であるところの注意を世界に向けるある種の仕方によって——世界を構築する。（人を待っているとき、こちらにやってくる人をすべてその人と思ってしまう間違いのことをアロドクシア〔allodoxia〕と言うが、これはいま述べた緊張をよく説明する。）

（実践的知識は、状況と活動領域により、ひじょうに不均等に要求され必要とされ、また、ひじょうに不均等に適合し適応している。スコラ的世界とは逆に、スポーツ、音楽、ダンスのような世界は身体の実践的参入を要求する。通常の序列の変形、さらには逆転を引き起こすことになりうる身体的「知性」の動員を要求する。スポーツはもちろん、とくに武術、また演劇や楽器演奏など身体的実践の教授法のうちに分散している指示や観察を体系的に蒐集すれば、実践的知識の科学に貴重な貢献になるだろう。スポーツの指導者は、なすべき動作あるいはなすべきでない動作を知的な理解では理解しているが、身体による真の理解に到達できていないために理解したことを実際に実行できないという、誰もが知っている状況で、身体に語りかける方法を模索する。[21] また、多くの演出家は、知的推論的理解を棚上げにし、パスカルの信念生産モデルにしたがって、俳優が何度も稽古を繰り返すことによって、想念や情動、想像を巻き起こす、豊かな記憶経験をそなえた身体的ポーズを身につけていくことができるような指導法を実践している。）

ハビトゥスは継起的局面のデカルト的不連続性を運命づけられた瞬間的存在ではなく、ライプニッツの用語を使って言えば、天性の法〔lex insita〕でもあるところの天性の力〔vis insita〕である。すなわち法を備えた、したがって恒常的要因と恒常性を特徴とする（名誉にかかわる至上命令のような自己に対する忠誠〔constantia sibi〕の明示的原理で裏打ちされた）力である。それと同様にハビトゥスは功利主義的伝統および経済学者たちの（またそれに続く「方法論的個人主義者たち」の）孤立した、エゴイストな、そして計算ずくの主体ではない。ハビトゥスは、持続的な連帯の場、身体化された法と絆――団体精神《エスプリ・ド・コール》（家族精神はその特殊なケースであるが）の法と絆――にもとづくがゆえに抑えこむことができない忠実性の場である。社会化した身体《ル・コール・ソシアリゼ》の、社会という身体《ル・コール・ソシアル》――（社会化した身体は社会という身体によって形成されたのであるし、また、それと一体をなしている）に対する抜き差しならない密着である。こうしてハビトゥスは、おなじような条件と条件づけの生産物であるすべての行為者のあいだの暗黙の共謀《コリュージオン》の基礎となる。集団の超越性の実践的経験の、集団の在り方とやり方の実践的経験の基礎となる。各人が自分と同類の行為者すべての行動のうちに自分自身の行動の追認と正当化（「だいじょうぶ、ちゃんとしたことですよ」）を見出す。自分の行動は逆に同類の者たちの行動を追認し、場合によっては修正するのである。判断と行動の仕方の即時的な一致、諸意識間のコミュニケーションを、ましてや契約的決定を前提としない一致であるこの共謀、コリューシオは実践的相互理解の土台となる。あるチームのメンバー間の相互理解、いや、対抗しているにもかかわらず試合に参加しているすべての選手間の相互理解は、この実践的相互理解のパラダイムと言えるだろう。

団体精神という通常の団結原理は専制体制が（形式主義的な演習と儀式を介して、あるいは統一と差異としての（社会という）身体を象徴する服装、しかしまた、ある種の衣服を身体に強制することで身体を押さえ込むことを目的とする服装を身につけさせることを介して、あるいはまた、マスゲームや軍事パレードのような大規模な大衆的デモンストレーションを介して）強制する規律訓練にその極限的形態を見出す。こうした大衆操作の戦略は一人一人の身体が集団の身体化（「自然の身体のなかの政治的な身体、政治的な身体のなかの自然の身体」〔corpus corporatum in corpore naturali, et corpus naturale in corpore corporato〕[22]と教会法学者たちが言っている）となるように身体を作り上げることをめざしている。集団とその成員一人一人の身体とのあいだに魔術的な「憑依《ポセッシオン》」ともいえそうな「所有《ポセッシオン》」関係を作り出そうとしているのである。精神分析の言う「身体側からの対応」〔complaisance somatique〕の関係、身体を掌握し、身体を一種の集合的ロボットとして機能させる、暗示による服従である。

自生的に相互調整された諸ハビトゥス、そして、それらハビトゥスが機能する状況、そしてそれらハビトゥスを生み出した状況にあらかじめ適合した諸ハビトゥス（これは特殊であるがきわめて頻繁にあるケースである）は、意図的な陰謀とか協議とかいったものとはまったく無縁に、互いにおおまか一致した行動、そして関係する行為者の利益にかなった行動を生み出す傾向性を持つ。そのもっとも単純な例は、特権的な諸家族が、協議したり審議したりすることなしに、すなわち個々別々に、そして、しばしば主観的競争関係のうちに生み出す再生産戦略である。これら再生産戦略は（法曹界あるいは教育界の論理のような客観的メカニズムの協力を得て）既得の諸位置と社会秩序の再生産に寄与する効果を持つ。

おなじ生活条件とおなじ条件づけ（個々の軌跡と結びついた差異は別として）の産物であるがゆえに、客観的諸条件に適合し、共有する個人的利益を充足させるのにふさわしい行動を自生的に生み出す諸ハビトゥスの相互調整、これが、熟慮された意識的行為を持ち出したり、優・劣の機能主義を援用することなしに、目的論――集合体のレベルでしばしば観察される目的論、通常「集合意志（意識）」に由来する、さらには目的を集合的に措定する主体として人格化され、そのように扱われる集合体（「ブルジョアジー」「支配階級」など）の陰謀に由来するとされる目的論――めいたものを説明することを可能にしてくれる。その一例が、学生数が急激に増えた時期に高等教育機関の教授たちが盲目的に、まったくの個人として、明確な意図なしに、公然とした協議なしに適用した集団防衛戦略である。(23) 教育制度の最高の位置へのアクセスを旧来の採用原理にもっとも適合した候補者、すなわちエコル・ノルマル出身、アグレジェ、男性という理念型から逸れることがもっとも少ない候補者に限ることを可能ならしめた戦略である。ハビトゥスの相互調整こそが功利主義的個人主義がでっちあげた（たとえば、ただ乗りジレンマ〔free rider dilemma〕のような）パラドクスから脱出することを可能にしてくれる。ハビトゥスとそれを生み出す社会世界（または界）とのあいだの関係のなかに書き込まれている投資や信念、情熱、運命愛〔amor fati〕は、ある状況のなかではすることができないことがある（「それはいけないことです」）、また、しないわけにはいかないことがある（「ノブレス・オブリージュ」の原理が要求する行為はすべてそれである）という事態のもとになる。こうした事柄のうちには、功利主義の伝統が説明することができないあらゆる種類の行動がある。たとえば、個人あるいは集団に対する忠誠あるいは誠実。より一般的に言えば、すべての無私の行為。その最たるものが、カントロヴィッチが分析した（「祖国のために死ぬ」〔pro patria mori〕）。エゴイストなエゴを犠牲にする。これこそはすべての功利主義的な計算家に対する絶対的挑戦である。

一致

現象学的記述は世界についての通常の見方についてのスコラ的見方と絶縁するために不可欠ではあるが、現実に接近することはあっても、まったく没歴史的あるいは反発生論的でさえあるがゆえに、実践的理解と実践そのものの完全な理解の障害になる危険がある。そこで世界への現存の分析をやりなおさなければならない。まず、世界への現存を歴史化することである。すなわち諸構造の、あるいは行為者が世界を構築するために適用する諸図式の社会的構築の問題を提起しなければならない（カント的な超越論的人間学もフッサールとシュッツ流の形相論も、またそれに続くエスノメソドロジーも、さらには他の面では教えられるところの多いメルロ＝ポンティの分析もこれらの図式を排除してしまっている）。次いで、社会世界を当然のこととして経験すること（現象学はこの経験を記述するが、説明する手段を持たない）が可能になるために満たされるべききわめて特別な社会的諸条件の問題を検討しなければならない。

すべてが自明的である世界を経験するということは行為者の性向と行為者が組み込まれている世界に内在的な期待ないし要求とのあいだの一致を前提にしている。ところが実践的図式と客観的構造のこの完全な一致は、世界に適用される図式が、それらが適用される世界の産物であるという特殊なケースにおいてのみ、すなわち（他国の、あるいはエキゾティックな世界でなく）慣れ親しんだ世界の普通の経験のなかにおいてのみ可能である。万人がアクセスできる、そして通常の世界実践によって（少なくともある程度まで）獲得することができる認識手段の習熟を前提とする常識の世界の経験から離れて、スコラ的な世界とその世界で生産される、そして万人に即座・無媒介に理解されるというわけにはいかない事物（美術・文学・科学の作品）の経験に向かうときにも、諸認識手段を即座・無媒介に使いこなさなければならないという条件は不変である。

分化が進んでいない安定した社会は、ヘーゲルがその鋭い直感によって指摘したように、存在のなかで「居心地よい」〔bei sich sein〕と感じる具体的自由の場であるが[24]、この社会の否定しがたい魅力の根源はハビトゥスと住居とのあいだの、神話的世界観の図式とたとえばおなじ諸対立にしたがって組織されている住居空間の構造[25]とのあいだの、さらには期待とそれを実現できる客観的チャンスとのあいだのほとんど完璧な一致にある。分化が進んだ社会においても、一連の社会的メカニズムが性向を位置に合わせて調整し、その恩恵を浴する者たちに魅惑された（あるいは瞞着された）経験を得させる。たとえば（経営者、聖職者、大学教員など）さまざまな世界で、ハビトゥスを特徴づける属性（社会的出自、教育、肩書きなど）、社会的人格に結びつけられている属性にしたがって分布する諸行為者の空間の構造は、それぞれ固有の特性（たとえば企業の場合、総売上高、従業員数、在職年数、法的地位など）に従って分布する位置あるいはポスト（企業、司教区、学部と学科など）の空間の構造とかなり緊密に対応している。

このように、語そのものからわかるように、ハビトゥスはひとつの歴史の産物であるから、世界の実践的認識と行動のうちにハビトゥスが投資する、社会的なものを構築するための諸手段は社会的に構築される。すなわち、それら諸手段が構造化する世界によって構造化される。その結果、実践的認識はそれが情報を与える世界によって二重に情報を与えられている、ということになる。実践的認識はまず世界が自分に提示してくる諸資産の配置の客観的構造の拘束を受ける。実践的認識はまた、それら諸資産を選択し構築するために自分が使用する諸図式、世界の諸構造の身体化に由来する諸図式を介して世界によって構造化される。ということはつまり、行動というものは、ヴェーバーの表現を用いれば、「純粋に反応的」でもなければ、純粋に意識的・計算ずくでもない、ということである。ハビトゥスは、みずからが発動させる動機づけと認識の諸構造（これらは依然として諸形成力の界として作用する界に部分的に依存している。ハビトゥスは界の産物なのだから）を介して、なすべきであること、なすべきでないこと、緊急の事柄などを決定し、行動を起こさせる働きをする。たとえば、一九六八年五月の危機のような出来事の（実践の多様な領域にまたがる統計的調査が記録している）示差的なインパクトを説明する場合、ある一般的性向の存在を想定するべきであるということになる。秩序と無秩序（あるいは安全）への感受性と性格づけることができる、そして社会的条件とそれに関連する社会的条件づけとにしたがって変異する一般的性向である。この性向のために、他の者たちが関心を持とうとしない客観的変化（経済危機、行政措置など）が、ある種の行為者にあっては、実践のさまざまな領域（出産戦略にいたるまで[26]）における行動の変更として翻訳されることになるのである。

それゆえにギルバート・ライルの命題を人間の行動の説明に拡大適用することができるだろう。石が当たったからガラスが割れた、と言うべきではなく、石が当たったときガラスが割れた、ガラスは割れるものであるからである、と言うべきであるという命題である。それとおなじで、一見偶発的で、つまらない出来事が、異なるハビトゥスを持つすべての者たちには不釣り合いと思われる巨大な結果を引き起こすようなときにとくに顕著に見てとれるのだが、ある歴史的出来事がある行動を決定した、と言うべきではなく、その出来事から影響を受けやすいハビトゥスがその出来事にそのような影響力を与えたから、その出来事はそのような決定的効果を生んだ、と言うべきである。

帰属理論〔attribution theory〕は、ある人がある経験に帰属させる（そして、帰属理論はそのことを言わないが、ハビトゥスに影響される）諸原因はその人がその経験への回答としておこなう行動（たとえば、家庭内暴力の被害者の女性が、カウンセラーがとても耐えられないと判断する状況なのに、夫のもとに帰る、といった行動）の主要な決定要因であると主張する。であるからといって（たとえばサルトルのように）行為者は彼を決定するものを（「自己欺瞞《モーヴェーズ・フワ》」のなかで）選択する、と言うべきではない。というのも、行為者は彼を決定する状況を構築する限りにおいて自己を決定すると言うことはできるが、彼が彼の選択の原理、すなわち彼のハビトゥスを選択したのではないこと、彼が世界に適用する構築図式が世界によって構築されたものであることは明らかであるからである。

おなじ論理にしたがって、ハビトゥスはハビトゥスを変革するものを決定することに寄与する、と言うこともできる。ハビトゥス変革の原理は期待と経験とのあいだのギャップ、プラスあるいはマイナスの驚きとして体験されるギャップにあると認めるならば、このギャップの大きさとギャップに帰属される意味はハビトゥスに左右されると想定しなければならない。ある者にとっての失望は他の者にとっての思いがけない満足——それぞれに対応する強化効果あるいは抑制効果を伴った満足と失望——となりうるからである。

性向は決定されたやり方で決定された行動に導くわけではない。性向は適合した機会に、ある状況との関係のなかでのみ顕在化し現実化する。平和時の武勇心のように、いつまでも潜在的な状態にとどまっていることもある。いずれの性向も状況によって、異なった、いや正反対の実践のなかで発現することがある。たとえば、貴族出身の司教たちのおなじく貴族的な性向が一九三〇年代の地方小都市モーと一九六〇年代の「赤い郊外都市」サン＝ドニの異なった歴史的コンテクストのなかでは一見正反対の実践のなかで表現されることがありうる。[27] そのことを断った上で言うのだが、（天性の法〔lex insita〕としての）ある性向の存在は、ある特定の行為者集合がある特定のタイプのすべての状況において、ある特定の仕方で行動する、と予見することを可能にする。

存在と行動への性向の体系としてのハビトゥスは、ある仕方で自己実現の条件を作り出そう、おのれのあり方にもっとも有利な条件を強制しようとする潜勢態《ポタンシアリテ》、存在欲《デジール・デートル》である。重大な変転（たとえば位置の変化）がないかぎり、ハビトゥス形成の条件はまたその実現の条件である。しかしどんな場合にも、行為者は生存条件によって作られた能力と性向の形で自分の身体に書き込まれている諸潜勢態の現勢態化を可能にするために自分の力のかぎりを尽す。こうして、多くの行動は、既得のあれこれの性向（たとえば古典語あるいは外国語の知識）が現勢態化する可能性と機会を与えることができるような社会世界の状態（界）を維持する努力、あるいは作り出す努力として理解することができる。これこそが事物や人間に関する日常的な選択の主要な原理（使用可能な実現手段を伴った）である。共感と反感、親愛感と嫌悪感、好みと嫌悪に導かれて、人々は自分のために、居心地のよい環境、幸福と同一視される存在欲の十全な開花を実現することができる環境をつくるのである。実際われわれは行為者たちの諸性向（および諸社会的位置）の特徴と、彼らが取得するモノ（家、家具、家庭用設備・器具など）の特徴、あるいは彼らが多かれ少なかれ長期に親交を結ぶ人々（配偶者、友人、縁者）の特徴とのあいだに、（有意な統計関係の形で）際立った一致を見出すのである。

幸福の分布のパラドクスは（ラ・フォンテーヌが「靴屋と銀行家」の寓話(28)でその原理を示しているが）容易に説明できる。達成への欲望の強弱はおおよそ実現の可能性によって決まるものであるから、さまざまな行為者が知る内面的充足感の程度は、人々が考えるであろうように、任意の行為者のために抽象的に定義された欲求と欲望を充足する抽象的普遍的能力としての彼らの実効的力に左右されるのではない。むしろ、彼らが組み込まれている社会的世界（界）の機能様式が彼らのハビトゥスの開花に寄与するその度合いに左右されるのである。

二つの歴史の出会い

それゆえに、行動の原理は純粋認識の関係のなかで対象としての世界に立ち向かう主体でもなければ、行為者に対して機械的な因果関係を行使する「環境」でもない。行動の物質的あるいは象徴的目的のなかにあるのでもなく、界の諸拘束のなかにあるのでもない。行動の原理は、社会的なものの二つの状態の共犯関係のなかにある。身体となった歴史とモノとなった歴史とのあいだ、より精確に言えば、（社会空間、すなわち諸「界」の）構造とメカニズムの形で事物のなかに客体化された歴史とハビトゥスの形で身体のうちに骨肉化された歴史とのあいだの共犯関係のうちにある。この共犯関係が、これら歴史の二つの具現形態のあいだのほとんど魔術的な融即《パルティシパシオン》関係の基礎をなしている。歴史的獲得過程の産物であるハビトゥスは歴史的獲得物をみずからのものにすることを可能ならしめるものである。文字が、読む・解読するという獲得された能力を前提とする読む行為によってはじめて死んだ文字の状態を脱するのとおなじように、(道具、記念建造物、作品、技術などのうちに)客体化された歴史は行為者——おのれがおこなった先行投資ゆえに、歴史に関与する傾向性と、歴史を再活性化するために必要な能力とを備えた行為者——によって引き受けられることによってはじめて行動され行動する歴史となることができる。

まさしくハビトゥスと界のあいだ、ゲーム感覚とゲームのあいだの関係のなかに、争点《アンジュー》が生成する。目的として措定されるのではない目的が形成される。この関係の外に存在するのではなく、この関係の内部で、絶対的な必然性と明証性をもって場を占めにくる客観的潜勢態が形成される。ゲームはゲームに「捕らわれている」者、ゲームに呑み込まれている者に超越的な世界として、それ固有の目的と規準を無条件に強制する世界として立ち現れる。聖なるものへの感覚にとってしか聖なるものは存在しないのだが、聖なるものへの感覚は十全なる超越性としての聖なるものに出会う。そしてイルーシオは、言うまでもなく、ゲームを外から、「公正な観客」の視点から把握する者にとってのみ幻想あるいは「気晴らし」なのである。

さらに、位置と位置取りとのあいだに観察される対応関係は機械的・運命的な性格のものではけっしてない。たとえば、ある界で、そうした対応関係は、それぞれ異なる固有のハビトゥスと資本を備えた、したがって先行する諸世代から受け継いだ固有の生産力を使いこなす均等でない能力を備えた行為者――彼らに「なすべき」こととして迫ってくる事物が多かれ少なかれ不可避的に出現してくる空間、多かれ少なかれ開放的な可能態の空間として位置の空間を捉えることができる行為者――の実践的戦略を介してはじめて成立する。(以上の事実確認を「決定論的」先入見に由来するものと見る者たちには、研究の論理に導かれて発見することになった必然性を前にして、わたしが何度も驚きの感を禁じえなかったことを述べるにとどめる。自由に対する許しがたい過ちを弁解しようというのではない。決定の諸メカニズムを明らかにしようという決意に対して憤激する者たちに、形而上的な告発や道徳的な断罪はやめて、できることなら、科学的な反論の土俵に上がるよううながすためである。)

身体は社会世界のなかにある。しかし社会世界は身体のなかにある(ヘクシスとエイドスの形で)。世界の構造そのものが、行為者が世界を理解するために使用する構造(より適切には認識図式)のなかに現存する。おなじ歴史がハビトゥスと住居《ハビタ》、性向と位置、王とその宮廷、経営者とその企業、司教とその司教区とに住み着いているならば、歴史はいわばおのれ自身と交通し、おのれ自身のうちに反映していることになる。生まれた世界へのドクサ的な関係は帰属と憑依の関係であり、そのなかで歴史に憑依された身体はおなじ歴史が取り憑いた事物によって即座・無媒介に所有される。相続者が遺産を所有することができるのは、まさに、遺産が相続者を所有したときである。そして、相続者による遺産の所有（これはすこしも運命的なことではない）の条件であるところの、遺産による相続者の所有は、相続者の条件のなかに書き込まれている条件づけと、所有された所有者であるところの先行者たちによる教育行動との結合した作用のもとで進行する。

相続された相続者、遺産に適合させられた相続者は意志する必要がない。すなわち、適合的なこと、遺産の利害、その維持と増大の利害にふさわしいことをおこなうために熟慮し選択し意識的に決定する必要がない。彼は自分が何をしているか、何を言っているかを知らなくともよい。それでも、遺産の永続の要請に叶わないようなことは何もしないし、何も言わないことができるのである。（身体《コール》として組織された職業団体《コール》における、互選というそれ自体にとって不分明な手続きによる職の世襲の役割はこれによって説明できる。相続されたハビトゥス、したがって即座・無媒介に適合したハビトゥスと、ハビトゥスを介して働く身体的拘束とは、その団体のしばしば暗黙裏の要求に直接的かつ完全に帰依しうることのもっとも確実な保証である。そこから生成する再生産戦略を媒介にして、社会秩序が堅固に存在し続ける傾向性、言わばそのコナトゥスが実現する。）

ルイ十四世はみずからを太陽とする引力の界においてみずからが占める位置に完全に一体化していたから、界のなかで生起したすべての行動のうち、彼の意志によるものとよらないものを区別しようとするのは、コンサートで指揮者が作り出すものと演奏者たちが作り出すものとを分けようとするのとおなじくらい、無駄なことである。彼の、支配の意志自体が、その意志が支配する界の、そして、すべてを彼の利益になるように展開させる界の産物である。「特権者たち、彼らが相互に投げ合う網に捕らわれている特権者たちは、たとえシステムを嫌々ながら受け容れているとしても、互いを彼らの位置にとどめ合う。下位の者たち、非特権者たちが彼らに加える圧力が彼らに特権を防衛するように強いる。また逆に、上からの圧力が、不利な立場に置かれた者たちに、より有利な位置に到達した者たちを模倣することによって、今の状況から自由になるよう突き動かす。言い換えれば、順位のライバル関係の悪循環に巻き込まれるのである。[29]」

こうして、絶対主義のシンボルとなった国家、そしてこの表象にもっとも直接的な利害関係を持つ君主自身にとっても(「国家とは余である」)「装置《アパレイユ》」としての外見を呈する国家は、実は、「絶対権力」の保持者がすくなくとも分裂を維持し利用するために、そして緊張の均衡が生み出すエネルギーを自分の利益になるように動員するために十分な程度まで参加しなければならない闘争の界なのである。界を揺り動かす不断の運動の原理は何らかの不動の第一動因(この場合「太陽王」)にあるのではない。界を構成する諸構造によってつくり出され、その諸構造、諸ヒエラルキーを維持することをめざす闘争のなかにあるのである。つまり行為者たちの作用(行動)と反作用(対抗行動)のうちにあるのである。行為者たちは彼らの位置を維持する、あるいはより有利にするため、すなわち、その界のなかでしか発生しない固有の資本を保守する、あるいは増大させるために闘うほかないのである。彼らはこうして競争から生まれる諸拘束——しばしば耐え難いものとして体験される拘束——を他のすべての者たちに課そうと努める(もちろん、ヒロイックな諦念によってゲームから離脱することはできる。しかしこれはイルーシオの視点からすれば、社会的な死であり、それゆえに考えられない選択である)。要するに、ゲームに参加しなければ、ゲームに捕らわれるのでなければ、誰も(ゲームを支配している者でさえ)ゲームから利益を引き出すことはできない。すなわち、ゲームへの(五蔵六腑からの、身体的な)帰依がなければ、さまざまなプレーヤーの異なる利害、いや対立する利害の根源にある、彼らを突き動かす意志と願望——ゲームによって作り出され、彼らがゲームで占める位置に左右される意志と願望——の根源にある、ゲームそのものに対して持つ利害がなければ、ゲームはないのである。

こうして、多かれ少なかれ制度化されたポスト、それが内包する多かれ少なかれコード化された行動プログラムを持ったポストが、衣服や道具、本、家とおなじように、そこに居場所を定めて、そこを自分の居場所と認め、そのポストを自分のものとして引き受け、同時にそのポストに所有される誰かを見出したときにはじめて、客体化された歴史は行動され行動する歴史となる。カフェのギャルソンは、サルトルが言うような意味で、カフェのギャルソンであることを演じているのではない。[30] 貴族に仕える家僕の献身と尊厳の民主化された、ほとんど官僚的とさえ言える形態を表現するのにふさわしい制服を身にまとって、慇懃にまめまめしく泳ぎ回る(それは注文を忘れてしまったり、サービスが遅れたり、質のよくない飲食物をごまかす戦略である可能性もあるが)ギャルソンは、そう振る舞うことでモノ(「即自」)になるのではない。ある歴史が書き込まれている彼の身体は彼の機能と、すなわち、ひとつの歴史、伝統——彼としては、身体のなかに化身している形でしか、言い換えれば、カフェのギャルソンと呼ばれるハビトゥスに住まわれた制服のなかに化身している形でしか見たことのない彼の機能、ひとつの歴史、伝統——と合一するのである。それは、他のギャルソンたち、明示的なモデルとなったギャルソンたちを真似することによってカフェのギャルソンになることを学習したということではない。ある役を演じる役者のようにカフェのギャルソンという人物になるのではない。むしろ、コドモが父親に一体化して、「そのふりをする」必要もなく、立派なオトナという社会的存在を構成するものと彼に思われる、話すときの口の形とか、歩くときの肩のゆすり方とかを身につけるのとおなじように、カフェのギャルソンとなるのである。彼は自分をカフェのギャルソンと考える、と言うこともできない。彼は、社会学的に、社会《ソシオ》・論理的に《＝ロジックマン》、——たとえば自分の店を持つために資金を稼がなくてはならない小商店主の息子として——運命づけられている自分の機能に完全に捉えられてしまっているのである。それと対照的に（六八年五月のあと、「前衛的」レストランで時々あったことだが）学生をギャルソンの位置に置いてみるとよい。学生は、その仕事をまさに役として演じていることを見せることによって、自分が自分の存在、つまり自分の社会的運命について抱いている（社会的に構成された）観念に対応しない職業に対して、自分はそれに向いていないと感じている、サルトルの客が言うように、その「虜《とりこ》」になりたくないと感じている職業に対して保とうとしている距離を、さまざまな形で示そうとするであろう。

知識人がおのれのポストに対して、また、おのれを知識人として定義するものに対して、すなわち、すべてのポストに対する距離というスコラ的幻想に対して、カフェのギャルソン以上に距離を取っているわけではないことの証拠としては、サルトルが有名な記述を敷衍し「普遍化」している分析を人間学的資料として読めばよい。「カフェのギャルソンのするいろいろな仕事をやってみてもだめなのだ。役者がハムレットなのとおなじように、中和された態様でしか、カフェのギャルソンになれない。自分の身分の典型的な動作を機械的にやっているだけ、「類同代理物《アナロゴン》」と見なされたそれらの動作を介して想像上のギャルソンとしての自己を見ることしかできない。わたしが実在化しようとしているのはカフェのギャルソンの即自存在である。自分の身分に伴う義務と権利にそれらの価値と緊急性を付与することが自分にはできない。毎朝五時に起きるか、クビになるかも知れないのを覚悟で寝ているか、自分で自由に選ぶことができないかのごとくなのだ。この役割を存在せしめているという事実からして、自分はこの役割をどこからも超越できない、自分の条件の彼方として自己を構成することができないかのごとくなのだ。だが、わたしがある意味でカフェのギャルソンであることは疑いない。そうでなければ、わたしは、自分は外交官だ、あるいはジャーナリストだと称することができなくなるであろう。(31)」

社会的無意識の奇蹟的産物とでも言うべきこのテクストの一語一語を噛みしめるべきである。現象学の「わたし」〔je〕を模範的に使った二面作戦と他者への「理解ある」同一化(サルトルはこれを多用した)とを援用して、カフェのギャルソンの実践のなかに、あるいはこの実践の想像上の類同代理物《アナロゴン》のなかに、知識人の意識を投射している。そして、身体はカフェのギャルソン、頭は哲学者という怪物、社会的キメラを作り出している。クビになるかも知れないのを覚悟で寝ている自由からみずからを（自由に？）解き放つ者として、五時に起きて、客が来る前に店内を掃除し、コーヒーメーカーを準備する者を把握するためには、クビになることなしに寝ていることができる自由を持たなければならないのではないだろうか。これこそは、幻覚への同一化の論理である。労働者の条件への「知識人」の関係を労働者の条件への労働者の関係と見せかけて、「闘争」に全面的に参加《アンガジェ》した労働者を作り出すことを可能ならしめた論理である。あるいは逆に、神話のなかでとおなじように、絶望して、いまある自分にすぎないことに甘んじる労働者――おのれの可能な位置として外交官あるいはジャーナリストの位置を持つという事実が与える自由を奪われた労働者の「即自存在」に甘んじる労働者――を作り出した論理である。

性向と位置の弁証法

「召命」と「使命」とが、位置のうちに多くの場合暗示的に書き込まれている、モースの言う「集合的期待」と性向のうちに秘められている期待ないし願望とが、客観的構造と、客観的構造が把握される際の媒介となる認識構造とが、多かれ少なかれ完全に一致する場合には、実践において、位置の効果による部分と、行為者が位置に持ち込む性向――行為者の世界への関係を制御する、とりわけ行為者の位置の知覚とその評価を、したがって行為者がその位置を保持する仕方、つまりその位置の「実在」そのものを保持する仕方を制御する性向――の所産である部分とを区別しようとするのは虚しいことである。

行動があり、歴史があり、構造が維持され変革されるのは、ひとえに、常識が、また、それに追随して「方法論的個人主義」が個人という概念で言うものに還元されない行為者が、社会化された身体としてゲームに参入し、多かれ少なかれ成功裏にゲームをおこなう行為者がいるからこそである。

性向に依拠すること、これだけが、歴史に由来する認識形態と、それら認識形態を適用する世界そのものの構造に由来する認識形態とを世界に適用することによって行為者が世界について得る即時・無媒介の理解を（行動のすべての側面を合理的計算の結果とする破滅的な仮説を立てることなく）真に理解することを可能にする。自明性という感覚は、パラドクサルなことだが、それを可能にする特殊な（しかしかなり頻度の高い）諸条件を（フッサールとシュッツのように）それをもっともよく分析した者たちの目にもきわめて効果的に隠してしまう。だが、性向に依拠することはこの自明性という感覚を説明することを可能にする。

それにしても、状況への性向の適応の諸ケースは個人と社会とのあいだの、あるいは個人的なものと集合的なものとのあいだのあらかじめ作りあげられた対立の無意味さをきわめて鮮烈に立証してくれる。この学問めかした対立が数々の反証にしぶとい抵抗力を発揮するのは、習慣的な思考と自動的に反復される言語とのまったく社会的な力に支えられているからである。小論文のテーマと講義の土台をなす学校的二項対立（タルド、あるいはヴェーバー対デュルケーム、個人意識対集合意識、方法論的個人主義対ホーリズム、合理的行動理論〔Rational Action Theory〕の信奉者（RATS派）対集合的行動理論〔Collective Action Theory〕の信奉者（CATS派）等々）の論理に支えられているからである。社会的諸権力、とりわけ国家に対する徹底的敵対という文学的＝哲学的伝統に支えられているからである。そしてまたとくに、根底にある政治的対立（自由主義対社会主義、資本主義対集産主義《コレクティヴィスム》）の効力（浅薄で臆面のない「理論家」連中はときにはほとんど装飾を施すこともなくこの対立を利用する）[32]に支えられているからである。

　ハビトゥスという概念はいま述べたような致命的な二者択一を回避することを可能にしてくれる。同時に、個人（あるいは個人の集合としての集団）しか存在しないとする実念論と「社会的現実」とはことばにすぎないとするラディカルな唯名論との対立を乗り越えさせてくれる。しかも、社会的なもの《ル・ソシアル》をデュルケームの「集合意識」のような実体として措定する（これは真の問題に対する誤った解答である）ことなしに、である。総合的な、あるいは集合的な仕方で機能することができる超個人的な性向が存在するのはまさに、ひとりひとりの行為者のなか、したがって個人化された状態においてである。（ハビトゥス概念は、すでに見たように、たとえば、支配集団が自己の永続を確保しようとする傾向性といった客観的な目的を備えた集合的社会過程を説明することを可能ならしめる。自己の目的を措定する人格化された集合体とか、個人的行為者たちの合理的諸行動の機械的集まりとか、あるいは、規律を介して強制される中心的意識ないし意志を持ち出す必要がない。）

社会的なものは生物的個体のうちにも根を下ろすから、社会化された個人ひとりひとりのうちには、集合的なもの《ル・コレクティフ》、したがって行為者のひとつの類総体《クラス》に妥当する諸属性——統計によって明らかにすることができる諸属性——が存在する。個人として、あるいは社会化した生物的身体として、あるいは、身体に化身することによって生物的に個人化した社会的なものとして理解されたハビトゥスは集合的あるいは超個人的なものである。それゆえに、ハビトゥスの、統計的に性格づけることができる類を構築することができるのである。そうしたものとしてハビトゥスは、社会世界のなかで、つまりそれが類的に適合している界のなかで有効に機能することができるのである。

しかし、だからといって、社会化がおこなう生物的個体の集合化は生物的基体と結びついた人間学的諸特性のすべてを消滅させるわけではない。また、身体化された社会的なもの（たとえば身体化された状態の文化資本）が、それ自体、生物的個体に結びついているという事実、したがって身体の欠陥と衰退（諸能力、とくに記憶力の減退、王位継承者の不能、死など）に左右されるという事実に負っているすべての要素を考慮に入れなければならない。そしてまた、身体化された社会的なものが、有機体の働き方固有の論理に負っているものをも考慮に入れなければならない。この論理は単純なメカニズムの論理ではない。次第に複雑さを増す諸組織レベルの統合を基礎とするひとつの構造の論理である。ハビトゥスの諸性向が持つ一般化と体系性への傾向性のような、ハビトゥスのもっとも特徴的な属性を説明するためには、この論理を考慮に入れなければならないのである。性向《ディスポズィシオン》と位置《ポズィシオン》の関係は、必ずしも常に、ほとんど奇蹟的な、したがって気付かれぬままの適合という形を取るわけではない。この適合が見られるのは、ハビトゥスが、安定した構造によって、つまりハビトゥスが現勢化する構造そのものによって作り出された場合である。この場合、行為者は彼らの一次的ハビトゥスを作り出した社会と根本的に異なることのない社会に生きることになるので、位置とその位置を占める者の性向とのあいだの、遺産と相続者とのあいだの、ポストとその保持者とのあいだの一致は難なく実現する。しかしながら、とくに、ある種の位置を消滅させたり変更したりする構造的変化ゆえに、また、世代内あるいは世代間の移動ゆえに、位置の空間と性向の空間の相同性が完全であることはけっしてない。宙ぶらりんな、場違いな、居心地のよくない、「ぴったりこない」行為者がいつもいる。ポール・ロワイヤル僧院の隠士たちがそうだったが、この不一致は明哲と批判への性向の根源になることがある。ポストの期待あるいは要求を自明のこととして受け容れることを拒否させる性向、そしてたとえば、ハビトゥスをポストの期待に適合させるのではなく、ハビトゥスの要求に合わせてポストを変えるように仕向ける性向である。性向と位置の弁証法がもっともよく現われるのは、社会空間の不確実な区域にある位置、たとえばアクセス条件においても遂行条件においてもまだ十分に定義されていない職業(青少年指導員、文化・スポーツ活動指導員、広報コンサルタントなど)の場合である。これら、輪郭がはっきりせず十分保証されていない、しかし「オープンな」、「将来性豊かな」ポストは、それを占める者たちに、彼らのハビトゥスを構成するところの身体化された必然性をそこに持ち込むことによって、それらのポストを定義する可能性を残すので、それらポストの将来はそれらポストを占める者たちが――すくなくとも、彼らのうち、「業界」の内部闘争において、また、競争関係にある隣接業界との対決において、その業界について、自分たちにもっとも有利な定義を強制することに成功する者たちが――それらポストをどうするかに大いに依存することになる。

ハビトゥスのなかに書き込まれた性向とポストの定義に内含されている要求とのあいだの弁証法の効果は、もっとも古く、もっともよくコード化されている職業である公務員のような、社会構造のなかでもっとも規則化され硬直化している部門においても、減少することはない。たとえば、下級公務員の行動のもっとも典型的な特徴のいくつか（形式主義や物神崇拝的なきちょうめんさ、規則への関係の厳密性などへの傾向）は、官僚組織の機械的な産物であるどころか、ひとつの性向体系――官僚的状況の外においても、生存のあらゆる実践において現実化するし、官僚的秩序が要求し、「公僕《セルヴィス・ピュブリック》」イデオロギーが称揚する美徳（廉直、細心、厳格、義憤など）に小ブルジョアジー成員を条件づける性向体系――が、それら性向が現勢化するのに特別に好都合な状況で、具現した結果である。官僚界とは、明示的に構成されコード化された（つまり、職位や権限などにおいて定義された）諸位置のあいだの諸関係（力関係と闘争関係）の相対的に自立的な空間であるが、この官僚界が「全体的制度《アンスティテュシオン・トタル》」――公務員《フォンクショネール》が、その機能《フォンクシオン》と完全かつ機械的に一体化することを、また法的条項（規則、命令、通達など）を厳密かつ機械的に執行することを要求する「全体的制度《アンスティテュシオン・トタル》」――に「退落する《デジェネレ》」傾向性は、規模と数が（たとえば広報に課せられる拘束などを介して）構造に及ぼす形態的効果と機械的に結びついているのではない。この傾向性は、それが諸性向に適合する限りにおいて、諸傾向との共犯関係に入る限りにおいて、現実化するのである。

界が通常に機能している状態から離れて限界点——おそらくそこまで達することはけっしてないであろうが、一切の闘争、支配への一切の抵抗が消滅し、ゲームの空間が硬直化して、ゴフマンが言う意味での「全体的制度」に、あるいはより厳密な言い方をすれば「装置《アパレイユ》」に退化する限界点——に接近すればするほど、制度（党、教会、企業など）は制度にすべてを捧げる行為者を、制度の外では資本を持たない（内部で通用するだけの資格しか持たない）だけに、したがって、制度に対する、また制度が提供する固有の資本と固有の利益に対する自由を持たないだけに、ますます進んでこの奉献《オブラシオン》を遂行する行為者を顕揚する。すべてを装置《アパレイユ》に負っている専従幹部《アパラチック》は人間になった装置である。彼にすべてを与えた装置にすべてを与える用意のある人間＝装置である。彼には何の危惧もなしに最高の責任を託することができる。なぜなら、彼には、自分の利益を増進するために、同時に、装置の期待と利益を充足しないようなことは何ひとつすることができないからである。献身者《オブラ》である彼は、制度の外で獲得した資本ゆえに、制度内部の諸信念と諸ヒエラルキーに対して距離を取ることのできる、またそうする傾向のある者たちの異端的偏向性が制度にもたらす脅威に対して、制度を防衛するべく性向づけられているのである。

ずれ、不一致、不調

ハビトゥスが計算も計画もなしに生み出す回答が、多くの場合、適応した、整合的で即座に理解可能なものと見えるからといって、ハビトゥスを一種の無謬の本能、すべての状況に奇蹟的に適合した回答をかならず生み出すことができる本能と見なしてはならない。客観的な状況へのハビトゥスの先取り的適合は特別なケースであって、たしかに（われわれに馴染み深い世界においては）頻度は特別に高いが、これを普遍化してはいけない。

（少なからぬ批判者たちはハビトゥスの概念を反復と保守の原理と理解したが、それはおそらくハビトゥスと構造の適合という特別なケースからである。しかしハビトゥス概念は、もともとは、一九六〇年代のアルジェリア経済（そして今日で言えば多くの「発展途上国」の経済）のような経済において、客観的な構造と身体化された構造とのあいだに、植民地化によって（あるいは今日なら、市場の拘束によって）導入され強制された経済的諸制度と前資本主義的世界からいきなり登場した行為者たちとのあいだに観察されるずれ《デカラージュ》を説明する唯一の手段として、わたしが着想したものである。このほとんど実験的な状況は、当時、「合理性」からの逸脱とか「近代性への抵抗」として記述されるのが普通だった、そしてイスラム教のような神秘的な文化的要因に帰せられることの多かったすべての行動をとおして、経済的諸制度の機能の仕方の隠れた諸条件を陰画のように浮き上がらせたのであった。すなわち、経済的諸構造が調和的に機能するために、調和的機能の条件が気づかれることがないほど調和的に機能するために（経済的諸制度と経済的性向が並行的に発展した社会ではまさにそうなのだが）、行為者たちが所有しなければならない経済的性向を浮かび上がらせたのである。）

こうしてわたしは、合理的と言われる経済的性向の普遍性を疑問に思うようになった。そしてそのような合理的経済的性向へのアクセスの経済的条件（と文化的条件）の問題を提起することになった。パラドクサルなことだが、経済学者たちはこの問題を問うことをしない。そして合理的行動とか選好といった、実は経済的に決定され、社会的に作りだされる概念を没歴史的な普遍要因として受け容れてしまう。これもパラドクサルなことだが、脱歴史化と慣れが相まって忘れさせてしまうこの歴史的に明々白々たる事柄を想起せしめるためにはベルグソンを援用するのがよい。「スチュアート・ミルのような功利主義者を生みだすためには何世紀にもわたる文化が必要であった。[33]」つまり、功利主義の創始者を師と仰ぐ経済学者たちが人間の普遍的な本性と見なしているものを生み出すために長い歴史が必要だったと言っている。素朴な合理主義が理性のなかに書き込んでいるすべての事柄についても、おなじことが言える。論理学は論理学を発明した社会の無意識である。パレートが定義した意味での論理的行動やヴェーバーの言う合理的行動は、それを遂行する者にとってもそれを観察する者にとっても同じ意味を持っているがゆえに、外部のない、意味の過剰もない行動である。だがそれは、そのような完全な自己透明性の歴史的社会的諸条件を無視している。）

ハビトゥスはその状況に必然的に適応しているのではないし、必然的に整合的であるのでもない。ハビトゥスにはさまざまな統合度、とりわけ占めているステイタスの「結晶化」度に対応する統合度がある。それゆえ、矛盾する諸位置、そこを占める者たちに構造的な「二重拘束」を課する可能性のある諸位置に、引き裂かれたハビトゥス——矛盾と、苦しみを生成する自己分裂とにさらされたハビトゥス——が対応することがしばしば観察される。さらに、性向は、現勢化の不在（これはとりわけ位置と社会的条件との変化と相関する）のための摩耗によって、あるいは、変革の営み（たとえば言葉の訛りを直すとか、マナーを改良するとかいった試み）と連動した自覚の高まりの効果によって、消滅したり弱化したりすることがあるとしても、ハビトゥスには慣性〔hysteresis〕がある。ハビトゥスはみずからの生成条件に対応する構造を持続させようとする（生物学に根拠を持つ）自生的傾向性を持っているのである。それゆえに、ドンキホーテ・パラダイムにしたがって、性向が界と、また界の正常性を構成する「集合的期待」と一致しないということが起こりうる。界が大きな危機に直面し、その規則性（いや規則そのもの）が大きくくつがえされるときが、まさにそのケースである。このような状況では、適合による自明性がその適合を可能にするハビトゥスを見えなくしてしまう一致の状況で生ずることとは反対に、ハビトゥスという合法性と規則性の原理、相対的に自立的な原理がはっきりと見えてくる。

しかし、より一般的に言うと、条件の多様性と、それに対応するハビトゥスの多様性、世代内また世代間の上昇あるいは下降の移動の多様性の結果として、ハビトゥスは多くの場合において、それが生産された条件と異なる現実化条件に直面することがありうる。とりわけ、行為者が客観的条件の変化（社会的老化）によって古くさくなってしまった性向を保持し続ける場合、あるいは、自分の原初的条件に負っている性向とは異なる性向を要求する位置を占める場合が、そうである。これには成り上がり者のように持続的な場合もあれば、ある種の経済市場や文化市場におけるような、支配的規準によって律せられている状況に直面したときの、もっとも貧しい者たちのように状況依存的な場合もある。

ハビトゥスは新しい経験との関連で絶えず変化する。性向は恒常的な見直しにさらされている。しかし、この見直しは、以前の状態で確立した前提をもとにおこなわれるから、根底的であることはけっしてない。性向は、恒常性と変化の組み合わせ、個人によって、また彼らの柔軟度あるいは硬直度に応じて変化する組み合わせによって性格づけられる。知能に関するピアジェの区別に倣って言うと、過度な適応の場合、硬直したハビトゥス、自己に閉じた、あまりに統合されたハビトゥスになる（高齢者の場合のように）。適応の場合は、ハビトゥスは、世界と出会い、統合された自己感情を持つことができない瞬間的知能〔mens momentanea〕のオポチュニズムのうちに溶解してしまう。

危機の状況あるいは激烈な変化の状況では、とりわけ植民地状況と結びついた文明の接触の際、あるいは社会空間における急速な移動の際に観察される状況においては、行為者たちは異なる状態あるいは異なる段階と連結した性向を共有することに苦労することが多い。一部の行為者たち、まさにゲームの以前の状態にもっともよく適応していた者たちは新しく確立した秩序に適合するのに苦労する。彼らの性向が機能不全になるのである。性向を持続させるためにおこなう努力が彼らをますます挫折に追い込むことになる。わたしが一九六〇年代に観察したベアルン地方の「大家《たいけ》」の相続者たちがそうだった。古い性向の持ち主である彼らは、彼らを庇護する、そして消えゆきつつあった秩序に執着する母親の支持を受けつつ、独身生活と社会的な死を余儀なくされたのであった。[34]やはり六〇年代のことだが、エリート校のエリートたちがそうだった。無思慮と言うほかないのだが、大学人としての自己完成について、とりわけ博士論文について古い考え方を保持し続けていたために、新参者たち、学歴的には彼らより劣っていた者たちに場所を譲らざるをえない憂き目をみた。新参者たちは業績に関するより甘い新基準を選んだり、きびしい王道を避けて（国立科学研究機構CNRSとか学術高等研究院EPHE、また新しい学問など）近道を辿るなどしたのである。[35]歴史を探れば、身分を汚すようなまねをすることを欲しなかった、あるいは、できなかったために（「ノブレス（のハビトゥス）・オブリージュ」）、特権の乏しい社会集団との競争において、自分の特権がハンディキャップになるのを阻止できなかった無数の貴族の例を容易に見出すことができるだろう。

より一般的に言うと、ハビトゥスには不調がある。狼狽とずれの危機的瞬間がある。そのとき、即時・無媒介的適応の関係は中断される。そのためらいの瞬間に、反省の一形態が入り込む。この反省はしかし、スコラ的思想家の反省とはいかなる関係もない。シャドー・プレイイングのような動作を介して（たとえばテニス選手がミスプレーの動作をもう一度やってみて、遂行した運動の効果を、あるいはその運動となすべきであった運動とのずれを目と身体で測定するときのように）、動作を遂行する者ではなく、実践の方を向いている反省である。

意識と無意識の二分法のように、実践を決定する要因としてハビトゥスの性向による部分と意識的意志による部分はそれぞれどの程度なのかの問題を提起させるような思考習慣に従わなければならないのだろうか。ライプニッツが『モナド論』で「実践理性」に注目した、いや重視した、希有な回答を与えている。「人間は、彼らの知覚の連続は記憶によってのみ生成するという限りにおいて、動物とおなじように行動する。理論なし実践のみの経験的物理学者に似ている。われわれは、われわれの行動の四分の三において、まったく経験的である。(36)」しかし現実には、この区分けは容易でない。規則にしたがうとはどういうことかを考えた多くの者たちが、規則がどんなに（法的規則や数学的規則のように）精確で明示的であっても、それを実行するすべての可能条件を予見しうるような規則はないこと、ハビトゥスの実践的戦略に委ねられる遊びあるいは解釈の余地を不可避的に残さないような規則はないことを指摘している。（このことは、規則にしたがった合理的な行動は、必然的に、明示的かつ認知された規則にしたがう意志の結果であると主張する者たちにいくつかの問題を提起するだろう。）しかし、逆にまた、ピアニストの即興や体操選手の自由演技も、かならず、ある種の精神的集中《プレザンス・デスプリ》、ある形態の思考、実践的反省、状況におかれ作用中の反省をともなっている。遂行された行動ないし動作を即座に評価し、悪い姿勢を矯正し、不完全な運動をやり直すために必要な反省である（同じことが学習行動について、いっそう、妥当する）。

さらに、実践理性の自動作用に身を任せることができる度合いは、言うまでもなく、状況と活動領域によって、また社会空間において占める位置によって変わる。社会世界において「自分にふさわしい場」にいる者は、成り上がり者や落伍者よりも、いっそう、またより完全に自分の性向に身を委ねる、信頼することができる（生まれのよい者の「余裕」である）。後者は、前者にとって当然であることをより敏感に意識する。彼らは自己を監視し、不適応な、あるいは場違いの行動を生成するハビトゥスの「初発動」を意識的に矯正しなければならないからである。

注

（1）いわゆる「解釈学的」諸哲学に対する手厳しい批判のなかでグリュンバウムが指摘しているように、解釈学唯我独尊主義者たちは、奇妙なことに、きわめて実証主義的な定義（というのも、理論と経験的観察、理由と原因、心的と身体的など実証主義の典型的な区別にもとづいているからである）の名において、またしばしば、やや単純な自然科学観の名において、社会諸科学を（社会諸科学がそんなことを求めてもいないのに）例外的な地位に押しとどめ、同時に、社会諸科学のうちそのような地位を拒否する形態に対して実証主義という汚名を着せている（cf. A. Grünbaum, *The Foundations of Psychoanalysis. A Philosophical Critique*, Berkeley, California University Press, 1984, p.1-94）。

（2）Pascal, *Pensées*, Br., 348.

（3）〔訳注〕comprendre（英語 comprehend）には「含む」「理解する」の二つの意味がある。この箇所ではこの二つの意味にかけて使用されている。

(4) Pascal, *Pensées*, Br., 416.

(5) Pascal, *Pensées*, Br., 376.

(6) H. Bergson, *Les Deux Sources de la morale et de la religion*, Paris, PUF, 1948 (58e édition), p.85.

(7) Cf. F.K. Ringer, *Fields of Knowledge : Academic Culture in Comparative Perspective*, Cambridge University Press, 1992.

(8) Pascal, *Pensées*, Br., 115.

(9) P.F. Strawson, *Skepticism and Naturalism. Some Varieties*, Londres, Methuen and Co, 1985.

(10) P.F. Strawson, *Les Individus. Essai de métaphysique descriptive*, trad. A. Shalom et P. Drong, Paris, Éditions du Seuil, 1973. とくに p.135-139; p.147-148.

(11) G. Deleuze, *Empirisme et Subjectivité*, Paris, PUF, 1953, p.2.

(12) J-P. Changeux, *L'Homme neuronal*, Paris, Fayard, 1983.

(13) J. Bouveresse, *La Demande philosophique. Que veut la philosophie et que peut-on vouloir d'elle ?*, Paris, Éditions de l'Éclat, 1996, p.36.

(14) M. Butor, *Répertoire*, II, Paris, Éditions du Minuit, 1964, p.36.

(15) J. Elster, *Le Laboureur et ses enfants. Deux essais sur les limites de la rationalité*, trad. A. Gerschenfeld, Paris, Éditions de Minuit, 1987.

(16) Cf. J. Coleman, *Foundations of Social Theory*, Cambridge, Harvard University Press, 1991.

(17) R.H. Hare, «Ethical Theory and Utilitarianism», in A. Sen et B. Williams, *Utilitarianism and Beyond*, Londres-Cambridge, Cambridge University Press, 1977.

(18) G. Lukacs, *Histoire et Conscience de classe*, Paris, Éditions de Minuit, 1960.

(19) E.L. Santner, *My Own Private Germany : Daniel Paul Schreber's Secret History of Modernity*, Princeton : Princeton University Press, 1996.

(20) Platon, *Ménon*, 98c.

(21) Cf. L. Wacquant, « Pugs at Work : Bodily Capital and Bodily Labor Among Professional Boxers », *Body and Society*, 1-1, mars 1996, p.65-94.

(22) 〔訳注〕このラテン語文はブルデューのテクストでは corpus corporatum in corpore corporato となっているが、松村剛氏のご教示により訂正した。カントロヴィッチが『王の二つの身体』で論及しているフランシス・ベーコンの句をブルデューが孫引きしたものと思われる。

(23) このケースで適用された代用戦略の精妙さを統計分析で明らかにしたが、ここでその詳細を示すことができない。次を参照されたい。*Homo academicus*（とくに p.180-198）。

(24) Cf. B. Bourgeois, *Hegel à Francfort ou Judaïsme, Christianisme, Hégélianisme*, Paris, Vrin, 1970, p.9.

(25) Cf. P. Bourdieu, « La maison (kabyle) ou le monde renversé », in *Le Sens pratique*, *op. cit.*, p.441-461.

(26) Cf. P. Bourdieu et A. Darbel, « La fin d'un malthusianisme », *in* Darras, *Le Partage des bénéfices*, Paris, Éditions de Minuit, 1966.

(27) 〔訳注〕Cf. P. Bourdieu et M. de St Martin, « La Sainte famille. L'épiscopat français dans le champ du pouvoir », *Actes de la Recherche en Sciences Sociales*, no.44-5 (1982), p.1-53. この論文では、かってはもっとも伝統的な役割を演じていた貴族出身の司教たちがサン＝ドニ市ではとりわけ移民問題で進歩的な立場を取っていることが述べられている。

(28) 〔訳注〕« Le savetier et le financier » の寓話。日銭で暮らす陽気な靴直し職人は朝から晩まで歌いながら仕事に励んで幸せな生活を送っている。隣に住む不眠症の金融業者はその歌声がうるさい。ある日、靴屋を呼んでその朴訥さをめでて大金をほどこす。以後、靴屋は心配で不眠症。歌うどころではない。お蔭で銀行家は安眠を取り戻す。困り果てた靴屋は大金を返して、歌と睡眠を取り戻す。

(29) N. Elias, *La Société de cour*, Paris, Calmann-Lévy, 1974, p.75-76. 細かいことは別にして、その宮廷との関係におけるルイ十四世を、一九五〇年代の知識人界との関係におけるサルトルに置き換えることができるだろう。

（30）J.-P. Sartre, *L'être et le néant*, Paris, Gallimard, 1948, p.99.

（31）J.-P. Sartre, *ibid.*, p.100.

（32） たとえば、フランソワ・ブーリコーは、きわめて典型的なテクストのなかで、学問の世界を二つの陣営に分けて記述しているが、「全体主義的リアリズム」と「個人主義的リベラリズム」という命名の仕方自体が、これら陣営を考える枠になっている論理が、少なくとも、科学的であるのと同程度に政治的であることをはっきりと示している（cf. F. Bourricaud, « Contre le sociologisme : une critique et des propositions », *Revue française de sociologie*, supplément 1975, p.583-603）.

（33）H. Bergson, *Les Deux Sources de la morale et de la religion*, *op. cit.* p.126.

（34）Cf. P. Bourdieu, « Célibat et condition paysanne », *loc. cit.* ; « Reproduction interdite », *Études rurales*, 113-114, janvier-juin 1989, p.15-36.〔以上の論文はいずれも *Le bal des célibataires*, Éditions du Seuil, Folio, 2002（邦訳『結婚戦略――家族と階級の再生産』丸山茂・小島宏・須田文明訳、藤原書店、二〇〇七年）に収録されている〕

（35）Cf. P. Bourdieu, *Homo academicus*, *op. cit.*〔邦訳『ホモ・アカデミクス』石崎晴己・東松秀雄訳、藤原書店、一九九七年〕

（36）Leibniz, *Monadologie*, § 28.

V　象徴的暴力と政治闘争

家族のもとでおこなわれる一次的ハビトゥスの獲得は、拘束によって強制される活字《カラクテール》（＝性格）の印刷《アンプレッシオン》（＝刷り込み）に類似した、単なる教え込みといった機械的な過程ではない(1)。ある界が要求する固有の性向の獲得についても同様である。この獲得は、一次的性向——界が求める性向とは多かれ少なかれ離れた性向——と、界の構造のなかに書き込まれた諸拘束とのあいだの関係のなかで進行する。固有の社会化の働きは、原初的リビドー、すなわち家庭界で形成された社会化された情動が何らかの形の固有のリビドーに変形することをうながす。この原初的リビドーが界に属する行為者や制度に（たとえば宗教界について言えば、キリストや聖母のような偉大な人物像の、さまざまな歴史的形象に）転移されるのである。

リビドーとイルーシオ

新参入者は社会的に位置づけられた家族集団のなかであらかじめ形成された性向——したがって（とりわけ「天命《ヴォカシオン》」として生きられる自己選別ゆえに、あるいは職業的遺伝ゆえに）界の明示的あるいは暗示的要求に、界の圧力に、あるいは界の慫慂に多かれ少なかれ調整された性向、そしてまた、認知と聖別の証し（それらを与える秩序に対する認知という対価を求める証し）に多かれ少なかれ「敏感な」性向——を持ち込む。ひとつの社会的軌跡を構成する微小な、あるいは急激な偏向にともなう微小な調整、「がんばる」ために、あるいは逆に「そこそこにしておく」ために必要な調整を経て、これらの性向が次第に固有の性向に変わるのは、一連の気づかれない取り引き、半意識的な妥協、社会的に奨励され、支持され、誘導され、はては組織されることもある心理的操作（投影、同一化、転移、昇華など）を介してである。この変性過程においては、叙任儀礼、とくに、教育機関が用意する儀礼（受験準備と選別の入信儀礼）、その論理と効果において、太古の社会のそれとおなじ儀礼が、ゲームへの初期投資を奨励することによって決定的な役割を果たす。

行為者は界が提供する可能性を利用して、自分の欲動と欲望を、場合によっては自分の神経症を表現し充足しようとする、と言うこともできるし、界は行為者の欲動を利用して、行為者が服従する、あるいは自己を昇華させるよう拘束し、界の構造と界に内在する目的とに適応させる、と言うこともできる。実際、界と行為者によって割合は異なるが、どんな場合にも、この二つの効果が観察される。そしてこの観点からすれば、（たとえば芸術家、作家、学者といった）固有のハビトゥスの個別的な形態のひとつひとつを（フロイト的な意味での）「妥協形成」として記述することができるだろう。

ひとが坑夫、農夫、司祭、音楽家、教員、あるいは経営者になる変化の過程は長く連続的で感知できない。叙任儀礼（たとえば、学校貴族の場合の、長い受験準備期間と魔術的な入学試験）によって認証される場合でも、例外はあるが、突然の根本的な転向はありえない。その過程は生まれたときから、ときには生まれる前から始まる（音楽家、経営者、研究者などの、いわゆる「家系」の場合にとくに顕著に見られるが、父親あるいは母親、ときには一族全員の（社会的に作りあげられる）

欲望が投入されることもある）。それは、多くの場合、危機も抗争もなしに進行する（あらゆる種類の精神的肉体的苦しみなしに、という意味ではない。これら苦しみは試験＝試練としてイルーシオの発達の条件を成しているのである）。いずれにせよ、行為者と制度のどちらが選択をするのかを決めるのは不可能である。よい生徒が学校を選ぶのか、学校がよい生徒を選ぶのかを決めるのは不可能である。なぜなら、彼の従順な行動のすべてが、彼が選ぶのであることを明示しているからである。

　イルーシオの原初的形態は、性的なものの社会化と社会的なものの性化との複雑な過程の場である家庭空間への投資である。社会学と精神分析は協力して（そのためには両者の相互的先入見を克服しなければならないが）社会的関係の界への投資《アンヴェスティスマン》＝備給の生成を分析するべきである。投資＝備給の結果、社会的関係の界は利害と先・占有《プレ・オキュパシオン》の対象として構成される。コドモは次第にそのなかに取り込まれていく。そして界は社会的ゲームへの投資＝備給のパラダイムおよび原理となる。コドモがみずからを（あるいはみずからの身体を）欲望の対象とする、リビドーのナルシス的な組織化から、コドモが他の人間に向かう、そして「対象関係」の世界（原初的な社会的ミクロコスモスとそこで展開するドラマの主人公たちという形をとる世界）にアクセスする状態への（フロイトが記述している）移行は、どのように進行するのだろうか？

「自己愛」を犠牲にして他の投資対象に向かわせ、社会的ゲームに投資する持続的性向（これはすべての学習の前提条件のひとつである）を教え込むために、初歩段階の教育活動は、その後のすべての投資の元となるであろう原動力、すなわち認知の追求に依拠する、と思われる。家族界への、距離も分断もない幸福な融け込みは完璧な自己充足としても、逆に絶対的な疎外としても記述できる。他者のうちに埋没してしまった、他者への愛に没入してしまったコドモは、自己を「主体」として発見してはじめて、彼を「客体」としてとらえることができる特性を持った「客体」が存在するようになってはじめて、他者を他者として発見することができる。事実コドモは自分自身に対して他者の視点を取るように絶えず仕向けられている。自分が他者によってどのように見られ定義されるかを先取的に発見し評価するために他者の視点を採用するように絶えず仕向けられているのである。コドモの存在は知覚される存在、他者の知覚をとおして、おのれの真実において定義されることを運命づけられている存在である。

これが象徴的資本の両義性の人間学的根元であろう。栄光、名誉、信用、評判、有名といった象徴的資本は「自己愛」の充足のエゴイストな追求の原理であるが、同時に他者による賞讃のひたむきな追求でもある。「人間の最大の卑しさは栄光の追求である。しかし、それこそが人間の優秀さの最大のしるしなのである。なぜなら、この地上にどんな富を所有していようと、どんな健康と快適な生活に恵まれていようと、人々の尊敬を得ていなければ人間は満足しないからである。(2)」象徴的資本が保証する支配形態は、その資本のおかげで支配することができる者たちに対する従属を内含している。実際、象徴的資本は、他者からの尊敬、認知、信じ込み、信用、信頼のなかで、また、それらによってのみ存在する。また、象徴的資本は、その存在に対する信じ込みを獲得することができる限りにおいてのみ存続することができる。

初期の教育活動は、とりわけ、それがある特殊な象徴的資本への感受性を発達させることをめざすときには、象徴的従属というこの原初的な関係のうちに主たる原動力を見出す。「栄光。——感嘆は幼時からすべてを台なしにする。まあ、なんて上手に言えたんでしょう。まあ、なんて上手にできたんでしょう。なんてお利口さんなんでしょう。等々。ポール・ロワイヤルの子どもたちは、こういうふうに意欲と栄光心を掻き立てられないので、のんびり屋さんになってしまう。(3)」欲動を社会化する仕事は、コドモが認知、尊重、感嘆(「なんてお利口さんなんでしょう」)の表明(ときにはコドモの側から明示的に要求されることもある。「パパ、見て」)と引き替えに、断念と犠牲を受け容れる不断の取り引きに基礎をおいている。この交換は、二人のパートナーの全人格、もちろんとくにコドモを、しかしまた両親を巻き込むだけに、高度に情動性を帯びている。コドモは、社会的に色づけられ性質づけられた情動の形で、社会的なものを身体化する。父親の命令、指示、禁止は(ポパー流に言うと)(4)「エディプス効果」を発揮する高い可能性をもっている。これらの命令、指示、禁止が、フランシーヌ・パリアントが分析したケース(5)のように、理工科学校《エコル・ポリテクニック》出身の父親、まさにその成功ゆえに近寄りがたい模倣しがたい人物という地位に祭り上げられてしまっている父親から発せられる場合は、とくにそうである。しかしながら、家族という運命〔fatum〕——すなわち、コドモについてくだされる肯定的あいは否定的な判断、つまりコドモの存在についての、みずから言表するものを存在せしめる遂行的言表の総体、あるいは、より隠微かつ陰険に、道徳的秩序としての家庭秩序の論理が強制する静かな検閲の総体――の社会的効果は、それら効果が欲望を加重されていなければ、そして抑圧によって身体の最深部に隠蔽され、罪責感、恐怖症、ひと言で言えば受動《パッシオン》として記録されていないならば、それほど強力で、それほどドラマティックであることはないであろう。(6)（男女間の分業の現状においては、名誉、栄光、名声といった象徴的目標は依然として優先的に男児に提起されている。それゆえ、これらの目標に対する感受性を鋭敏にすることをめざす教育はとくに男児に対しておこなわれる。家族という世界をその場とする原初的イルーシオへ参入する性向を獲得するべく強く奨励されて、男児は同時にまた、社会的ゲーム――男児特有のものと社会的に見なされている、そして支配の可能的諸形態のあれこれを争点とする社会的ゲーム――の魅力への感受性をいっそう増大させる。(7)）

身体による拘束

性向の学習と獲得過程の分析は政治的秩序のまさに歴史的な根元に導く。法の起源には恣意と簒奪以外の何ものもないという発見、法を理性と権利の上に根拠づけることは不可能であるという発見、政治の分野において、デカルトの第一原理にもっともよく似ているものである憲法は法の確立の根元にある無法な暴力行為を隠蔽するための原初的虚構であるという発見から、パスカルは典型的にマキャベリ的な結論を引き出す。すなわち、社会秩序に関して人民を解き放つ真理〔veritatem qua libereturᒭ に人民をアクセスさせることは不可能であるから、この真理は社会秩序を脅かす、あるいは、崩壊させることにしかならないから、人民を「だまさなければならない」、「簒奪の真実」を、すなわち法の根元である原初的暴力を（「真正なもの、永遠のものと見なさせる」ことによって）人民に隠さなければならない[8]、というのである。

法への服従と象徴的秩序の維持とは意識的に組織されたプロパガンダ活動の結果だ、あるいは支配層の用に供せられた「国家のイデオロギー装置[9]」の効果（これはもちろん無視できない）だ、とする者たちはそう信じているようだが、実はそのような欺瞞で人民をだます必要はない。第一、パスカル自身が「慣習が権威のすべてである」と指摘し、社会秩序は身体の秩序に他ならないと繰り返し述べている。慣習と法とがそれらの存在と持続そのものによって生み出す、慣習と法とへの慣れが、いっさいの意図的な介入なしに、十分に、法の認知――法の根元にある恣意を見てとれないがゆえの認知――を受け容れさせる。国家が発揮することができる権威はもちろん、とくに司法制度を介して国家が作りあげる「崇高なる装置」によって強化される。だが、国家が享受する服従は、主として、国家が確立する秩序を介して（もっとはっきり言えば、学校教育を介して）教えこむ従順な性向に由来するのである。こうして、政治哲学のもっとも根本的な問題は学習と教育の社会学の卑俗な観察への回帰によって、はじめて提起され解決される、と言うことができる。

制御《コマンド》、すなわち物理学的分析の対象になる機械的回路で作動する機械やロボットに対する働きかけとちがって、命令《オルドル》はそれを執行する人間を介してはじめて実効的になる。しかしそれは、命令はたとえば不服従の可能性を内含する意識的・意図的な選択を執行者の側に必然的に前提する、という意味ではない。多くの場合、命令が拠りどころにするのは、パスカルが言うわれわれの内なる「自動機械」である。すなわち、命令を実践的に認知するように準備された性向である（この点が命令に「自動的な」外見を与え、機械論的視点から命令を解釈するように仕向けることになるのだが）。象徴的な力、遂行的言説の力、とりわけ命令の力は、いっさいの物理的拘束なしに、直接的に、また、いわば魔術的に、身体に行使される権力の一形態である。しかし魔術はあらかじめ形成された性向に依拠してはじめて作用する。魔術は性向をばね仕掛けのように始動させるのである。つまり、魔術はエネルギー（あるいは資本）保存の法則の見かけ上の例外にすぎない。魔術はその可能性の条件を、また、その経済的対価（広い意味での）を、身体の持続的変革を遂行するために、そして、象徴的行動が覚醒させ再活性化する恒常的性向を作りだすために必要な、事前の巨大な作業のうちに、見出すのである。（この身体の変革は、象徴的に構造化された物理的世界との馴化をとおして、また、支配構造に浸透された相互作用の早期からの持続的経験をとおして、目に見えない、隠微な仕方で、進行するだけに、ますます強力なものとなる。）

ほとんど自然的な性向、しばしば生得性のすべての外見を備えた性向の形で社会的構造を身体化した結果としてのハビトゥスは植え込まれた力〔vis insita〕、ポテンシャル・エネルギー、眠れるエネルギーであり、象徴的暴力は、とりわけ遂行的発話を介して行使される象徴的暴力は、この力、エネルギーから不思議な効力を引き出す。ハビトゥスはまた、「影響」（ある人物の「影響」、あるいは、ある思想、ある作家の「悪影響」）という象徴的効力のあの特殊な形態の根元でもある。こうした「影響」はしはしば催眠的な力の役割を果たさせられるが、そのほとんど魔術的な効果を、そのような影響を受けやすいように仕向けていた性向の生産条件と関連づけると、とたんにその神秘性を失ってしまう。

一般的に言うと、外的必然性の有効性は内的必然性の有効性に支えられている。支配関係の身体への書き込みの結果であるがゆえに、性向は支配層と被支配層の魔術的な境界を実践的に認識し認知する行為の根元である。象徴的権力の魔術はこの認識・認知行為をスイッチのように作動させる働きをするだけである。被支配層は、課せられた限界を暗黙裏に先取りして受け容れることによって、しはしば無意識に、時に意に反して、みずからがこうむる支配に手を貸すが、この実践的認知は、しばしば、太古的関係、つまりコドモと家族世界の関係への退行の印象と結びついた身体的情動（恥ずかしさ、臆病、不安、罪責感）の形を取る。この認知は、赤面、しどろもどろ、ぎこちなさ、震えといった、目に見える形で露呈する。こうして、思わず知らず、嫌々ながら、支配的判断に服従してしまうのである。意識と意志の指令を免れた身体が諸社会構造に内在的な検閲の暴力とのあいだに密かに維持する共犯関係を、時に内的葛藤と自我の分裂《クリヴァージュ・デュ・モア》のなかで、是認してしまうのである。

黒人のコドモが白人と黒人の違いと、黒人に課せられた限界を学習し理解していく過程を記述したジェームズ・ボールドウィンの次の一節がこの点をきわめて明白に示している。「この違いを知覚するずっと前に、さらに、それを理解するずっと前に、黒人のコドモはこの違いに反応し始める。この違いに支配され始める。それからコドモを守ってあげることができない運命にコドモを備えさせる両親の努力のすべてが、神秘的な不可避の罰を、密かに、怖れのなかで、無意識的に待ち始めるように仕向ける。お利口にしていなければならない。それは単に両親を喜ばせるため、両親に罰せられないためではない。両親の権威の背後に、もうひとつ別の権威が、名のない無人称の権威、喜ばせるのがはるかにむずかしい、おそろしく残酷な権威が控えている。そしてそのことが、コドモを励ましたり、罰したり、可愛がったりするときの両親の声を介してコドモの意識のなかに浸透していく。彼が何らかの限界を逸脱してしまったときに父親あるいは母親の声のなかに聞き取れた、突然の、おもわず漏れた恐怖の響き。コドモは限界とは何かを知らない。説明してもらえない。それだけですでにおそろしい。しかし、両親の声のなかに聞き取った恐怖はもっともっとおそろしい[10]。」

象徴的暴力とは被支配者が支配者に対して（したがって支配に対して）与えないことができない同意を媒介にして成立する強制《コエルシシオン》である。同意しないわけに行かない、と言ったが、それは、被支配者は、支配者を考えるために、また、自分を考えるために、より適切に言えば、支配者と自分の関係を考えるために、支配者と共通の認識手段しか持っていないからである。そしてこの認識手段は、支配関係の構造を身体化したものに他ならないから、そして、この支配関係を自然的と見なさしめるからである。言い換えれば、自己を知覚し評価するために、あるいは支配層を知覚し評価するために彼が使用する図式（高い／低い、男／女、白／黒など）は、彼の社会的存在がその産物であるところの（自然化された）分類の身体化の産物であるからである。
つまり、諸力による拘束か諸理由への同意か、機械的な強制か意志的、自由な、意図的な服従かという二者択一を乗り越えることによってはじめて、このような特殊な支配形態を考えることができるようになる。（性、民族、文化、言語などの分野での）象徴的支配の効果は認識する意識の純粋論理のうちでではなく、ハビトゥスの性向の暗闇のなかで発現するのである。この性向のうちに、意識の決定と意志の統御の手前で、実践的な認識・認知関係（おのれ自身にとってきわめて不透明な関係）を根拠づけている知覚・評価・行動の図式が書き込まれているのである。たとえば、象徴的暴力の典型的形態と言える男性支配と女性の服従――「自発的かつ無理強いによるもの」と同時に矛盾なしに言うことができる服従――のパラドクサルな論理は社会秩序が女性に及ぼす持続的効果を考慮に入れて、すなわち、象徴的暴力が女性に押しつける秩序に自発的に適合した性向を考慮に入れて、はじめて理解することができる。

象徴的権力はその権力を蒙《こうむ》る者たちの協力があってはじめて行使される。なぜなら彼らは象徴的権力をそれとして構築することに寄与するのであるからである。しかしながら、（エスノメソドロジーその他の観念論的な構築主義のように）この確認にとどまること以上に危険なことはない。この服従は「意志的な隷属」関係とは無縁である。またこの共犯関係は意識的・意図的な行為によってもたらされるのではない。この共犯関係はそれ自体、ある権力の効果なのである。知覚の図式と性向（尊敬する・感嘆する・愛する性向など）の図式の形で、すなわち権力の公的な表象のような、ある種の象徴的顕現に人を感じやすくする諸信念の形で、被支配層の身体のなかに持続的に書き込まれた権力の効果なのである。まさにこれらの性向が、すなわちパスカルが「想像力」という概念でひとくくりにしているものすべてが、さらにパスカルの言にしたがえば、「名声」と「栄光」を授け、「人物や作品や法律や大貴族に尊敬と崇敬を与えるのである。」まさにこれらの性向が、司法官たちの「赤い法服」と「白貂《しろてん》の毛皮」と「裁判所」に、フランス王家の紋章である「百合の花」に、医者たちの「長コート」と「雌ラバ」に、博士たちの「角帽」と「だぶだぶのガウン」に、彼らがわれわれの上に行使する権威を付与するのである。[11] しかし、それらの性向を作りだすためには、やはりそれらの性向を介してわれわれを統治する数多くの権力の長期にわたる作用が必要だった。これら権力（パスカルが挙げている例はいずれも学校貴族つまり国家貴族が占めている「官職あるいは公職」である）の行使が必然的に備えている「厳かな装置」と「かくも堂々たる顕示」が生み出す「想像力」効果は慣習に、すなわち教育と身体の訓練に相関するということを、パスカルは、その効果を中和することを促すために、明白に言明している。

　われわれは「想像的なもの《イマジネール》」の言語とはきわめて遠いところにいる。この語は、今日、かなりいい加減に使われているが、言葉の上の一致だけで、パスカルが「想像力」（あるいは「意見」）という語で指しているものとはいかなる共通点もない。すなわち象徴的暴力の、身体内における、支えと効果とはいかなる共通点もない。この服従（身体はそれを真似ることによって再現することができる）は、心的な相関物をめざす意識の行為ではない。「真の観念の内在的な力」だけで打破することができる単なる心的表象（われわれが作りだす観念）でもない。ふつう「イデオロギー」という概念で意味するものでもない。そうではなくて、身体の訓練から生まれる慣れが可能ならしめる暗黙裏の実践的信念である。性向にもとづく実践理論を欠いているために社会構造の身体への書き込みに由来する根強い慣性を無視して、支配への抵抗を意識の言語で記述するのはやはりスコラ的幻想のひとつの効果である。マルクス主義の伝統、そしてフェミニズムの理論家たちもこの弊を免れていない。フェミニズムの理論家たちは、その思考習慣に流されて、「意識の目覚め」の自動的効果に政治的解放を期待している。物事ははっきりさせるに如《し》くはないから言うが、運動選手のトレーニングとおなじような反復的な練習を含む真の逆訓練だけが、ハビトゥスを持続的に変革することができる。

象徴的権力

武器の力や金の力のような裸の力の上に成り立っている場合でも、支配は常に象徴的な次元を持っている。そして服従の行為は、世界のすべての物事に、とくに社会的構造に適用することができる認識構造を利用する、認識と認知の行為である。これらの構造化する構造は歴史的に構成された、ソシュールとモースが言う意味で恣意的な、そしてその社会的生成を辿ることができる形態である。「分類の原初的諸形態」は集団の構造に対応するというデュルケームの仮説を一般化して、それら分類形態の始原を社会構造の「自動的」身体化の効果のうちに求めることができる。この身体化は、分化した社会においては、共通の見方・分け方の原理を、同一あるいは類似した認識・評価構造を、普遍的に、ある領土的権限の規模で教え込むことができる国家の働きかけで助長される。それゆえに国家は、「論理的順応主義」と「道徳的順応主義」（ともにデュルケームの用語）の土台である。世界の意味についての前反省的、即時・無媒介のコンセンサス、「サンス・コマンの世界」としての世界の経験の根元になっているコンセンサスの土台である。それはつまり、社会世界についての認識の理論は政治理論の根本的な次元である、ということである。また、「社会的なものの原初的経験」の普遍的本質を把握しようという思い込みがおこなわしめる社会的次元の「棚上げ」を「棚上げにする」という条件で、「自然的態度」の現象学的分析、すなわち、当たり前の、自然的な、自明的なものとしての社会世界の最初の把握の現象学的分析に依拠して、既成の秩序が獲得するにいたる驚異的な帰依（もちろん社会構成体によって、また社会構成体が置かれている（組織的あるいは危機的）段階によって程度は異なるし、この既成秩序の基礎とその永続の原理によって政治的効果は異なるが）を解明することができる、ということである。「人民」を社会転覆の場、少なくとも「抵抗」の場として見るポピュリズムを定義する偏頗な意志主義とオプティミズムは「大衆」を社会転覆の野蛮で盲目的な勢力とする保守的な見方のペシミズム、ともすれば黙示録的なペシミズムと手を結んで、現実主義的な観察を排除することがあるだけに、このことを指摘しておく必要がある。

政治的に完全に「中和」されてしまっているので、そこからいかなる政治的帰結も引き出すことなく読むことができる現象学的分析には、もっとも逆《パラ》＝憶説《ドクサル》的な、一見もっとも批判的な政治的経験――シュッツの言い方にしたがうと、断固として「自然的態度のエポケー」をおこなう（すなわち、社会世界には別の在り方がありうるという、「当たり前の」ものとしての世界の経験のなかに含意されている可能性についての懐疑の棚上げを棚上げにする）政治的経験――が既成秩序に対してなおかつ容認するものを露わにするという利点がある。性向は客観的構造の身体化の産物である。そして期待はチャンスに合わせて調整される。それゆえに、制度化された秩序は、常に、もっとも恵まれない者たちにも、当たり前のもの、必然的なもの、自明的なものと見える傾向性を持っている。いずれにせよ、おなじように苛烈な条件のなかで形成されなかったがゆえに、そのような条件を反射的に耐え難い、許しがたいと反撥する者たちの視点から見て考えるよりももっと必然的、もっと自明的なものと見える傾向性を持っている。（領域はまったく異なるが、服従〔obsequium〕についての――つまり「国家が国家に用立てるためにわれわれを作り、そして国家が存続することを可能にする条件づけ」によって作り出される「恒常的意志」についての――スピノザの分析とおなじく）このように読み直した現象学的分析には、とりわけ、人々が自分を諸順応主義と諸信念から自由だと考えることが多い世界で、ひたすら無視されている、あるいはひたすら抑圧されているものを想起させるという利点がある。すなわち、なにがどうあれ、すべての社会的行為者を、よきにつけ悪しきにつけ彼らがその産物であるところの社会世界に結びつけている、しばしば乗り越えがたい、服従関係を想起させるという利点がある。この真理は、「急ブレーキを踏んで」ドクサの惰眠から目覚めさせるために必要な誇張を使ってでも、強く想起させる必要がある。だからといってそれは、言うまでもなく、個人的あるいは集合的な抵抗戦略、通常のあるいは非通常の抵抗戦略の存在を否定するためではない。社会世界との関係の示差的な社会学的分析の必要性を排除するためでもない。より精確に言えば、表現された、構成された、明示された、正統あるいは非正統な意見の領域に対するドクサの領域の大小の変動——社会と連関した（とりわけその同質性の程度と、またその組織的ないし危機的状態と連関した）、そしてそれら社会で占めている位置と連関した変動——の分析の必要性を排除するためでもない。

しかしながら、もっとも分化した、そしてもっとも変化にさらされた社会においても、ドクサの諸前提（たとえば挨拶の定句を選択するときの基準になる諸前提）はシュッツが述べているような形式的で普遍的な一連の「テーゼ」に還元されない。「他者は存在する、彼らはわたしが彼らに作用するようにわたしに作用する、われわれのあいだに——少なくともある程度まで——相互的コミュニケーションと相互的理解が成立しうる、それらすべて、わたしが作ったものでない、記号とシンボルの体系のお蔭で、そしてひとつの組織と諸社会制度の枠内で実現する、ということを、自然的な態度においてわたしは、当たり前のこととして認める(12)」というテーゼに還元されない。社会秩序の「慣性的暴力」によって暗黙裏に認知させられたものはこのようないくつかの一般的で没歴史的な人間学的命題を越え出てしまうことを示すのは容易である。正統な文化と言語に対する服従が惹起する多くの反応（違和感、罪責感、恥ずかしさゆえの沈黙）がそのことを証している。原初的な政治的信念は特殊な視点である。普遍的な視点として提示され強制される支配層の視点である。国家を直接的あるいは間接的に支配する者たち、そして国家を介して、対抗する見解との闘争の果てに、彼らの視点を普遍的な視点として確立した者たちの視点である。今日、自明的、既得の、決定的に既成のもの、議論の余地のないものとして提示されるものは、これまで常にそうであったのではない。少しずつそのようなものとして定着したのである。それは、とりわけ、斥けられた側面的可能態を過去に、すなわち無意識に追いやることによって、したがって現象学主義者たちが言う「自然的態度」、すなわち当たり前のものとしての最初の世界体験が、それを可能にした知覚図式とおなじく、社会的に構築された関係であることを忘れさせることによって、歴史を無化することをめざす歴史的進化なのである。

この最初の経験を明示化した現象学者たち、そしてこの経験を記述することを目論むエスノメソドロジストたちは、この経験を説明する手段を手にすることができなかった。機械論的な見方に反対して、社会的行為者たちが社会的現実を構築するのであることを強調したのはよいが、この個人的、また集合的構築作業において行為者たちが適用する現実構築原理の社会的構築の問題を提起し、この構築原理の社会的構築に国家が果たす役割について考えることを怠っている。未分化の社会においては、社会生活の空間的・時間的組織化を介して、また、叙任儀礼――儀礼（たとえば割礼）を通過した者たちと通過しなかった者たち（たとえば女性）とのあいだに、決定的な差異を確立する叙任儀礼——を介して、共通の見方・分け方の原理（オトコ／オンナの対立がそのパラダイムである）が（カテゴリーの図式よりは）実践的図式の形で身体のなかに設置される。われわれの分化した社会においては、国家が社会的現実の構築手段の生産と再生産に決定的な役割を果たす。実践を組織する構造として、また実践を調節する審級として国家は、行為者全体に一様に加える拘束と規律を介して、持続的な性向を育成する作用を不断に働かせる。とりわけ、国家は、（たとえば就業者／非就業者といった）社会的カテゴリー（これは、物象化され自然化された認識「カテゴリー」を応用した結果としての産物に他ならない）への区分を強制することによって、すべての基本的分類原理（性、年齢、「能力」など）を、現実のなかに、また人々の脳のなかに、植え付ける。国家はすべての叙任儀礼（たとえば家族の土台を成す儀礼、また教育制度——選ばれた者たちと排除された者たちとのあいだに、しばしば決定的な、そして制度の権限の範囲内で普遍的に認知される持続的な象徴的差異を確立する教育制度——の働きを介して作用する儀礼）の象徴的有効性の根元である。

こうして国家の構築は共通の歴史的先験的因子——長い身体化の過程を経てすべての「主体」に内在するようになる先験的因子——の構築を伴っていた。国家は、実践に加える統率を介して、共通の象徴的思考形態を確立し教え込むのである。知覚、悟性あるいは記憶の社会的枠組みを、分類の国家的諸形態を、要するに、知覚・評価・行動の実践的図式を確立し教え込むのである。（ここで、また本書の随所で、理論的伝統にかまけることなく、おなじ内容の定式化を意図的に繰り返し試みているのは、人工的に切り離されている理論的世界（たとえばカッシーラーが提唱した象徴形式の新カント派的哲学と原始的分類形式のデュルケーム社会学）のあいだの偽の境界を打ち壊わすことに寄与したいからである。また、そうすることで諸理論の成果を相乗すると同時に、わたしの主張をよりよく理解してもらうチャンスを増大させたいからである。）

こうして国家は諸ハビトゥスの即時・無媒介の統合——サンス・コマンを構成する共有された諸自明性の集合に関するコンセンサスの基礎をなす統合——の条件を作り出す。たとえば社会カレンダーの主要なリズム、とくに現代社会の「季節的大移動」を引き起こす学校の休暇というリズムである。こうした社会カレンダーのリズムは共通の客観的指示対象と、互いに合致した主観的分け方原理とを同時に保証する。そして、生きられた時間の非還元性を超えたところで、社会生活を可能ならしめるために十分な程度まで一致した「時間の内的経験」を確保する。もうひとつの例が大学の世界の専門別分化である。この分化はそれぞれの専門ハビトゥスの形で身体化されており、このハビトゥスが専門家のあいだの一致を生み出す。そしてこの一致があればこそ、彼らのあいだの不一致と不一致が表現される形態とが存在しうるのであるし、さらには、この一致が実践と表象におけるさまざまな限界や欠損を引き起こし、他の専門の代表者たちとの関係におけるゆがみを引き起こすのである。

しかしながら、国家的秩序に対する即時・無媒介の服従を真に理解するためには、カント的伝統の主知主義を棄てなければならない。そして認識構造というのは意識の形態ではなく、身体の性向、実践的図式であること、また、国家の命令に対するわれわれの服従はある力への機械的な服従とかある秩序への意識的同意として理解することはできないことに気が付くべきである。社会世界は警告〔rappel à l'ordre〕〔＝秩序への呼びかけ〕に満ちているのである。この警告はそれを見てとるよう性向づけられた個人に対してのみそれとして機能する。また、意識と計算の回路を経ることなく、赤信号がブレーキを踏ましめるのとおなじ仕方で、深奥に埋め込まれた身体的性向を作動させる。既成秩序への服従は、集合的歴史（系統発生）と個人的歴史（個体発生）が身体のなかに書き込んだ認識構造と、それら認識構造が適用される世界の客観的構造とのあいだの一致の産物である。国家の命令の自明性がかくも強力に通用するのは、まさに、国家を知覚する際の認識構造は国家が強制したものであるからである。

だが、もうひとつ別の点で新カント派的伝統を、そのデュルケーム的形態をも含めて、乗り越えなければならない。たしかに、象徴的構造主義（レヴィ＝ストロースあるいは『言葉と物』のフーコー流の）は、為されたもの〔opus operatum〕を重視することによって、象徴的生産、とくに神話的生産の能動的次元、すなわち作用〔modus operandi〕の問題、チョムスキーの言い方だと「生成文法」の問題、とりわけその生成の問題、したがって個別的な社会的生産条件との関係の問題を無視することになってしまった。しかしながら象徴的構造主義には、象徴体系として考察された象徴体系の整合性を抽出することに努めたという、大きなメリットがあった。この整合性は、それが意図的に追求される法学の場合、また神話と宗教の場合に明らかなように、象徴体系に固有の有効性の主たる根元のひとつである。実際、象徴的秩序は構造化する構造をすべての行為者に強制することの上に成り立っている。そして構造化する構造はその堅固さと耐性を、それら構造が、少なくとも表面的には、整合的であり体系的であるという事実、また、それら構造が社会世界の客観的構造と一致しているという事実に負っている（たとえばオトコ／オンナの対立がそうである。この対立は、それ自体身体と物事のなかに書き込まれている神話＝儀礼体系のすべての対立が織り成す密な網の目をなしている）。この（すべてにおいて明示的契約と対立する）即時・無媒介の、かつ暗黙の一致は、無意識の、すなわち自己を認識しない歴史の、あらゆる絆によってわれわれを既成秩序に繋ぐドクサ的服従関係の土台となっている。正当性の認知は、マックス・ヴェーバーが信じているような、明晰な意識の自由な行為ではない。それは、実践的図式（たとえば学校の時間割のまったく恣意的な時間分割のように時間のリズムを組織する図式）となった身体化された構造と客観的構造とのあいだの即時・無媒介の一致に根ざしているのである。

　被支配層の認識構造はある社会秩序の客観的構造の産物であるが、その客観的構造への被支配層のドクサ的服従というもの、意識の諸哲学の主知主義的伝統のなかに閉じ込められているかぎり大きな謎であったものがこれで解明された。象徴的支配の効果を説明するために一部のマルクス主義者が持ち出す「虚偽意識」という概念だが、「意識」が余計である。また、「イデオロギー」という語を使うのは、信念の領域に位置するもの、すなわち身体的性向のもっとも奥深いところに位置するものを、表象――「意識の覚醒（自覚）《プリーズ・ド・コンシアンス》」という知的回心によって変革しうる表象――の領域に位置させることになる。
（象徴的権力を説明するためには、また国家権力の固有の意味で象徴的な次元を説明するためには、マルクス主義思想は助けになるよりは障害になる。それに対して、宗教論文のなかでマックス・ヴェーバーが専門化した行為者たちと彼らの固有の利害とを再導入することによって象徴体系理論にもたらした決定的寄与は大いに助けになる。というのも、ヴェーバーは象徴体系（彼はこういう呼び方はしていない）の構造よりはそれらの機能に関心を持つという点ではマルクスと共通していたが、象徴体系という特殊な生産物の生産者（ヴェーバーの関心からすると宗教的行為者）と彼らの相互行為（抗争、競争など）に注目させるというメリットがあった。法律家の集団に関するエンゲルスの論文を挙げることはできるけれども、専門化した生産行為者の存在について沈黙する傾向の強かったマルクス主義者とちがって、ヴェーバーは、宗教を理解するためには、カッシーラーやデュルケームのように宗教的な象徴体系を、あるいは構造主義者たちのように宗教的メッセージあるいは神話的コーパスの内在的構造を研究するだけでは不十分であることを指摘していた。そして、宗教的メッセージの生産者、彼らを動かす固有の利害、彼らが彼らの闘争のなかで用いる（破門のような）戦略に着目したのである。

新たな断絶によって（マックス・ヴェーバーには無縁であった）構造主義的な思考様式を（象徴的構造主義のように）作品と作品間の関係とにだけでなく、象徴財の生産者間の関係にも応用することによって、われわれは、象徴的生産の構造を、より適切に言えば、実践のある特定の領域（たとえば宗教的メッセージ）における象徴的位置取りの空間をそれとして構築することができるだけでなく、それら象徴的生産をおこなう行為者（たとえば祭司、預言者、呪術師）の体系の構造を、より適切に言えば、彼らを対立させる競争のなかで彼らが占める位置の空間（たとえばわたしが宗教界と呼ぶもの）をそれとして構築することができるだろう。こうしてわれわれは、二つの空間のあいだの相同関係という経験的に裏付けられる仮説を土台にして、象徴的生産を、それらの機能、構造、生成において、理解する手段を獲得する。）

いくつかの危機的状況を除いて、歴史上常に、支配層がその支配を結局のところ驚くべき容易さで強制することができたことを説明するのは、客観的構造と身体化された構造とのあいだの前反省的な一致であって、諸機関の意図的な宣伝の有効性でもなければ、市民による正当性の自由な認知でもない。「人間にかかわる事象を哲学的な目で考察する者にとって、多数〔the many〕が少数〔the few〕に統治されている唯々諾々ぶりと、人々が自分の感情と情熱を、彼らの支配者のそれのために、断念してしまう黙々とした従順さを見ることほど、驚くべきことはない。どのようにして、このような不思議が起こるのかを考えてみると、力は常に被統治者の側にあるのだから、統治者は彼ら自身を支えるために意見の他何も持たない、ということがわかる。したがって、統治は意見の基礎の上にのみ成り立っている。そしてこの命題はもっとも専制的でもっとも軍事的な政府にも、もっとも自由でもっとも民衆的な政府にもあてはまる。[13]」

ヒュームの驚きは、日常の生活では真にそれとして提起されることはけっしてないスコラ的問題、すなわち正当性の問題を提起することによって、パラドクサルなことだが、すべての政治哲学の根本的問題、人々が隠蔽している問題を浮き上がらせる。つまり、問題なのは、通常、既成の秩序は問題にならない、ということなのである。危機的な状況を除けば、国家の、そして国家が確立する秩序の正当性の問題は提起されることがない。国家は、秩序ある社会世界を作り出すために、命令を発する必然的必要、また、物理的強制や規律による拘束を行使する必然的必要はない。国家が、客観的構造に適合した身体化された認識構造を作り出し、そうすることによって既成秩序に対するドクサ的な服従を確保することができるかぎり、そうなのである。

(場違いに驚くことしかできない半可通な者たちの見方の、典型的にパスカル的な、反転を前にして、パスカルを引用しないわけにはいかない。「民衆はきわめて健全な意見を持っている。[……]半可通な者たちはそれをばかにし、その点で、世間の愚かさを示して得意がる。しかし、半可通な者たちが見ぬくことができない理由によって、民衆は正しい。[14]」かくて、真の哲学は、民衆はこんなにも驚くに値するこんなにも多くの事柄について十分に驚かないという理由で、民衆を嗤うことで「わかったふりをする」者たちの哲学を嗤う。彼らの驚きを引き起こす「事象《エフェ》」の「原因」を問わないがゆえに、彼ら半可通な者たちは、「人々が自分の感情と情熱を、彼らの支配者のそれのために、断念してしまう黙々とした従順さ」(あるいは、六八年の言語で言い換えると、人々が自分の「欲望」を「支配的」秩序の「抑圧的な」要求を前に犠牲にしてしまうその従順さ)のように、驚きを引き起こすにもっとも値する現実から目をそらさせてしまう。政治と権力に関する一見ラディカルな見解の多くは、実は、超俗きどりの若者の反抗に根ざしている。社会秩序の拘束を告発して、若さの鬱屈を爆発させるわけである。社会秩序の拘束を、多くの場合、家族と同一視して(ジッドとともに)「家族よ、ぼくはきみを憎む」とつぶやいたり、あるいは国家と同一視して、「抑圧」という左翼急進主義的なテーマを振りかざしたりするわけである(こうした言辞が六八年以降のフランス哲学の基調になったことは「自明的」である)。それらラディカルな見解はクローデルが言う、あの「限界への焦燥」――社会的拘束についての現実主義的で細心な(かといって諦めていない)理解に向かわせることはまずない「焦燥」――の数ある表われのひとつに他ならない。「事象の理由」に関するパスカルの有名な断章は、まさに、科学的・政治的な仕事の指針として読むことができる。「正より反への絶えざる逆転」。かくてわれわれは、すこしも本質的でないものを尊重するがゆえに、人間は虚しい、ということを証明した。そして、これらの意見はすべて破壊された。ついでわれわれは、これらの意見はすべてきわめて健全であるということ、したがって、これらの虚しいことどもすべてはしっかりした基礎があるので「これはデュルケームの「しっかりした基礎のある妄想」〔délire bien fondé〕という宗教の定義にきわめて近い」、民衆はひとが言うほど虚しくないということを証明した。こうしてわれわれは、民衆の意見を破壊する意見を破壊した。しかしいまや、この最後の命題を破壊して、民衆の意見は健全であるけれども、民衆は虚しい、ということはやはり正しい、ということを証明しなければならない。なぜなら民衆は真理をそれがある場所において感知しないからである。それがない場所に真理を置くので、民衆の意見はやはりきわめて間違っているし、きわめて不健全であるからである。(15)」)

二重の自然化とその効果

被支配的ハビトゥス(性、文化、言語の面で)――すなわち身体化された社会関係、身体《コール》の法則に転換された社会的集合体《コール》の法則――の情念は、解放をもたらす意識の目覚めといったものにもとづく意志の努力だけで停止しうるものではない。小心さとたたかう者は自分の身体によって裏切られた感じを抱く。自分の身体が、他の条件によって生み出された身体なら刺激的な激励ないし命令と受け取るものを、禁止あるいは警告と受け取る。金縛りになるのである。象徴的暴力は意識と意志を武器とするだけで克服できると考えるのはまったくの幻想である。象徴的暴力の有効性の条件は性向という形で身体のなかに持続的に書き込まれている。この性向が、とくに親族関係の場合、またこの関係をモデルとする社会関係の場合、感情あるいは義務(この両者は尊敬や感情的傾倒や愛の経験のなかでしばしば渾然一体となる)の論理のなかで表現され体験され、それらの社会的生産条件が消滅した後も、長く生き延びるのである。

であるからこそまた、支配関係の(あるいは少なくとも部分的にはその産物である性向の)真の変革を、合理的な説教や教育が呼び起こす(支配層あるいは被支配層の)「回心」に、あるいは思想の師たちが時として幻想するように、知識人が組織すべき大規模な集合的談話療法《ロゴテラピー》に期待するという政治的、倫理的あるいは政治的位置取りのすべては虚妄だ、ということになる。論理的あるいは経験的反論という武器だけで、あれこれの差別主義《ラシスム》（人種的、階級的、性的）とたたかうことをめざす行動の虚しさは誰もが知っている。これら差別主義は逆に、性向と信念（これらは不分明で、いくつかの言語的解釈が可能で、明確に理解されていないことが多い）を表現しているという感覚や錯覚を抱かせることによって、それら性向と信念に迎合する言説を糧にしているのである。ハビトゥスは運命ではない。しかし、象徴的行動は、それだけでは、また性向の生産・強化条件をなんら変革することなしには、身体化した信念を摘出することはできない。身体化した信念、すなわち情念と欲動はヒューマニズムの普遍主義（これとても性向と信念に根がある）がくだす命令や非難にはまったく無感覚なのである。

たとえばナショナリズムの熱情を考えてみよう。これはある支配関係の対立する二つの位置を占める者たち（たとえばアイルランドのプロテスタント教徒とカトリック教徒、カナダの英語話者とフランス語話者）のうちに、さまざまな形で見出される。当事者たちがしがみついている「第一真理」（このなかに「第一誤謬」、すなわち情念と盲目の単なる幻想を見るだけではあまりに安易すぎる）は、民族、「人種」、あるいは最近の言葉で言うと「アイデンティティ」は事物のなかに（経済的、空間的などの事実上の隔離という客観的構造の形で）書き込まれているし、また身体のなかに（時には、「五臓六腑からの《ヴィセラル》」と言われることのある、好き／嫌い、共感／反感、引力／斥力の形で）書き込まれている、ということである。客観的（そして客観主義的）批判は、地域とか民族を自然化した見方を、それらの「自然な」境界とか「言語的一体性」とかを告発する。そして、これらの本質的実体なるものはすべて、社会的構築物に他ならない、歴史的人工物――それが決着を付けたはずの歴史的闘争とおなじような歴史的闘争に由来するにもかかわらず、それとして認知されずに、誤って自然的所与として把握される人工物――に他ならない、ということを難なく明らかにする。

しかしながら、ナショナリズムの本質主義（その最たるものは人種差別主義）の批判は、共通の情念に対する距離を安直に示す手段であることが多いというだけでなく、まったく効力を持たない（したがって他の動機に従っていると疑われてしかるべきものである）。告発され、弾劾され、烙印を押されようが、（民族、性、階級）すべての差別主義の抜き差しならない情念は持続する。性向の形で身体にくさびで打ち込まれているからである。また、それら情念を作り出した支配関係が客観性のなかに持続し、その支配関係を受け容れる傾向性（これは、たとえば被支配民族の「反応性の」ナショナリズムが原因の危機的断絶がない限り、支配層におけるように被支配層においてもきわめて強固である）を絶えず強化するからである。

わたしが「イデオロギー」という語を次第に排除するようになったのは、単にこの語の多義性とそれに由来する曖昧さゆえではない。この語は観念の領域、観念による観念に対する作用の領域を喚起するがために、象徴的秩序の維持のもっとも強力なメカニズムのひとつ、すなわち二重の自然化を忘れさせる傾向があるからである。「二重の」というのは、社会的なもの《ル・ソシアル》は事物のなかと身体（性、民族、社会的位置、その他の弁別要因のレベルで、支配層・被支配層両者の身体）のなかとに書き込まれる、その結果として象徴的暴力の効果をもたらす、という意味での自然化ということである。「自然な気品」とか「天賦の才」といった日常言語の概念が示しているように、既成秩序の正当化の作業は、それが社会世界の現実のなかでほとんど自動的におこなわれるという事実によってきわめて容易になっている。

事物（たとえば美術館）のなかで、あるいは、事物（たとえば美術館）へのアクセスを、文化資本を豊富に相続した者たちに限る傾向性のある客観的メカニズムのなかで、また性向の世襲的移転とこの移転の忘却を保証するメカニズムを介して身体のなかで、社会秩序を生産し再生産する過程は、いかにも現実に根を下ろしているかのような外見を幻想的な表象に与えるのに好都合な、手に触れることができるような、一見議論の余地のない自明的例証を数多く提供してくれる。要するに、社会秩序そのものがそれ自体の社会義論《ソシオディセ》を作り出すのである。であるから、客観的メカニズムが働くままにしておけば、あるいはそれらに身を任せておきさえすれば、社会秩序に対し、それと知ることさえなしに、承認を与えることになるのである。危機あるいは批判によって脅かされた象徴的秩序を支援しようとする者は良識にもとづく自明的命題を、すなわち社会世界がほとんど例外なく認めさせるにいたる自己像を持ち出すだけでよい。半可通な輩の警句を弄するなら、既成秩序がこんなにも見事に防衛されているのは、既成秩序を防衛するにはバカであれば足りるからだ、ということになる。（たとえばドクソゾフと彼らの世論調査のほとんど克服しがたい社会的力をなすのはまさにこの点である。世論調査というのは、質問の選び方と作り方で、分析カテゴリーの作成の仕方で、あるいは結果の解釈の仕方で、「良識」の思考習慣と自明性にしたがうことが、ほとんど無意識的な指針となっている。）

社会科学にとっては第一次自明性からの批判的断絶は不可欠であるが、この断絶をおこなうための最良の武器は歴史化である。歴史化はすくなくとも理論の領域で自然化の効果を無力化してくれる。またとりわけ、ある所与——自然のすべての外見をまとって現われる、そして当然のこと〔taken for granted〕として受け容れられることを要求する所与——の個人的・集合的生成の記憶喪失を阻止してくれる。しかし（これが人類学的調査の極度の難しさをなすものなのだが）自然化の効果は思考する思考《ラ・パンセ・パンサント》にも作用を及ぼすものなのである。性向の形でのスコラ的秩序の身体化は、すでに見たように、身体化しているがゆえに、意識の手の届かないところに埋め込まれているさまざまな前提と制限を思考に課するわけである。

通常の生活においては社会的行為者が社会世界を構築する際の分類操作は、その操作が生産する単位（家族、一族、地域、国民）、そして（超越性と耐性のような）事物の外見をすべて備えた単位のなかでおこなわれるがゆえに、それとして認知されない傾向性がある。同様に、文化的生産の界においては、われわれが使用する概念（権力、威信、労働、社会）は、また、われわれが（定義あるいは概念を介して）明示的に導入する分類あるいは（とりわけ分野とか専門への分化を介して）暗示的に導入する分類は、われわれがそれらを利用するのとおなじくらいわれわれを利用する。そして「自動化」は思考の手段そのものを無意識に追い返す固有の抑圧形態である。反省性の主要な武器である歴史的批判だけが、ロボットのルーチンに身を委ねた思考が物象化された歴史的構築物を事物として扱うときに思考に作用する諸拘束から思考を解放してくれる。それはつまり、歴史化の拒否はいかに大きな害をもたらすか、ということである。多くの思想家は歴史化の拒否をまさに哲学的意図の構成要素と考えている。だがそれでは、無視しているはずの歴史的メカニズムを無制限に発動させてしまうことになる。

実践感覚と政治の仕事

そのようなわけで、行為者と世界との関係を真の意味で記述するためには、この関係の中心に（物理主義的《フィジカリスト》客観主義と限界主義的《マルジナリスト》主観主義がともに無視する）身体と身体化の過程とを据えなければならない。社会空間（すなわち界）の構造は、この空間におけるある位置と結びついた条件づけを介して、認識構造を身体に教え込むことによって身体を作る。そして身体はこの認識構造を社会空間の構造に適用する。より精確に言えば、社会世界は、そこに組み込まれている者たちにとって認識の対象であるということからして、一面では、その世界を対象とする、それぞれ異なる（そして競争関係にある）すべての認識行為の産物、物象化された、あるいは身体化された産物である。しかし世界についてのこれらの位置取りは、それらの内容とそれらの象徴的力において、それら位置取りを生産する者たちがその世界で占める位置に依存している。それゆえ位相幾何学〔analysis situs〕だけがこれら視点をそれとして、すなわち社会空間におけるある点〔situs〕から取った部分的な見方として構築することを可能にする。だがまた、これら決定された視点は決定するものであることも忘れてはならない。すなわち、それら視点は、程度はさまざまだが、諸視点間、諸パースペクティヴ間、諸分類間の闘争のなかで、社会空間を作り、壊し、作り直すことに寄与するのである（分配に関する、より精確には（アリストテレスが配分的正義を定義するために言ったように）「分配における公平」〔en tais dianomais〕に関する闘争を考えてみればよい）。

それゆえに社会空間は相互作用主義が言う意味での単なる意識のコンテクスト〔awareness context〕、すなわち無限に相互反映し合う視点の世界(16)に還元されない。社会空間は諸視点——（経済、情報、社会）資本の分布構造における位置とそれに対応する権力という二つの意味における諸視点——と、その空間に対する実践的反応、あるいはその空間についての表象——構造化されたハビトゥスを介してそれらの視点から生産され、空間の構造およびこれに適用される知覚図式の構造の双方から情報を与えられる表象——とが共存する相対的に安定した場である。

社会空間に対する、あるいは個別の界に対する、構造化された、そして構造化する位置取りという意味での視点は定義からして多様であり競争関係にある。すべての界が競争と抗争の場であることを説明するのに、利己的なあるいは攻撃的な「人間性」とか「権力意志」とかを持ち出す必要はない。ゲームの争点への投資、これはゲームへの帰属を定義するものであるし、すべてのプレーヤーに共通しているから、彼らは当然それによって対立・競争関係に入る。さらに、界の構造そのもの、すなわち種々の資本の（不均等な）分布構造が、ある種の位置の希少性とそれに対応する利益とを生み出すことによって、稀少な位置を獲得することでこの希少性を破壊ないし縮小することをめざす戦略、あるいはそれら位置を防衛することで、この希少性を保守することをめざす戦略を育成するわけである。

社会空間、すなわち諸分布の構造は、空間に対する、とりわけ分布に対する相対立する位置取りの土台であると同時に、視点間の闘争と対決の争点である（視点とは必ずしも表象、明示的、言語的な位置取りではない。これはスコラ的幻想を避けるために絶えず幾度も言い続けなければならない）。空間についての正当な見方と表象、つまり正統ドクサ〔ortho-doxie〕を強制するための闘争は、政治界においては、しばしば預言あるいは予見《プレヴィジオン》に頼るが、自己成就的預言〔self-fulfilling prophecy〕の効果を介して集団を存在せしめるのに寄与しうる見方と分け方の原理（民族、地域、国民、階級など）を強制することをめざす。この闘争は、その不可避的効果として、とくにそれが（たとえば原始社会の両性間の隠れた闘争と違って）政治界において制度化されるとき、ドクサの一定範囲を明示的に開示させる、まとまった意見として開示させるにいたる（ただし、きわめて危機的な社会世界のきわめて危機的な状況においてでさえ、社会科学が追求するような全面的な開示にいたること、すなわち既成秩序へのドクサ的服従を完全に棚上げするにいたることは決してないが）。

行為者各人が社会空間における自分の位置について実践的、身体的な認識を、ゴフマンの用語では（現勢的あるいは潜勢的な）「自分の場所のセンス」〔sense of one, s place〕を持っている。これが配置《プラスマン》＝投資のセンスに転換され、彼が占める場――順位《ランク》として絶対的に、とくに関係的に定義された場――の経験と、自分の場を保つ（「地位にふさわしく振る舞う」）ため、自分の場にとどまる（「自分の地位を心得る」）ために取るべき行動とを統御している。この位置感覚がもたらす実践的認識は情動の形を取る（自分を場違いと感じる者の気まずい思い。あるいは自分の場にいるという思いと結びついた気楽さ）。また、ある種の実践を避ける、無意識的に調整するという形で表現される（目上の人の前で訛りをただす。二言語併用の状況でその場に最適な言語を選ぶ）。専門化した界（政治、官僚、法曹、とくに科学）で、すなわち主として論証的な象徴的表象の領域で展開する理論的闘争に比べると目立たない形でではあるが、しかし同じくらい有効に、社会世界の構築に寄与する日常生活の象徴的闘争において行動を方向づけるのは、まさにこの実践的認識である。

しかし実践感覚としてのこの現勢的あるいは潜勢的な配置＝投資の感覚は、すでに見たように、いくつかの仕方で明示化しうるものである。その点が、位置に対して、明示的な位置取り、つまり言語で表明された意見が持つ相対的独立性をなしている。また、表象《ルプレザンタシオン》＝代表するという固有の意味で政治的な行動、すなわちスポークスマンの行動に道を開くことになる。ある集団の想定された経験を言語的、あるいはまさに演劇的な表象《ルプレザンタシオン》（＝上演）の次元に至らしめる行動である。また、集団を、スポークスマンの声をとおして（異口同音に）語る者と見せることによって、あるいは、行進とか行列とかの公式行事、現代ではデモという形で自己顕示するよう、そしてすべての者の目の前で自己の存在、自己の力（数と結びついた）、自己の意志を宣言するよう呼びかけて集団をそれとして目に見えるようにすることによって、集団を存在せしめることに寄与しうる行動である(17)。

自分の場所のセンス〔sense of one's place〕は実践感覚である（「階級意識」という概念がふつう指示しているものとは何の関係もない）。おのれを認識しない実践的認識、「博識な無知」である。それゆえに、ドクサの表象と公的な明示化の特殊な形のうちに誤って自己を認知するアロドクシアというあの特異な誤認の犠牲になりうる認識である。社会世界の必然性を（とりわけ限界の感覚という形で）身体化した結果もたらされる認識はきわめて現実的なものであり、たとえばそれが内含する服従は時に諦めの断言的表明（「われわれ向けではない」「われわれのような者たちには」あるいはもっと月並みに「（われわれには）高すぎる」）の形で表現される。この認識は（わたしがアルジェリアの労働者に失業の原因について質問することで立証しようと試みたように(18)）明示化あるいは説明の原初的形態を含んでいることもある。またこの認識は受動的・内的な、あるいは時に集合的な（とくに、苛酷な労働と搾取を免れることを狙ったスローダウン、規則の徹底的遵守、サボタージュといった戦術を伴った）さまざまな形態の抵抗を排除しない（これを否定する者がいるだろうか）。しかしこの認識は、プラクシスからロゴスへ、実践感覚から言説へ、実践的見方から表象＝代表《ルプレザンタシオン》、すなわちまさに政治的な意見の次元へのアクセスへの移行という存在論的飛躍を独占的に遂行するスポークスマンに委任せざるをえないので、常に象徴的ハイジャック《デトゥールヌマン・サンボリック》の危険にさらされている。

政治闘争は、正当な社会世界観を強制する権力をめざす（実践的かつ理論的）認識闘争である。より精確に言えば、著名性および尊敬という象徴資本の形で蓄積される認知——社会世界の意味《サンス》＝方向、すなわち社会世界の現在の意義《シニフィカシオン》と、社会世界が向かうだろう、また向かうべき方向についての正当な認識を強制する根拠をなす認知——をめざす（実践的かつ理論的）認識闘争である。ネルソン・グッドマンによると「別にすることと一緒にすること、しばしば両者同時に」[19]ということに存する、つまり集める・分けることに存する世界構築〔worldmaking〕の作業は、社会世界の場合、社会世界を保守するのに都合のよい、あるいは、社会世界の区分についての見方、すなわち社会世界を構成する諸集団とそれらの関係についての見方を変革することによって社会世界を変革するのに都合のよい分け方の原理を構築し強制することをめざす。ある意味でそれは、社会世界が知覚される媒介となる諸カテゴリー、すなわち社会世界が表現される言葉を変革することによって、あるいは保守することによって、物事の秩序を維持する、あるいは転覆することをめざす知覚の政治である。知覚に情報を与え方向づける努力と世界の実践的経験を明示化する努力は同時に進行する。というのも、象徴的闘争の争点のひとつは認識の権力であるからである。すなわち身体化された認識手段に対する、つまり社会世界を認知し評価する図式に対する、つまりある時点における世界観を決定する分け方の原理（富／貧、白／黒、自国／外国など）に対する権力と、この権力が内含する、見せる・信じさせる権力であるからである。

　正当な象徴的暴力の独占者としての国家という制度は、その存在自体によって、この独占をめざす（すなわちおのれの見方の原理を強制する権利をめざす）万人の万人に対する象徴的闘争にある限界を課し、いくつかの区分と分け方の原理とをこの闘争から引き離す。しかし同時に、国家という制度は国家自体を象徴的権力をめざす闘争の主要な争点のひとつにする。というのも国家は世界構築の公式の原理、そして有効な原理であるノモス――たとえば結合の状況や行為（結婚、さまざまな契約など）あるいは切断の状況や行為（離婚、契約破棄など）を承認し、合法化し、正当化し、「正規化」し、これら状況や行為をまったくの偶然的、非公式、さらには隠された（「不倫」）事実の状態から公式の、万人に認識され認知された、公表された、公的な事実の地位に格上げする、すべての許認可行為を伴うノモス――を強制する場であるからである。

社会的に制度化され公式に認知された象徴的構築権力の典型的な形態は法的権威である。なぜなら、法とは正当と認知された支配的な見方、別の言い方をすれば、正当な世界観の、あるいは国家によって保証された正統＝ドクサ〔ortho-doxie〕の客体化であるからである。既成秩序を聖別する国家権力の範例的な具体例は、何が存在するのかを言う権力の正当な行使、そして（たとえば悪罵と違って）万人に認知される遂行的確認によって、それが言表するものを存在せしめる権力の正当な行使である判決《ヴェルディクト》である。あるいは、神の根源的直感〔intuitus originarius〕〔カント〕がおこなう確認と同類の、もうひとつの創造的確認である身分登録簿である。これはマラルメ的詩人のように、「アイデンティティ」（「身分証明書《カルト・ディダンティテ》」）を、時には構成集団《コール・コンスティテュエ》の構成《コンスティテュシオン》原理である肩書きさえをも与えることによって、名前を確定し、名指し方に関する議論を終わらせる。

国家は、直接に委任したその要員に、人や物事を（たとえば所有権証明書によって）聖別することによってアイデンティティを正当に分配・再分配する権力を執行させるけれども、しかし、この権力の派生的な形態を委託することもある。たとえば証明書《セルティフィカ》（成績、疾病、資格、就労不能、身体障害）がそれである。証明書は特典あるいは特権に正当にアクセスする権利〔entitlement to〕を認知する社会的権力である。あるいは診断書《ディアグノスティック》である。これは臨床的な科学的同定《イダンティフィカシオン》の文書であり、投薬の指示を介して法的な効力を持ち、ある社会的な境界、受益者を弁別する境界を設定することによって諸特権の社会的分配に参画する。（ここで立ち止まって、たとえば今わたしがここでおこなっているような、社会学的確認《コンスタ》について考えてみる必要がある。社会学的確認は実験記録という資格を主張するが、是認、公認と受け取られる危険がある。つまり、単にあるがままのことを言っていると見えながら、暗黙裡に、付け足しに、今あるものはそうあるべきものであると言う傾向性を持つ隠密に遂行的な確認と受け取られる危険がある。これは、とりわけ統計的な確認に現われる曖昧性である。実は、統計的確認は（公式の統計の場合は、国家が決めたカテゴリーにしたがって）正当な再分配の決定をめざす闘争（たとえば社会保険の場合、正当な就労不能の定義あるいは再定義をめざす闘争）の結果を記録するにすぎない分布を記録しているのである。）

それゆえに社会世界は認識と認知をめざす不可分離的に認識的・政治的な象徴的闘争の産物であると同時に争点である。この闘争においては、各人は、自己に有利な自己像（ゴフマンがみごとに分析した「自己紹介」〔presentation of self〕戦略を見よ）を認知させようとするだけでなく、自分の社会的存在（個人的な社会的存在。また集団の境界をめぐる闘争に見られるように、集合的な社会的存在）にとって、また認知という象徴資本の蓄積にとってもっとも有利な社会的現実の構築原理を正当なものとして強制しようと努める。この闘争は、日常生活の場においてと同時に、文化的生産のさまざまな界において展開する。文化的生産の界のすべてが、政治界のように、ひたすらこの目的の方向を向いているわけではないが、やはり社会的現実の構築と評価の原理の生産と強制に寄与する。

正当化というまさに政治的な行動は常に、今ある世界への原初的帰依という根底的所与をもとに遂行される。そして象徴的秩序の番人たち、良識と結託している者たちの仕事は正統ドクサという明示的在り方で、原初的な諸明証性を復活させることにある。逆に、体制転覆的動員という政治行動は、物の秩序と身体の秩序とのあいだの一致によって隠蔽されている根源的暴力を危機に乗じて批判的に暴露することによって、誤認により無力化されている潜勢的な拒否の力を解放しようとする。

沈黙に包まれたドクサの自明性から脱却し、その自明性が隠している恣意性を言表し告発するために必要な象徴的作業は、他の資本形態と同様、不均等に分布している表現と批判の手段があってはじめて可能になる。したがって、すべての徴候からして、明示化の作業の専門家《プロフェシオネル》の介入がなければ、この作業は不可能と思われる。明示化作業の専門家は、ある種の歴史的状況において、文化的生産のあれこれの界における被支配の位置と社会空間における被支配層の位置とのあいだの相同性を基礎として、被支配層のスポークスマンとなることができる。そのような連帯性——曖昧さを伴わないではない連帯性——の働きで文化資本の移転がおこなわれる（中世の千年王国運動の法衣を棄てた司祭たち、あるいは近代の革命運動の知識人たち——ヴェーバーなどによると「類プロレタリア」〔prolétaroides〕——が思い起こされる）。この移転によって被支配層の集合的動員と既成の象徴的秩序に対する転覆行動が可能になる。もちろん、被支配層《レ・ドミネ》の利害と被支配的支配層《レ・ドミナン・ドミネ》——支配についての異なる経験のあいだの部分的類似を基礎に、被支配層の要求あるいは反逆のスポークスマンとなる被支配的支配層——の利害のあいだの不完全な一致のうちに書き込まれているハイジャックの可能性は否定できないが。

二重の真理

われわれは物理主義につながる客観主義的な見方——社会世界それ自体が存在する、それを物として扱うことができる、また、学者は行為者の必然的に部分的で偏向している視点を単なる幻想として扱うことができるとする見方——に甘んずることはできない。また、主観主義的な、あるいは限界主義的な見方——社会世界はすべての表象とすべての意志の集合の産物に過ぎないとする見方——に甘んずることもできない。社会科学は、ときにはすべての客観的なデータに逆らって自己についての、また世界についてのみずからの主観的表象を構築しようとする行為者の努力にきちんとした場を与えることができない客観化の作業に還元することはできない。社会科学は自生的社会学と素朴理論〔folk theories〕(これらはもう、目に余るほど、学問と称する言説のうちに紛れ込んでいる)を単に記録する作業ではない。

実は、社会世界は、その一部をなす者たち、その世界に含まれている《コンプリ》と同時にその世界を理解する《コンプランドル》者たち、そしてその世界を生産する、その世界のなかで彼らが占めている視点からその世界を生産する者たちの認識の対象なのである。それゆえに、認知をめざす闘争、象徴的権力をめざす闘争、つまり分け方・認識・認知の原理を強制するための闘争の根元にあるところの、知覚する〔percipere〕・知覚される〔percipi〕、認識する・認識される、認知する・認知されるという行為を排除することはできない。しかしまた、世界に関する表象を変えることによって世界を変えるための闘争において、行為者たちは、現象主義的なパースペクティヴィスムが言うように交換可能な存在であるどころか、実際には常に、自分がその産物であるところの、それでいながら、自分もそれを生産することに寄与する社会世界における自分の位置に依存しているのだ、ということを無視してはならない。

一次元的見方にも客観化の作業がアクセスさせてくれる見方にも甘んずることはできない以上、われわれは、対象に取り込まれている行為者たちの視点と、この視点についての視点——位置取りをそれがなされる起点になった位置に関連づけつつおこなう分析作業によって到達することができる視点——とを、両方ともに、保持し統合する努力をするほかない。認識論的断絶は常に社会的断絶を伴う。そしてこの社会的断絶というのは、とくにそれが自覚されないときには、通常の認識に対して玄人的軽蔑を抱かせ、これを、理解すべき対象ではなく、破壊すべき障害と見なさしめるものであるから、客観主義の段階でよしとしようとする誘惑が働く（事実、この誘惑に陥る社会科学者は少なくない）。「半可通」な者の見解は一元的な見方、パスカルの言う「民衆の健全な真理」に逆らって作り上げられたものであるが、彼らは、幻想を打破するという意地の悪い快楽に突き動かされて、一次元的見方、「民衆の健全な真理」を自分の分析のなかに取り入れることを怠り、部分的見方にとどまるのである。それゆえに、科学的客観化がしばしば引き起こす抵抗——自分の理解の独占権を守ろうとする学問の世界でとくに強烈に経験され表現される抵抗——は、すべてが常にまったく不当、というわけではないのである。

社会的ゲームはどんな場合でもその二重の真理において記述するのは非常にむずかしい。というのも、ゲームに取り込まれている者たちはゲームが客観化されることに利を見出さないからである。ゲームのなかにいない者たちは、ゲームに参加しているからこそ学習し理解することができるものを経験し、感じるのにふさわしい条件にないことが多い。それゆえ、そうした者たちによる記述は信者の魅せられた経験を喚起できないので、参加者たちには、下品で侮辱的と受け取られる可能性が高い。「半可通者」は迷妄を破り告発する快楽にのめり込むが、目を覚まさせてやっている、あるいは仮面を剥いでやっているつもりの当の相手が実は、彼が開示してやっているつもりの真理を認識していると同時に拒否している、ということを知らない。「半可通者」は自己欺瞞（self deception〕のからくり——自己についての幻想を永続させ、現実と現実主義とへの回帰の呼びかけにもかかわらず、しばしば制度の共犯的助けも得て、「主観的真理」の我慢できる、あるいは存続しうる形態を守ろうとするからくり——を理解できないし、分析に取り入れることができない。（制度の共犯というのは、たとえば大学だが、分類とヒエラルキーに強く執着しているにもかかわらず、「自己愛」に対して常に、自己と他者に関する知覚と評価を曇らせる代償的満足と慰めを提供する。）

だが、自分に関する真理の発見を前にして個人が示す防衛的反応は、たとえば象徴的諸交換の経済学を律するメカニズムのような、社会秩序のもっとも根本的なメカニズムを隠蔽するために動員される集合的防衛システムに比べれば、何ものでもない。こうして、社会的出自と学歴、教育水準と美術館に行く頻度、性別と学問あるいは芸術の世界のもっとも評価の高い位置へのアクセスの可能性とのあいだの強い相関関係の存在といった、まったく異論の余地のない発見さえも、言語道断な虚偽として拒否され、反証できない反例（「うちのマンションの管理人の息子は大学に行ってますよ」「父親は理工科学校《エコル・ポリテクニック》出身でも息子はクズというのを知っていますよ」）を突きつけられることになる。あるいは精神分析で言う否認《デネガシオン》を突きつけられることになる。フロイトの言い間違いと同じで、洗練された会話や気を利かせたエッセイなどにひょいと顔を出す否定である。「教育というのは天性ですよ」という上流ブルジョアジーの老紳士の警句はまさにその典型である。社会学者は客観化と開示という自分の仕事によって否認《デネガシオン》の否定《ネガシオン》をおこなわざるをえないことが多い。その限りにおいて、自分の発見が昔から分かりきっていることの陳腐な確認として無視されたり、けなされたりすること、また同時に、同じ人間から、悪意に満ちた論争目当てあるいは羨望に満ちたルサンチマン以外にいかなる根拠もない目にあまる間違いとして激しく責められることを覚悟しなければならない。

とはいえ社会学者はそうした抵抗――精神分析によく突きつけられる抵抗に似た、しかし、集合的メカニズムに支えられているだけにいっそう強力な抵抗――を理由にして、抑圧の作用と、それが作り出す多かれ少なかれ幻想的な構築物は（抑圧とそれら構築物が隠蔽しようとしているものと同じくらい）真理の一部をなしているのであることを忘れてはならない。フッサールとともに、「地球という原初的アルケは不動である」ことを指摘するのは、コペルニクスの発見を破棄して、直接体験された真理をもってそれに代えよと勧めるためではない（エスノメソドロジーの信奉者の一部と「自由の社会学」を標榜する構築主義者たちはそう推奨している。彼らは客観化の作業の成果を廃棄したことで、「主体の回帰」と、「社会的なもの」と社会科学の（待ち望まれていた）終焉とを称揚する者たちから喝采を浴びている）。そうではなくて、客観化による確認と、定義からして客観化を排除する第一経験によるおなじように客観的な確認とを共に保持せよと勧めるためである。より精確に言えば、客観化する主体が実践に参加している行為者の視点に対してあるひとつの視点を取ることを可能ならしめるスコラ的視点を客観化するために、また、実践において絶対にアクセスできないあるひとつの奇妙な視点を取ろうとするために必要な作業を不断におこなわなければならない、ということである。奇妙な視点と言ったが、それは、経験的な「主体」、世界に内含された「主体」、それゆえに内含の事実とこの事実のうちに内含されているものすべてを理解することができる「主体」としての経験を自己のものとした、その上で、おのれのなしていることについて、またおのれが何であるかについて客観的・主観的な真理を獲得することを企てることに利益を見出さない、その余暇もない、またそのために必要な手段を持たない人々の真理を、理論的再構築物、不可避的にスコラ的な理論的再構築物のうちに書き込もうと試みる者の、二重の、二焦点の視点である。

ケーススタディ1　贈与の二重の真理

この二重のまなざしは贈与の経験の場合に絶対不可欠である。贈与の両義性はきわめて顕著である。一方で、贈与は利害の拒否、利己的な計算の拒否として、無償の、見返りのない気前のよさ《ジェネロジテ》＝高邁さの発露として生きられる（志向される）。他方で、贈与は交換の論理の意識を、それどころか抑圧された欲動の告白を、また、時には、気前のよい＝高邁な交換の（否認された）真理、つまりその拘束的で負担が大きいという性格の告発さえをも完全に排除することはけっしてない。そこから、贈与の二重の真理という核心的な問題が提起されてくる。また、個人的・集合的自己欺瞞として（かなり不適切に）記述されることのある贈与を可能ならしめる社会的諸条件の問題が提起されてくる。

『実践論素描』と『実践感覚』[20]でわたしが示したモデルはこれら二つの真理のあいだのずれ、またそれと平行して、モースを考えながらレヴィ＝ストロースが（かなり特殊な意味で）「現象学的」と呼んでいる見方と構造主義的な見方のあいだのずれを確認し説明している。すなわち、贈与と対抗贈与（お返し）のあいだの時間的間隔が、無償で見返りのない気前のよい＝高邁な行為としての贈与という意志的な真理と、わたしのモデルが明らかにする真理、つまり贈与は個々の交換行為を超越する交換関係の一段階であるという真理とのあいだの矛盾を隠蔽するのだ、ということである。言い換えれば、客観的交換を不連続的な、自由で気前のよい＝高邁な行為として生きることを可能ならしめる時間的間隔は、交換の論理の認知と誤認の共存の条件である自己欺瞞を容易にし助長することによって、贈与の交換を継続させ、心理的に生きうるものにしている、ということである。

しかし個人的自己欺瞞は集合的自己欺瞞に支えられているからこそ可能であることは明らかである。すなわち贈与は、経済学者が言う意味での共通の認識＝常識〔common knowledge〕（つまり誰もが知っていると、誰もがその情報を持っていると誰もが知っているとき、情報は常識と言われる）となりえないような社会的論理を持った社会的行為のひとつなのである。より精確に言えば、贈与の社会的論理は、公表されて、公共の（＝周知の）認識〔public knowledge〕となることができない、つまり（たとえば共和制の標語のように）公に宣言された公式の真理となりえないのである。この集合的自己欺瞞はその根元にある(そして時間的間隔がその実践的可能条件となっている)

抑圧が象徴財の経済学の根底にイルーシオとして書き込まれているからこそ可能になるのである。この象徴財の（「経済的」という語の制限された近代的な意味で）反経済的な経済学は利害と計算の否認〔Verneinung〕の上に、より精確には、普遍的なものの価値に対する集合的信仰（これは個人的・集合的な自己欺瞞《モーヴェーズ・ファ》（サルトルが言う意味での）の一形態に他ならない）を永続化することをめざす誤認を維持するという集合的作業の上に成り立っている。言い換えれば、この経済学は、贈与交換のように、信頼を生産し再生産する、よりうがった言い方をすると、信頼は、つまり気前のよさ＝高邁さ、私的あるいは市民的美徳は報いられるだろうという事実への信頼を生産し再生産する諸制度への不断の投資の上に成り立っている。交換の論理を本当に知らない者はひとりもいない（たとえばこのプレゼントは十分と判断されるだろうかと自問するときがそうだが、この論理は絶えず明示的次元に浮上してくる）。しかし規則を知らないふりをするというゲームの規則に従うことを拒否する者はひとりもいない。交換の真理を誰もが知っている、それでいて知りたがらないということを誰もが知っている、それでいて知りたがらないというこのゲームを指示するために共通の誤認〔common miscognition〕という語を用いることができるだろう。

社会的行為者たちが騙す者であると同時に騙される者のように見えるのは、自分の（気前がよい＝高邁な）「意図」について他者および自分を騙しているように見えるのは、彼らの騙し（ある意味では誰も騙していない騙しなのだが）が、まちがいなく、彼らの行為の直接的な相手と彼らの行為を第三者として観察している者たちの共犯性を獲得しているからである。それはさらに、彼らがいずれも、贈与交換が象徴財経済の形で制度化されている社会世界にはじめからはまり込んでいるからである。このきわめて特殊な経済学は固有の客観的諸構造の上に、また同時に、これら客観的諸構造が前提としている、そしてそれらの実現条件を提供することによって生産する身体化された諸構造、すなわち性向の上に成り立っている。具体的に言うと、気前のよい＝高邁な行為としての贈与は、報酬（対抗贈与（お返し）という形に限られない）と認知《ルコネサンス》＝感謝を確実に保証してくれる経済（一見還元的な表現を許してもらえるなら、つまり市場）の客観的構造に適合した気前のよい＝高邁な性向を、そのような性向が期待され認知され報いられる世界において、獲得した社会的行為者のみに可能である、ということである。

この象徴財市場は利益（プラス・マイナスの利益）の客観的確率のシステムという形で現われる。あるいはモース流の言い方をすると、当てにすることができる、また無視してはならない「集合的期待」の総体という形で現われる。(21) そのような世界においては、与える者は、自分の気前のよい＝高邁な行為が（お人好しな行為、ばかげた行為、度はずれた行為ではなく）それとして認められ、その受益者から認知＝感謝を（対抗贈与あるいは謝意の形で）獲得する確率がきわめて高いことを知っている。それはまさに、この世界に参加している、そしてこの世界の必然性によって作られているすべての行為者もまた、そうであることを期待しているからである。

言い換えれば、気前のよい＝高邁な行動の根元には、一連の交換の（見かけ上の）発端となる贈与の根元には、孤立した個人の（計算ずくであろうがなかろうが）意識的意図があるのではなく、気前のよさ＝高邁さという、明示的で特別な意図なしに象徴資本の保守あるいは増加をめざすハビトゥスの性向があるのである。名誉感覚（これは贈与交換とおなじ論理に従う殺人の連鎖の起点となりうる）とおなじように、気前のよさ＝高邁さの性向はあるいは意図的な教育によって獲得される（ノルベルト・エリアスが語っている貴族の青年のケースがそれである。父親から貰った財布を手付かずのまま返したところ、父親はそれを窓から投げ捨てた）。あるいは気前のよさ＝高邁さの性向が実践の当然の法となっている世界に早期に長く交わることによって獲得される。象徴財の経済学の論理に適合した性向を具備している者にとって、気前のよい＝高邁な行為は自由と美徳の選択の産物ではない。他の身の処し方の可能性を残した熟慮の結果としてくだされた自由な決定の産物ではない。それは「なすべき唯一のこと」として出現するのである。

制度を括弧に入れて、また制度を作り出す作業、とくに教育の働きを括弧に入れて、与える者と受け取る者は意図も利益の計算もなく気前のよい＝高邁な交換に参入し、贈与をそれとして、つまり、その二重の真理において認識し認知するように社会化の全過程によって準備されるのであることを忘れたときに、はじめてわれわれは、ある倫理的決疑論《カズュイスティック》の微妙かつ解決不可能なパラドクスを浮き上がらせることができる。じっさい、贈与の意図的な意味を問うことによって意識の哲学の視点を採用すれば、そして孤立した個人の自由な決定と考えられた贈与は真の贈与なのか、真に贈与なのか、あるいはおなじことだが、それは贈与の本質に、すなわち贈与のあるべき姿に合致しているのかを知ろうとすることによってある種の「意識の検査＝内省《エグザマン・ド・コンシアンス》」にとりかかれば、たちまち、乗り越えがたい二律背反《アンチノミー》を浮上させ、結局、無償の贈与は不可能である、と結論せざるをえなくなるだろう。

しかし、与えるという意図は贈与を破壊する、贈与をそれとして、すなわち無私の行為として無化する、とまで言い切ることができるのは、きわめて深刻なスコラ的偏向と、それに付きものの主知主義的な誤謬に陥って、贈与に関与する二人の行為者を、自分が（レヴィ＝ストロースのモデルにしたがって）客観的におこなう行為をなすこと、すなわち互恵性の論理にしたがう交換をおこなうことを主観的企図とする計算者と見なしているからである。言い換えれば、行為者たちの実践を説明するために科学が構築しなければならなかったモデル（この場合は贈与交換のモデル）を行為者たちの意識のなかに置いているのである。つまり、気前のよい＝高邁な、そして無償な贈与、しかも、対抗贈与を獲得するという意識的企図を可能的な目的として措定している贈与という、現実には存在し得ない理論的怪物を生産しているのである。[22]

要するに、すべての行動の根元に意識的意図を置く意識の哲学から、同時にまた、合理的計算と経済的利害に還元された利害との経済学以外の経済学を認めない経済学主義から脱却しない限り、贈与を理解することはできない。経済界がそれとして構成された過程がもたらした結果のうち、認識の視点からしてもっとも有害であったのは、たとえば情念と利害の対立のような、いくつかの分け方原理——経済界が（「ビジネスはビジネス」という公理を基礎にして）区別された世界として社会的に構築されるのと相関的に出現した分け方原理——を暗黙裡に受け容れたことであった。[23]これらの原理は、経済的な経済学の冷たい水に生まれたときから浸っているすべての者たちに隠微な形で浸透しているから、それ自身この区別から生まれた経済学を支配する傾向性を持つ。(経済学者たちが利害だけに動機づけられた行動の分析に特化する傾向があるのは、歴史的に裏付けられたこの対立を、必ずしもそうと知ってのことではないが、受け容れているからである。パレートは論理的行動と非論理的行動、「残基」「派生体」との区別を創始してこの対立を明示的に定式化した。また「多くの経済学者が合理的な行動と非合理的な行動との区別を根拠にして経済学を社会学から区別しようとする」とサミュエルソン(24)が述べている。)

贈与経済は、同等の価値が交換されるギヴ・アンド・テーク経済と違って、「経済的」(狭い意味での)の否認の上に、経済的利潤最大化の論理の拒否、すなわち計算精神と(象徴的利益に対立する)物質的利益の排他的追求の拒否の上に、客観的制度と性向のうちに書き込まれている拒否の上に成り立っている。贈与経済は、象徴的資本(認知資本、名誉資本、高貴性資本など)の蓄積をめざして組織される。そしてこの蓄積は経済的資本の変成《トランスミュタシオン》——象徴的交換(贈り物、言葉、挑戦と応酬、殺人、女性などの交換)の錬金術がおこなう、そして「無私」の論理に適応した性向を備えた行為者のみが関与することができる変成——を介して遂行される。

ギヴ・アンド・テーク経済はヨーロッパ社会で段階的に進行した象徴革命の産物である。バンヴェニストが分析した「インド・ヨーロッパ諸制度の語彙」がこの革命に伴う真実開示と「脱曖昧化《デザンビギュイザシオン》」が少しずつ進行した過程の痕跡をとどめている。(捕虜の)買い戻し《ラシャ》から購入《アシャ》へ、(めざましい行為に対する）賞金《プリ》から賃金《サレール》へ、精神的認知《ルコネサンス・モラル》（感謝）から負債の認知《ルコネサンス・ド・デット》へ、信頼《クルワイヤンス》から債権《クレアンス》へ、道徳的義務《オブリガシオン・モラル》から裁判所に対する履行義務《オブリガシオン・エグゼキュトワール》への移行である。[25] この「偉大かつ尊い革命」は、人間生活の経済的基礎の集合的否認を次第に棚上げすることによって（いくつかの領域、宗教、芸術、家族はこの変化を免れたが）、そして純粋な利害の出現と、計算と計算精神の一般化（これは賃金労働と貨幣の使用によって促進された）とを可能ならしめることによって、贈与経済――「当時、結局は反経済的であった」とモースが言った贈与経済――から社会を切り離すことができたのである。

こうして、あらゆる種類の行動を計算の論理に従わせる（「ビジネスでは喜怒哀楽は禁物」）可能性が開かれたわけだが、これはとくに法において幅を利かせる公認シニシズムを正当化する（たとえばもっとも悲観的でもっとも破廉恥な事態を予測した契約書を考えてみるとよい）。またこのシニシズムは経済理論でも幅を利かせる（経済理論は、もともと、この新しい経済を作るのに貢献したのである。それはちょうど、今日、政治哲学の書として読まれている法律家たちの国家論が、それらが記述しているように見える国家を作るのに貢献したのとおなじである）。こうしてきわめて経済的であることが明らかになった経済は、実践の曖昧さの効果と象徴財経済に重い負担となっている「取り引きコスト」を軽減することを可能にする（人格化された贈り物、個人的メッセージになった贈り物と、それと同額の小切手の違いを考えてみればよい）。そしてもっとも神聖な領域においてさえも計算の使用を正当化するにいたる（免罪符や祈祷輪の購入）。また、気前のよい＝高邁な性向の正反対物である計算性向を一般化するにいたる。この計算性向の一般化はヴェーバーが言うように、計算可能性と予測可能性を特徴とする経済的・社会的秩序の発展と併行する。

贈与経済がもはやギヴ・アンド・テーク経済の大海のなかの小島にすぎなくなるにつれて、その意味が変わってきた（ある種の植民地民族誌学は贈与経済をクレジットの一形態としか見ない傾向があるが、これはまさにエスノセントリックな還元への偏向の極限的なケースに他ならない。しかし一見きわめて反省的な分析のうちにもまだその痕跡が見えることがある）。われわれが贈与を考える際にぶつかる困難はそこに由来する。情念と利害の（熱烈な恋愛と打算的な結婚との）あいだの対立、無償と有償のあいだの対立にもとづく経済世界の内部では、贈与は、拘束と自由の区別、個人的選択と集合的圧力の区別、無私と利害の区別を越えたところに位置する行為という、その真の意味を失い、社会的資本の蓄積に方向づけられた単なる合理的投資戦略――広報活動とか宣伝グッズといった制度を伴った戦略――となってしまう。あるいはある種の倫理的壮挙――完全に無償かつ優雅な、義務も期待もなしに与えられた、理由も目的もない、何のためでもない行為と考えられた真の贈与という理念を基準に評価されるがゆえに実現不可能な壮挙――となってしまうのである。

経済学主義の、そしてスコラ的哲学の問いの根元にあるエスノセントリックな見方と決別するためには、贈与交換の論理が、いかにして、没歴史的人間学を土台とする諸経済理論が理解することができない持続的な関係を作り出すにいたるのかを検討する必要がある。驚くべきことだが、贈与を再発見する経済学者たちはこの「反経済的な」（この形容詞の狭い意味で）行為の経済的条件の問題を提起するのをいつものように忘れてしまい、この行為を可能にする象徴的交換の経済学の固有の論理を無視する。（本性からして）利己的と見なされる諸個人間に「いかにして協力関係が発生しうるのか」、（定義からして）「利害のみに動機づけられている」と見なされる諸個人間に「いかにして互恵性が協力関係を発生させるのか」を説明するために、経済学と社会学の空虚な交差点と言うべきこの「約定《コンヴァンシオン》の経済学」は「約定」という概念的人工物を持ち出すことしかできない。この概念的人工物が経済学者のあいだで持てはやされるのは、概念のパッチワークでプトレマイオスの宇宙体系モデルを救おうとしたティコ・ブラーエの試みとおなじように、それがパラダイムの根底的な転換を回避させてくれるからである（「規則性は、すべての者がそれにしたがうとき、そしてすべての者が他者もそうすることを期待しているとき、約定となる」「約定は道徳的行動の規則と道具的行動の規則のバランスをとる内的熟慮の結果である」）。こんなご都合主義的な概念では、贈与経済における社会的結合もギヴ・アンド・テーク経済における社会的結合も真に説明することはできない。贈与経済における社会的結合は諸ハビトゥスの統合に全面的に依存しているということはけっしてなく、常に契約の基礎的形態に余地を残している。他方、ギヴ・アンド・テーク経済における社会的結合は、契約の拘束におおいに依拠してはいるが、諸ハビトゥスの統合と、客観的構造と認識構造（性向）の一致——個人の先取りと「集合的期待」の照応の元となる一致——とにおおいに依存しているのである。

象徴的資本の蓄積に方向づけられた経済の曖昧性は、コミュニケーション（構造主義的アプローチはこれを不当に特権視した）は支配の経路のひとつであるという事実に起因する。贈与は義務＝恩義《オブリガシオン》の言語で表現される。義務である贈与は義務＝恩義を課する。義務を課せられた＝恩義を受けた者をつくる。よく言われるように贈与は借り＝債務《オブリガシオン》を作り出す。正統な支配を成立させる。それはとりわけ、贈与は、贈与と対抗贈与（殺人と復讐）を隔てる間隔を対抗贈与あるいは認知＝感謝《ルコネサンス》への集合的期待として構成することによって、もっとはっきり言えば、認知された正統な支配、受け容れられ愛される服従として構成することによって、時間という要因を導入するからである。ギヴ・アンド・テーク経済と贈与経済の境界に位置するがゆえに象徴的交換の微妙さ（構造主義民族学が見てとれなかった微妙さ）について（パスカルとおなじく）透徹した目を獲得していたラ・ロシュフコーがまさにそのことを言っている。「義務《オブリガシオン》（＝恩義）を果たす（＝返す）のにあまりに熱心なのは忘恩行為《アングラティテュード》である。」

熱心はふつう服従のしるしだが、ここでは依存に対する苛立ちのしるしである。そこににじみ出ている焦り、急《せ》く気持ちゆえに、ほとんど忘恩である。早く果たしたい、早く済ませたい、離れる自由を得たい（カビリアの五分の四物納小作人〔khammès〕のように、屈辱的な夜逃げに追い込まれることなしに）、義務＝恩義を、借りの認知を厄介払いしたいという気持ち。気前のよい＝高邁な贈与交換を冷酷なギヴ・アンド・テーク交換から区別している時間的間隔、そして、返さなければならないと自覚しているかぎり囚われの身ということを意味している時間的間隔を短縮したいという気持ち。そうすることで、最初の気前のよい＝高邁な行為が遂行されて以来続いている義務＝恩義を一気に解消したいという気持ち。この気持ちは、借りの（いつでも帳消しにできるはずの）認知が身体化した認知に、身体への書き込み（情念、愛、服従、尊敬、返済しきれない――よく言われるように――「永遠の」借り＝恩義という形での）に転化していくにつれて、ますます強くなっていく。

象徴的力関係は認識と認知を介して作られ持続する力関係である。それはしかし、意図的な意識行為を介して、ということを意味しない。象徴的支配が成り立つためには、被支配層が、それによって自分が支配層から知覚され、それによって自分が支配層を知覚するところの知覚・評価図式を支配層と共有しているのでなければならない。被支配層は自分が知覚されているように自分を知覚しなければならない。言い換えれば、被支配層の認識と認知は帰依と服従の実践的性向のうちにその根元を持っていなければならない。この性向は、熟慮と決定を経過するものではないから、同意か拘束という二者択一とは無縁である。

象徴的権力――コミュニケーション、つまり象徴的交換によって作り出され、蓄積され、持続する権力――の根元をなす変成《トランスミュタシオン》の核心はまさにここにある。コミュニケーションはひとを認識と認知の次元に導くものであるから（ということは、コミュニケーションはコミュニケーションすること、理解し合うことができる、したがって同じ認識図式を備えている行為者のあいだ――そしてコミュニケーションする用意、つまり名誉において平等な正当な対話者として互いに認知し合う用意、語り合うこと、言葉を交わす間柄〔in speaking terms〕にあることを受け容れる用意のある行為者のあいだ——ではじめて進行しうる、ということを意味する)、常に不確実で棚上げされる可能性がある生《なま》の力関係を持続的な象徴的力関係——ひとを捉える、そして捉えられていると感じる力関係——に転換する。コミュニケーションは経済資本を象徴資本に、経済的支配を人格的依存関係(たとえば家父長的関係)に、さらには献身、敬愛(親孝行的)、愛に変形するのである。気前のよさ＝高邁さ《ジェネロジテ》は独占欲が強いものである。愛情交換(親子間、恋人間)の場合のように、それがより真剣に気前よく＝高邁なものであると、そう見えると、ますますその傾向が強まる。「ひとがわたしに愛着を抱くのは、たとえ喜んで心からそうしているのであっても、不当なことである。わたしは、自分がそうした欲望を抱かせた人々を騙すことになるだろう。なぜならわたしは誰の目的でもないし、その人々を満足させるものを何も持っていないからである。わたしはやがて死ぬ存在ではないだろうか。となるとその人々の愛着の対象は死ぬことになる。したがって、たとえわたしが穏やかに説得するのであっても、ひとが喜んで信じるのであっても、それがわたしに悦びをもたらすとしても、間違ったことを信じさせるのは罪であるように、わたしが自分を愛させるのは罪である。[27]」贈与経済の(常にきわめて悲劇的である)危機は魔術による魅惑が雲散霧消し、象徴的交換の論理が経済的交換の領域に引きずり込まれてしまったときに(「きみのために何から何までしてやったのに……」)起こる。

ここでも時間が決定的な役割を果たす。コミュニケーションを成り立たせる最初の行為(言葉をかける、贈り物をする、招待する、挑戦する、など）には常に侵入あるいは問題化という一面がある（コミュニケーション開始行為が、言語学者バリが指摘したように、慎重な質問の形をとることがあるのはそのためである。「時間をおたずねさせていただいてもよろしいでしょうか?・」）。また、欲する欲しないにかかわらず、コミュニケーション開始行為は常に、支配、強制の可能性を秘めている。構造主義者たちの機械的モデルが示唆することとは逆に、それは不確実性、したがって時間的開放性を含んでいる。だから、呼びかけ、問いかけ、招待あるいは挑戦に答えないことを選択することもできる、あるいは、すぐに答えない、引き延ばす、様子を見ることを選択することもできる、という反論があるかもしれない。しかし、答えないのは、まさに、ひとつの答えである。最初の問題化、言わば運命〔fatum〕として作用する問いかけをそう簡単に厄介払いすることはできない。積極的応答（即答、対抗贈与、反撃）の意味は曖昧な点がない。名誉における平等の認知の表明であり、これは長い一連の交換の出発点と考えることができる。その反対に、応答の不在は本質的に曖昧であり、交換のイニシアティヴをとった者あるいは第三者から、答えることの拒否あるいは軽蔑の表明、また無力あるいは卑怯に由来する逃げ（この場合、当事者は不名誉の渕に沈む）と解釈される可能性がある。

思いやり、親切、配慮、アドバイスなどの供与のような、また、慈善のための献金のように見返りのありえない気前のよい＝高邁な行為のような、一見、まったく無償で、もっとも低コストの交換関係でさえもが（とくにこの関係によって結ばれる者たちが乗り越えがたい経済的あるいは社会的格差によって切り離されているがために、この関係が持続的な非対称条件のなかに成立するとき、そしてこの関係が、真の自立性の可能性の条件であるところの、代償の可能性、能動的互恵性の希望を排除しているとき）原始社会の負債による奴隷化の婉曲なヴァリアントに他ならない持続的な依存関係を作り出すのである。ポトラッチのような交換の分析が対象とした事象のエキゾティックな、普通でない性格ゆえに、この事実が忘れられてしまう傾向があった。だが実は、このような依存関係が信念、信頼、愛情、情念の形で身体に書き込まれていくのである。この関係を意識と意志で変革しようとするすべての試みは感情の目に見えない抵抗と罪責感の執拗な警告に突き当たることになる。

交換を社会的絆の創造原理と見なす構造主義民族学者と、孤立した原子の状態に還元された行為者間の協力関係の固有の意味で経済的な条件について頭を悩ませている新限界主義経済学者は、すべての点で対立しているように見えるが、持続的な依存関係を生み出す（平等あるいは不平等な）交換に参入する適性を保証し、そのように仕向けるところの持続的な性向を（学習によって）身につけた歴史的行為者たちが生産され再生産される経済的・社会的諸条件を無視する、という点で共通している。すくなくとも理念的には家族関係を支配している愛〔philia〕であるにせよ、人間あるいは機関（たとえば有名ブランド）に与えられた信頼であるにせよ、こうした「信頼」あるいは「信用」関係は（古い企業に寄せられる信頼を企業が克服しなければならなかった危機的試練の長さで説明しようとする者が想定するように）合理的な経済的計算のなかで、またそれによって必然的に基礎づけられているのではない。その関係は象徴的暴力が保証する持続的支配に常に何らかのものを負っているのである。

こうしたパースペクティヴのもと、再分配のすべての形態（これは必然的に誇示的なものである）を分析する必要がある。個人（もちろん、ほとんど常にもっとも富裕な者。ポール・ヴェーヌが分析した古代ギリシアの有力者の大盤振る舞い〔évergétisme〕のように。[28] また、国王や大貴族の祝典の際の施しのように）、あるいは制度、企業（社会貢献を謳うその財団）、さらには国家さえもが、善行に与えられる信用を土台とする認知＝感謝《ルコネサンス》の持続的な非対称的関係を再分配によって作り出そうとする。さらにまた、象徴的権力は、ポトラッチにおけるように、まずはひとりの個人のために蓄積されるがゆえに（被利益者集団《クリヤンテル》の個人的獲得をとおして。また、絶対王政の時代のように、贈与、生活手段、役職、名誉の分配をとおして）人格的権力の根元であったわけだが、官僚的再分配を介して次第に非人格的な国家的権威の根元になっていった長い過程を分析する必要がある。この官僚的再分配は原則的には「国家は贈り物はしない」（私人に）という規則に従っておこなわれるが、汚職が例証するように、さまざまな形の個人的取得と馴れ合い的授益を完全に排除するものではない。このように、再分配を介して、租税は経済資本が象徴的資本に変換する象徴的生産のサイクルのなかに入る。ポトラッチの場合とおなじように、分配の認知を確保するためには再分配が必要である。もちろん公式的な解釈では、再分配は分配の不平等を修正することを目的とするが、しかしまた、そしてとくに、国家の正当性の認知を生み出すことを目的としている。これは福祉国家を敵視する者たちがその近視眼的計算のなかで忘れてしまっている多くの事柄のひとつである。

贈与交換というのは、これにおいて、またこれによって社会が美徳と無私というみずからの夢を賞讃する集合的偽善であるが、この贈与交換をとおして見えてくるのは、美徳とは政治的な物《ショーズ》であるということ、美徳は、漠然とした「職業倫理《デオントロジー》」のほか何の拠り所もなしに、個人の意識や意志の個別的で孤立した努力に、あるいは聴罪司祭的決疑論の「意識の検査《エグザマン・ド・コンシアンス》＝内省」に任せてはおけない、任せてはいけない、ということである。ネオ・リベラリズムの蔓延とともに個人的成功、それも経済的成功が持てはやされている。そのために、「犠牲者を責める」手口をますます巧妙に探しているかのように、これまで以上に政治的問題が道徳的問題として提起されるようになっているにもかかわらず、制度のなかに集合的に投資することの必要性が忘れられてしまっている。美徳の経済的・社会的条件を作り出す諸制度への投資である。言い換えれば、集団《グループ》に対してなされた贈与としての無私と献身という市民的美徳が集団によって奨励され報われるようにする諸制度への投資である。気前のよさ《ジェネロジテ》＝高邁さと無私《デザンテレスマン》は可能かといった、まったく思弁的で典型的にスコラ的な問いに、贈与経済におけるとおなじように、行為者と集団が無私と気前のよさ＝高邁さとに利益を見出しうるような、言い換えれば、普遍的に尊敬されている「普遍的なものへの尊敬」の諸形態を尊敬する性向を獲得しうるような世界を創出するためにはいかなる手だてを講ずるべきかという政治的問いを置き換えなければならない。

ケーススタディ2　労働の二重の真理

贈与とおなじく、労働をその二重の真理において、客観的に二重の真理において理解するためには、第二の逆転をおこなわなくてはならない。分析の対象を構築するためには反ドクサ的な第一の逆転によって労働についての「主観的な」真理と縁を切らなければならなかったわけだが、この主観的真理を理論のなかに取り入れることを怠るスコラ的誤謬と縁を切るためには、この第二の逆転が必要なのである。賃金労働をその客観的真理において構成するために必要だった強引な客観化は、この客観的真理は主観的真理に逆らうことで獲得されなければならなかったのだという事実を忘れさせてしまった。主観的真理は、マルクス自身が指摘しているように[29]、ある種の例外的な労働状況においてでなければ客観的真理とはならない。労働のうちに、固有の利益を、単なる金銭的所得に還元できない利益を見出させる労働への投資は、つまり搾取という労働の客観的真理の誤認は労働の遂行の、そして搾取の現実的条件の一部をなしているのである。

極限への（理論的）移行の論理が、これらの条件はごくまれにしか実現しないということ、また、労働者が自分の労働から賃金しか期待しないという状況は、少なくともある種の歴史的文脈（たとえば一九六〇年代のアルジェリア）では、しばしばきわめて異常なものとして生きられるということを忘れさせる。労働の経験は二つの極限、強制労働（これは外的な拘束によってのみ決定される）

とスコラ的労働（その極限は芸術家あるいは作家のほとんど遊び的な活動）のあいだに位置している。前者から遠のけば遠のくほど直接金銭のために働く度合いが低くなる。労働の「利益＝興味《アンテレ》」が、労働を遂行するという事実に固有の満足感が増大する。同様に、職業名あるいは職業的ステイタスにともなう象徴的利潤にむすびついた利益＝興味、また労働の内在的利益＝興味と併行することが多い労働関係の質とむすびついた利益＝質も増大する。（失業は賃金の喪失だけでなく、それとおなじくらい、労働と労働世界に関連する存在理由《レゾン・デートル》の喪失に由来する象徴的痛手を与える。それはまさに労働がそれ自体利益をもたらすからである。）労働者はまさに、労働を自分のものとする自分の努力によって自分の搾取に協力する。その努力は、彼らに残された、ほとんどの場合きわめてわずかな、そしてほとんど常に「機能的な」自由を介して、また、界として機能する職業的空間の構成要因である差異（単能工員、移民労働者、若年労働者、女性労働者との）から生まれる競争の作用によって、(30) 彼らを労働に縛りつけるのである。マルクスが「天職先入見」と呼んだような性向（「プロ意識」「道具の尊重」など）、そしてある種の条件（とくに職業的世襲の場合）のもとで獲得される性向が労働自体のある種の特性のなかにその現勢化条件を見出すとき、その事態はとくに顕著になる。職業空間内部における競争（たとえば賞与とか象徴的特典）も、作業の編成において認められるある裁量幅――労働者がある程度の自由の余地を獲得し、労働契約のなかに規定されていないこの余剰努力（これを拒否し解消しようとするのがまさに遵法闘争である）を自分の労働に投資することを可能にする裁量幅――も、これを助長する。

つまり、労働者が自分の労働をコントロールする度合いが高ければ、それだけ主観的真理は客観的真理から遠ざかると仮定することができる（たとえば下請け職人や食品加工企業傘下の自営農家の場合、搾取は自己搾取の形をとる）。また、働く場所（事務所、部署、企業）が競争の空間として機能し、厳密に経済的な次元に還元できない争点、代償として受け取る経済的利益と不釣り合いな投資をせしめるような争点が生まれてくると、やはり主観的真理は客観的真理と大きく乖離することになる（たとえば、企業の研究部門、広告業、マスコミなどにおける文化資本保有者に対する新たな形態の搾取。また、経済的には低コストの象徴的利益での支払い。たとえば、成果に対する賞与などはその経済的価値とおなじくらいその差別化的効果によって作用するわけである）。

さらに、これら構造的要因の効果はもちろん労働者の性向に左右される。労働に投資する、そして客観的真理を誤認する傾向性は職種に書き込まれている集合的期待がその職種に従事する者たちの性向と一致すればするほど大きくなる（たとえば検査業務に従事する下級公務員の職務への忠実さ、厳格主義）。一見もっとも「主観的」、もっとも「個人的」な要因も現実を構成する一部をなしているのである。そのことを個々のケースについて分析し、行為者の表象——ときに現実主義的、しばしば虚構的、ときに幻想的な、しかし常に部分的な、そして常に部分的に効果的な表象——を統合しうるようなモデルのなかで説明しなければならない。

生産ライン労働のようにもっとも拘束的な労働状況においては、労働への投資は労働への外的拘束と反比例的に変化する。その結果、多くの労働状況において労働者に与えられた自由裁量の余地《マルジュ・ド・リベルテ》

（作業内容の指示に曖昧さを残して遊び《ジュー》の可能性を認める）は中心的な争点となる。この自由は不労働、さらにはサボタージュ、スピードダウンなどの危険を導入する。しかし労働への投資と自己搾取の可能性をも開く。それは主として、その自由がどのように知覚・評価・理解されているかによって左右される（したがって知覚図式、とくにその職業の伝統、労組の伝統、またその自由が獲得された、あるいは勝ち取られた状況の記憶、以前の状況に左右される）。パラドクサルなことだが、その自由がグローバルな拘束というその真の意義を隠蔽することに寄与しうるのは、まさに、その自由が闘争の成果（たとえばタバコを吸う、工場内を移動する自由）あるいは特権（古参労働者や熟練工に認められる特権）として知覚されているからこそである。小《ちい》さなことへの大きな執着、これが他のすべてを忘れさせる（たとえば精神病院《アズィル》で、古くからの患者に認められた小さな特典が病院を忘れさせ、「精神病院化《アズィリザシオン》」（病院への漸次的適応）の過程に投げ込む。ゴフマンが記述したような、個人的あるいは集合的に獲得したちょっとした特典が「工場化《ユズィニザシオン》」の過程で果たす役割と似ている）。支配層の戦略はソクラテスの足かせ原理と呼ばれる原理に依拠している。拘束と締め付けの強化とその部分的緩和を交互に繰り返す。これで以前の状態への回帰を特権のように、より小さい悪を善のように思わせるわけである（そして、古参の労働者、また、このようなアメとムチの交替とその効果の記憶を保っている組合幹部を、ときに保守的と見えることのある位置取りをさせるところの曖昧な位置に追い込むのである）。(31)

こうして行為者が獲得する（そして、いわゆる「抵抗」理論が、復権をはかるつもりで、創造性の証明としてもてはやす）遊びの自由は彼らがおのれの搾取に寄与するための条件となりうる。まさにこの原理に依拠して現代的マネージメントは、一方で利益獲得の手段のコントロールは確保しながら、労働者が自分の労働を組織する自由を彼らに残す。そうすることで彼らの生活を向上させると同時に、彼らの関心を労働の外的利益（賃金）から内在的利益に移動させるのである。企業経営の新しい技術、とくに、「参加型マネージメント」の名でくくられるすべての技術は、労働の両義性が経営者の戦略に客観的に提供するすべての可能性を方法的かつ体系的に利用しようとする努力である、と理解することができる。たとえば管理者が労働者に剰余労働と自己搾取を遂行させることを可能にする官僚的カリスマ性とは逆に、労働への投資を促進することを目的とする新しい操作戦略――「ジョブ・インリッチメント」、イノベーションとそのコミュニケーションの奨励、「QCサークル」、恒常的評価、オートコントロール――は、科学的な研究（一般的研究、あるいは特定の企業に適用される応用研究）を基礎にして明示的に言表され意識的に練り上げられている。

労働者が自分の労働を全面的にコントロールするという夢がすくなくともいくつかの場所では実現しているという幻想を抱く者もいるが、新しいマネージメントが行使する象徴的暴力の隠された諸条件を忘れてはならない。このソフトな暴力は古い管理方式の野蛮で目に見える拘束に頼ることは排除するが、ひとつの力関係に依拠していることには変わりない。この力関係は解雇の脅威のなかに、また占めている位置の不安定性に由来する、巧妙に維持される不安のなかに透けて見える。そこから、管理職がつとにその効果を知っている矛盾が生まれる。象徴的暴力の諸要求（これは支配関係の客観的真理を隠蔽し変貌させる最大限の努力を要求する）とこの暴力の行使を可能にする構造的条件とのあいだの矛盾である。この矛盾は営業的・財政的調整手段としてのポスト削減措置が構造的暴力を剥きだしにする傾向が強まるに連れて大きくなる。

認識様式の認識

ある科学界において成し遂げられた成果は、第一の種類の認識、すなわち世界の意味についての直接的＝無媒介《イメディアット》の（自己を認識しない）認識から、同時にまた、第二の種類の認識、すなわち第一経験の現象学のような主観主義的な認識、あるいは構造と統計的規則性の分析のような客観主義的な認識から脱却して、第三の種類の認識、すなわち、これら二つの認識様式に固有の論理とそれらを分ける差異との認識を基礎にしながら、これら二つの最初の認識様式を統合することができるような認識に到達することを可能にしてくれる。この第三種の認識は一部の選りすぐられた人々にのみ与えられる絶対的な知などといったものではない。それは漸進的な、そして集合的に獲得された成果であり、その「主体」（「主体」の言語を何としても語りたいとしたらの話だが）は個としてのエゴではない（偉大な始祖たちの役割は何ものにも代えがたいものであろうとも）。その主体は蓄積と完成のある段階に達した科学界、そして界がまさに機能していることによって課してくる常にきびしくなる拘束と、界の最新の要求に沿いながら界が養成し武装する行為者たちの性向とのあいだの闘争をはらんだ共犯関係をとおして、以前の成果を常に取り入れていく科学界の論理である。相対化されるのではないかという危惧からそれを十分に活用しないことがよくあるにしても、社会科学は対象の認識において獲得した成果（とくにハビトゥスと界の関係の理論）を、認識主体をよりよく認識するために、したがって主体が対象を認識する操作の（スコラ的な）限界をよりよくコントロールするために、利用することができるという特権を持っている。「主体」の哲学は「主体」を万人に普遍的かつ直接的に与えられたものと仮定し、社会科学をこの「主体」のステイタスに対する最悪の脅威と見なしているが、社会科学こそは、「主体」という語に共通して込められているものに真にアプローチすることを可能にしてくれるような、世界と自己に関する認識手段をもっともよく生産し提供することができるものなのである。

注

（1）一部の者たちが、ハビトゥスをいわゆる「性格」、すなわち社会的に形成された、生涯にわたって固定し確定した運命の社会的一変種と考えたのは、機械主義的な学習観によってハビトゥス概念を考えたからであろう。

（2）Pascal, *Pensées*, Br., 404.

（3）Pascal, *Pensées*, Br., 151.〔「ポール・ロワイヤルの子どもたち」というのは、ポール・ロワイヤル修道院付属の学校の生徒たちのこと。〕

（4）K. Popper, *Misère de l'historicisme*, Paris, Plon, 1956, p.10.

（5）Francine Pariente：口頭発表。

(6)ある種のブルジョア的な初期教育の社会分析の範例的文献として次の書を推奨する。Fritz Zorn, *Mars : je suis jeune, riche et cultivé et je suis malheureux, névrosé, seul*, Paris, Gallimard, 1979.

(7)〔訳注〕このイルーシオの生成の分析は次の書でより詳細に展開されている。P. Bourdieu, *La Domination masculine*, Éditions du Seuil, 1998.

(8)Pascal, *Pensées*, Br. 294.

(9)〔訳注〕アルチュセールの用語。

(10)J. Baldwin, *The Fire Next Time*, New York, Vintage International, 1993, p.26.

(11)Pascal, *Pensées*, Br., 82.

(12)A. Schutz, *Collected Papers*, I, *The Problem of Social Reality*, La Haye, Martinus Nijhoff, s. d., p.145.

(13)D. Hume, « On the First Principles of Government » (1758), in *Politicdal Essays* (éd. par K. Haakonssen), Cambridge, Cambridge University Press, 1994, p. 16-19.

(14)Pascal, *Pensées*, Br., 324 . また 327.

(15)Pascal, *Pensées*, Br., 328.

(16)B. G. Glaser, A. Strauss, *Awareness of Dying*, Chicago, Aldine, 1965, p. 274-285.

(17)Cf. P. Champagne, *Faire l'opinion*, Paris, Éditions de Minuit, 1990.〔邦訳『世論をつくる』宮島喬訳、藤原書店、二〇〇四年〕

(18)P. Bourdieu, *Travail et Travailleurs en Algérie*, IIe partie, *op.cit.*, p.303 *sq.*, et *Algérie 60*, Paris, Éditions de Minuit, 1977, p.77 *sq.*〔邦訳『資本主義のハビトゥス』原山哲訳、藤原書店、一九九三年〕

(19)N. Goodman, *Ways of Worldmaking*, Hassocks, The Harvester Press, 1978, p.7.

(20)P. Bourdieu, *Esquisse d'une théorie de la pratique*, Genève, Droz, 1972 および *Le Sens pratique*, *op. cit.*

(21)Cf. M. Mauss, *Œuvres*, Paris, Éditions de Minuit, 1974, II, p.117 :「われわれは、われわれのあいだで、

あれこれの結果を期待して、われわれのあいだにいる。社会にいる。」

(22) 真の贈与、真に贈与である贈与という問題——規則の真の尊重、規則を越えたところに行くことを命ずる尊重という問題もおなじ類だが——を論じてジャック・デリダは義務と、もっとも大きな犠牲——義務に適合した形で遂行されたにすぎないのに純粋に義務に従って遂行されたと信じられている犠牲——の背後に「自己愛のひそかな衝動」を見出す可能性という古いカント的問題を新しい言葉で定式化している。(この種の問いは歴史的にビザンティンのサロスのうちに確認される。この人々は自分のもっとも聖なる行為が聖性と結びついた象徴的利益によって鼓吹されているのではないかという危惧のなかで生きていた。次を参照。G. Dagron, «L'homme sans honneur ou le saint scandaleux», *Annales ESC*, juillet-août 1990, p.929-939)。気前のよい＝高邁な性向を原理とする気前のよい＝高邁な行動すべてを「気前のよさ＝高邁さに適合した」ものにすぎないとして拒否すれば、無私な行動の可能性を否定せざるをえなくなる。カントとおなじである。カントはおなじような意識あるいは志向の哲学の名のもと、「病理的な」決定に従っているのではないかという疑いをかけられないような、義務に適合した行動はなにひとつ考えられなかった。(cf. J. Derrida, *Passions*, Paris, Galilée 1993, p87-89.「義務を越えた義務」「法」「義務のない必然」としての(真の)贈与については次を参照。J. Derrida, *Donner le temps*, 1 *La fausse monnaie*, Paris, Galilée, 1991, p.197)。

(23) 情念と利害あるいは徹底的に経済的な動機との分離、十七世紀と十八世紀に進行した分離については次を参照。A. Hirschman, *The passions and the Interests*, Princeton, Princeton University Press, 1977.

(24) P. A. Samuelson, *Foundations of Economical Analysis*, Cambridge, Mass., Harvard University Press, 1947, p.90.

(25) É. Benvéniste, *Le Vocabulaire des institutions indo-européennes*, Paris, Éditions de Minuit, 1969.

(26) Cf. P. Batifoulier, L. Cordonnier, Y. Zenou, « L'emprunt de la théorie économique à la tradition sociologique, le cas du don contre-don », *Revue économique*, 5, septembre 1992, p.917-946.

(27) Pascal, *Pensées*, Br., 471.

(28) P. Veyne, *Le Pain et le Cirque. Sociologie historique d'un pluralisme politique*, Paris, Éditions du Seuil, 1976. とくに p.185-373.

(29) 利潤率の差を均等化することは労働力の流動性を前提とする。そして労働力の流動性はとりわけ「自分の労働の性質〔Inhalt〕に対する労働者の無関心、生産のすべての分野における労働の可能な限りの単純化、天職先入見の労働者による放棄」を前提とする。(K. Marx, *Le Capital* – III, 2ᵉ section, chapitre X, Paris, Gallimard, « Bibliothèque de la Pléiade », II, 1985, p.988).

(30) 対照的に、価値づけられ、価値づけるものと見なされた労働の経験の社会的条件が不在であることの結果を観察することができる。(cf. L. Duroy, « Embauché dans une usine », *Actes de la recherche en sciences sociales*, 115, décembre 1996, p.38-47).

(31) おなじ原理が定員削減の脅威にさらされた企業労働者の集合に適用されることもある(三万人削減の計画で、実際の解雇者がたとえば五千人の場合、特典あるいは闘争の成果と思わせることができる)。

VI

社会的存在、時間、実存の意味

スコラ的状況は、その定義からして、ふつう時間と呼ばれているものに対して、きわめて自由な関係を含意している。というのは、スコラ的状況は、緊急性を棚上げさせることによって、なすべき物事《ショーズ・ア・フェール》、実業《アフェール》の繁忙性と圧力を棚上げさせることによって、「時間」を物《ショーズ》と見なさしめ、時間に対して外在性の関係、対象を前にした主体という関係を維持せしめるからである。この見方は時間を物として扱う日常言語の習慣によって強化される。日常言語では、時間は「ある」「稼ぐ」「失う」「不足する」、「どう使うかわからない」物《ショーズ》である。デカルト主義者流の観念論的見方の身体＝物とおなじく、時間＝物、つまり時計あるいは科学の時間はスコラ的視点の産物である。スコラ的視点は、時間を、予め与えられた、即自的な現実、実践に対して先行的かつ外在的な現実、あるいはすべての歴史的過程のアプリオリな（からっぽな）枠組みと見なす時間と歴史の形而上学のなかに自己の表現を見出したのである。行動する行為者の視点、「時間化」としての実践の視点を再構築することによって、そして、実践は時間のなかにあるのではなく、時間（生物学的あるいは天文学的時間と対立する、まさに人間的な時間）をつくるのであることを明らかにすることによって、このスコラ的視点と縁を切ることができる。

まだ非現働的《イナクテュエル》な現実を現働的《アクテュエル》な関心の中心として構成することができるためには、フッサール流に言うと、まだ非現働的な現実を「現在化する《プレザンティフィエ》」ことができるためには、いま現働化したものを「非現在化する《デプレザンティフィエ》」必要がある。つまり、いま現働化したものを非現働的なものに、知覚されない背景の状態に、自分が関わった、またふたたび関わることになるかもしれない周縁部に送り返す必要がある。(1) それゆえに、関心を持つということ、何らかの現実を関心の中心として構成するということは、「現在化《プレザンティフィカシオン》―非現在化《デプレザンティフィカシオン》」「現働化《アクテュアリザシオン》―非現働化《デザクテュアリザシオン》」「関心《アンテレ》―没関心《デザンテレ》」の過程を始動させることである。すなわち直接的に知覚された現在との関係（これは投企とはまったく無縁なものである）のなかで、「自己を時間化する」、時間をつくるということである。世界を興味《アンテレ》のないもの、重要でないものとして把握する無関心とは反対に、イルーシオ（すなわちゲームへの関心《アンテレ》）は、ゲームに、またゲームの未・来《ア・ヴニール》に投資するように、つまりゲームに捕われている、そしてゲームに何ものかを期待している者たちにゲームが提起するルシオネス〔lusiones〕(2)、つまりチャンスに投資するように導くことによって、実存に意味《サンス》と方向《サンス》を与えるところのものである（時間を棚上げにしてしまうには、イルーシオを幻想として構成しさえすればよい、関心を、そしてイルーシオが始動させる前方への逃避、気晴らしへの逃避を棚上げにしさえすればよいという思い込みの根拠はここにある）。

先・占有《プレ・オキュパシオン》（気懸り）という普通の経験、未・来への没入（この状態では時間は知覚されることがない）という普通の経験をその真理において復元することができるためには、時間的経験についての主知主義的な見方――将来《フュテュール》との関係に、それとして措定された目的ないし可能態をめざす意識的投企《プロジェ》という以外の関係を認めない主知主義的な見方――をしりぞけなければならない。いつものことだが、この典型的にスコラ的な表象は、実践的な見方に反省的な見方を置き換えるところから出てくる。だが、フッサールは次のふたつのことを明確に立証した。まず、将来《フュテュール》を偶然的将来というその真理において意識的にめざすこととしての投企《プロジェ》は、未来志向《プロタンシオン》――ちょうど立方体の隠れた面のように、目に見えるもののなかにほとんど現在として与えられている未・来《ア・ヴニール》を前反省的にめざすこととしての未来志向――と混同されてはならない、つまり、直接的に知覚されるものとおなじステイタスの（ドクサとおなじ様態の）信念と混同されてはならないということ。次に、未来志向は、スコラ的反省のなかで捉えなおされたときにはじめて、遡及的に、（実践においては実はそうでないにもかかわらず）投企として現われることができるのである、ということ。（明日真あるいは偽であるだろうことはすでに今日真あるいは偽であるにちがいない、という真偽問題は観察者には提起されるが、「現実化―非現実化」の過程が棚上げされる危機的な状況を除いて、ゲーム感覚が即時・無媒介にゲームの未・来に適合する行為者には無縁である。にもかかわらずこの真偽問題を実践に対して提起するから、偶然的将来についてのあらゆるパラドクスが発生してくる(3)。）

　差し迫った未・来は現在である。事物の現在の属性として即時・無媒介に見えるものである。起こらないという可能性――起こらないかぎり理論的には存在する可能性――を排除するものである。このことは情動、たとえば恐怖の場合を見ればよく分かる。先取りされた状況が発動させる反応に似た身体の反応、とくに内分泌が示しているように、恐怖は未・来（襲いかかってきそうな犬、突進してくる車）を、すでにそこに在るものとして、取り返しの利かないものとして（「もうだめだ」「おしまいだ」）生きる(4)。しかし身体が、世界において現実に賭けの焦点となって、世界の未・来に捕まってしまう、こうした極限状況でないときでも、われわれが普通の行動においてめざすものは偶然的将来ではない。すぐれたプレーヤーは、パスカルの例に倣って言えば、ボールを「じょうずに打ち込む」者、あるいはボールの在るところではなく、ボールが落ちるところに身を置く者である。いずれの場合も、彼がそれに対して自己を決定する未・来は来ることもあれば来ないこともある可能態ではない。ゲームの現況のなかに、またパートナーあるいは相手の現在の位置と姿勢のなかにすでに在る何ものかである。

未・来への現存

こうして、時間の経験はハビトゥスと社会世界のあいだの関係、ある仕方で存在し行動しようとする性向と自然的あるいは社会的コスモス（つまり界）のあいだの関係のなかに生成する。より精確に言うと、社会的ゲームへの投資としてのイルーシオの構成要因である実践的期待あるいは願望と、社会的ゲームに内在的な諸傾向性、つまりこれら傾向性がそれら期待にもたらす充足可能性、当該ゲームの特性を示す期待値、つまりルシオネスの構造とのあいだの関係のなかに成立する。即時的現在のなかに書き込まれた未・来《ア・ヴニール》の実践的先取り、つまり未来志向《プロタンシオン》、つまり前・占有は時間経験のもっとも普通の形態である。時間経験というのは、身近な世界の自明性の経験とおなじく、パラドクサルな経験である。というのも、そこでは時間は実感すべきものとして与えられないから、いわば気づかれぬままに経過するからである（何かに熱中していた者はよくこう言う。「時間が経つのに気が付かなかった」)。

時間(あるいはわれわれがこう呼んでいるもの)は願望とチャンス、つまりイルーシオとルシオネス、つまり期待と期待を満たしにやってくる世界とのあいだのほとんど自動的な一致が破れたときにはじめて真に実感される。そのときわれわれは、世界の流れ――それに対してわれわれが全面的な力を持っているわけではない、またはまったく力を持っていない天文学的運動(たとえば季節の循環)、あるいは生物学的運動(たとえば加齢)、あるいは社会的過程(たとえば家族の生活サイクルとか官僚のキャリア)といった世界の流れ――とそれらに関連する内的な運動(イルーシオ)とのあいだの暗黙の共謀関係が破れたことを実感する。まさに、先取りされたものと、ゲームの論理(先取りはこれに対して形成される)とのあいだのずれ、「主観的」(これは内面的とか心的という意味ではない)性向と客観的傾向性とのあいだのずれから、期待あるいは苛立ち(パスカルが言うように、「われわれは来るのが遅すぎるかのように、その流れを早めようとするかのように、未来を先取りする」状況)といった時間との関係、名残惜しさあるいはノスタルジア(現存して欲しいと思うものがもはやそこにないとき、あるいは消え去りそうなときに、「あまりに早すぎるので押しとどめようとして過去を呼び返す(5)」ときに実感する感情)といった時間との関係、倦怠あるいは「不満」(エリック・ヴェーユの読解によるヘーゲルの意味で、現在の否定と現在の止揚をめざす傾向性とを内含する、現在に対する不満足)といった時間との関係が生まれるのである。

(未・来への没入は将来への現存、それとして経験されない現存であるが、それは「自由時間」

の経験の諸形態、過労気味の管理職層にとくに人気のある諸形態と対立する。たとえば、界に組み込まれている、したがって競争に組み込まれている事態を棚上げすることによって（よく「頭を空っぽにして」「戦列から離れて」などと言われる）イルーシオ、つまり前・占有から解放されているがゆえに、休暇という時間的スコレーを時間から解放された生活として生きる経験である。場合によっては、家族やバカンスを目的としたクラブのような競争のない世界にみずからを組み込むこともある。虚構的な社会空間であるこれらのクラブは共通の争点を持たない、つまり（ジャーナリズムの見方によると堅苦しい衣服と肩書きを脱ぎ捨てて、ということになるが、それだけでなく）自分の社会的投資を脱ぎ去った互いに未知の者たちを集めるがゆえに、「解放された」「解放する」世界として生きられるのである。だが実は、特別な努力をするのでないかぎり、「自由な時間」が「なすべき物事」への投資の論理を免れるのはきわめてむずかしい。女性誌のスローガンに倣って言うと「バカンスを成功させる」ことを明示的な関心事とするまでにはいたらずとも、その論理はさまざまな形の——肌の焼き具合、人に聞かせる土産話や見せるべきお土産、写真やビデオ、ガイドブックのうむを言わせぬ推奨に従って訪れるべき、あるいは発見すべきモニュメント、美術館、風景、場所といった形の——象徴資本の蓄積競争に人々を駆り立てるのである。）

実践感覚の前・占有（すなわち前・占有がめざすものへの先取り的現存）がめざすものは、将来として構成されているのではない即時的現在のなかにすでに現存する未・来である。それとは逆に、投企《プロジェ》つまり計画《プレメディタシオン》は目的をそれとして措定する。すなわち、すべての目的のなかから選択され、同じ様態、つまり起こりうる、あるいは起こらないかもしれない偶然的将来という様態を付与された目的として措定する。企図、投企〔Vorsatz〕は表象〔Vorstellung〕と意図〔Absicht〕を前提する、そして意図は意図で抽象、主体と客体の分離を前提とするというヘーゲルの証明を受け容れるならば、投企が意識的なものと反省的なものの領域、ある可能態の現勢化というその客観的真理のなかで考えられる行動の領域に属するものであることが分かるだろう(6)。

現在とは人がそれに対して現存しているもの、すなわち(無関心、あるいは不在と対立する意味で)関心を持っているものの総体である。それゆえに現在は点的な瞬間に還元できない(点的な瞬間が出現するのは未・来が棚上げされる、客観的あるいは主観的に問い直される危機的な場合のみである)。つまり、現在とは、可能態として、あるいは客観的痕跡として即時的所与の中に書き込まれている実践的先取りと回顧を包括しているのである。ハビトゥスとは現在への過去の現存であり、この現存が現在への未・来の現存を可能ならしめるのである。それゆえにハビトゥスはおのれ自身の論理〔lex〕と力学〔vis〕を持っているから、外在的な因果関係に機械的に従うことはない。また、ハビトゥスは現在の状況による直接的かつ即時的決定に対するある種の自由を与える(これは機械論的な瞬間主義の主張するところとは対立する)。また、ハビトゥスが付与する(そして『燈台へ』のヒース色のストッキングのように偶発的で無意味な刺激が不均衡な反応を引き起こす時に顕わになる(7))ところの、即時的出来事(これは決定要因であるよりは発動要因である)に対する自律性は、ハビトゥスが導入する、そしてある未・来の方に方向づける過去への依存と相関関係にある。つまり、ハビトゥスは、それとして措定されることはないという共通点を持つところの、ある過去とある未・来とをおなじ照準のなかで結合するのである。すでに現存する未・来は（身体化された獲得物であるハビトゥスは過去の現存、または過去への現存であって、過去の記憶ではないのであるから）それ自体過去としてめざされることはけっしてない過去を基礎としてはじめて現在のなかで読まれることができるのである。

先取りする能力、事前に見る能力は実践のなかで、また実践によって、そして界と慣れ親しむなかで、また界と慣れ親しむことによって獲得されるのであって、記憶の努力によって思うままに動員することができる知とはまったく関係ない。この能力は具体的状況のなかではじめて発揮される。それは、相互鼓舞《ソリシタシオン・ミュチュエル》の関係で結ばれているかのように、それを呼び、また捉えるべきチャンスとしてそれが存在せしめる機会（他の者は気づかずに見逃してしまうだろう機会）と結ばれている。関心《アンテレ》は「興味《アンテレ》深い」事物の客観性との出会いという形を取るのである。パスカルが言っている。「われわれは自分を外部に飛び出させる事物に満ちている。われわれの本能は、自分の幸福は自分の外に探さなければならないと、われわれに感じさせる。われわれの情念は、その情念を掻き立てる事物が現われないときでも、われわれを外に押し出す。外の事物は、われわれがそれらのことを考えていないときでも、みずからわれわれを誘惑し、われわれを呼ぶ。であるから、『自分自身のうちに帰れ。そうすれば自分自身のうちに自分の善を見出すであろう』と哲学者たちが言っても無駄である。人は哲学者を信じない。信じる者たちはもっとも虚しい、もっとも愚かな者たちである。(8)」

なすべき物事、なされるべき物事〔pragmata〕は実践的認識の相関物であり、ハビトゥスを構成する願望あるいは期待の構造と社会空間を構成する確率の構造とのあいだの関係のなかで定義される。つまり客観的確率はゲームの未・来を先取りする能力としてのゲーム感覚を備えた行為者にとってのみ決定要因となるのである。（この先取りはハビトゥスの図式を活用する実践的前カテゴリー化にもとづいている。生活の規則性の経験に由来するハビトゥスの図式が、以前の経験との関連において、生活の偶然性を構造化し、予め吉あるいは凶、満足あるいは欲求不満をもたらす、というふうに分類された確率的な諸未来に対し実践的に先行することを可能にするのである。未・来についてのこの実践感覚は、チャンスの合理的な計算とはいかなる関係もない。そのことは、確率の明示的な評価とそれよりもはるかに精確で迅速な実践的先取りとのあいだのずれが証明している。また確率の明示的な評価よりも実践的先取りの方がはるかに精確かつ迅速であることはエイモス・トヴェルスキーとダニエル・カーネマンのよく知られた観察[9]が証明している。あるいは、エレベーターで一階まで降りるつもりが、誰かが待っていたために二階で止まったときに感じる意外感という、皆がしたことのある経験が証明している。この意外感は、われわれがエレベーターの下降に要する通常の時間についての見当を身体化して持っていることを示している。この見当は正確に何秒と言うことはできないが、きわめて精確なものである。二階と一階のあいだの差異はせいぜい数秒間なのであるから。）

ゲーム感覚《サンス》はゲームの未・来についての勘《サンス》である。ゲームの未・来を先取りするように予め性向づけられているハビトゥスがゲームのなかに予告されている未・来が起こるようにするために、なすべきことについての勘である（「それはなすべきただひとつのことだった」「彼はなすべきことをした」などとよく言うではないか）。言い換えれば、ゲームの歴史についての勘である。この勘はゲームの経験をとおしてのみ獲得される。それはつまり、未・来の切迫性と優先性は過去の産物である性向を条件としている、ということである。ゲーム感覚によって方向づけられた戦略は界に内在的な傾向――（とりわけもっとも効果的な戦略がもっとも無私な戦略として出現する界においては）明示的な予測の形で、ましてや行動の規準ないしは規則という形で、けっして言表されることのない傾向――の実践的先取りである。ゲームは、ゲームへの投資、ゲームへの関心を掻き立てると同時に前提するが、ゲームに期待する何かを持っている者に対して未・来を作り出す。逆に、投資あるいは関心はあるハビトゥスと、最低限の利益を保証する資本との所有を前提するから、ゲームのなかに、またゲーム固有の時間、すなわち未・来と未・来が提起する緊急性とのなかに行為者を導き入れる。投資あるいは関心は潜在的利益としての資本と釣り合っている。獲得のチャンスがある閾値以下になるとゼロになる。

（未来とおなじく過去は現在への投資、すなわちゲームへの投資と界を構成する争点への投資の産物である。過去の文化的オブジェ（モニュメント、家具、テクスト、絵画など）が、化石や廃墟、屋根裏部屋に忘れ去られた「アーカイヴ」のようにそれらの物質性において保存されるだけでなく、象徴的な死、死文の状態から奪い返されて、生命を維持させられる、すなわち、歴史的オブジェを定義する曖昧なステイタス――（博物館の展示品になった道具、機械、祭具のように）使用済みである、つまり元の用途、最初の界から切り離されていると同時に、しかし鑑賞と思索＝投機《スペキュラシオン》、論述、省察の対象として引き続き使用され活性化されているという曖昧なステイタス――のなかに維持されているということはもっと驚かれてしかるべきである。美術館に保存されている「古物《アンティキテ》」がなぜ「過ぎ去った」ものなのかを分析したなかで、この問題を提起したのはハイデガーのお手柄と認めてよい。しかし彼は、これら古物は「考古学と民族学の歴史資料的関心の対象」として歴史的なのであるかどうか、という問題を提起したかと思うとすぐに、いつも彼に「素朴人間学」の彼方に位置することを可能にしてくれるお得意の逆転を使って、この問題を斥けてしまう。歴史的対象をつくるのは歴史に対する歴史家たちの現在の関心ではなく、実存的分析の固有の対象である現存在〔Dasein〕の歴史性である、この現存在が歴史性と歴史的関心をつくるのだ、というのである。実際には、人が死後も生き延びるチャンスは自分が作った、そして自分の名を引いて自分を生き返らせてくれる子孫の数と質に依存するというアルジェリアのカビリア地方の信仰が想起せしめるように、過去の選択的生存《スュルヴィ》の原理は現在のなかに存するのである。技術的あるいは文化的オブジェが保存され引き続き賛美されるに値する昔の作品というステイタスにアクセスできるのは、それらが、物質的所有の独占、あるいは象徴的所有（時間のある一点において正当と見なされた解釈、「読み」、パフォーマンス）の独占のための競争の争点になったときである。それゆえに、専門家間の闘争のおかげで生き延びることができる秘教的なテクストであれ、それらに寄せられた信仰《クルワヤンス》の名において知覚図式を、したがってまた実践図式を変更することによって諸集団を動員することができる宗教的あるいは政治的な偉大なる預言的著作であれ、継承された文書は、それ自体は、それが惹起する闘争の現実的原因ではないし、またその純粋な口実でもない。当事者は常に、争点の価値はその根元をゲームのなかにではなく、争点となるものの内在的属性に見出すのであるかのように、振る舞うけれども。)

かくて社会的行為者が時間化するのは実践のなかで、また実践によって、そして実践が内含する実践的先取りを介してである。しかし社会的行為者が時間を「つくる」ことができるのは、彼らが界に適合したハビトゥスを備えているから、すなわち、ゲームの構造のなかに与えられる未・来を実践的に先取りする能力としてのゲーム感覚(すなわち投資感覚)を備えているからである。言い換えれば、なすべき物事として彼らに課せられてくる客観的潜勢態を現在の構造のなかに把握することができるように彼らが構成されているからである。カントが主張したように、時間はまさに構築行為の所産である。ただし、この行為をおこなうのは思考する意識ではなく、性向と実践である。

「継起・相続の順序」

投資は不確実性と結びついている。ただしこの不確実性は限定された、いわば規制された不確実性である(ゲームとの類比の妥当性はここから説明される)。主観的な願望と客観的なチャンスとのあいだのこの特別な関係、投資、利害＝関心《アンテレ》、イルーシオを定義するこの関係が成立するためには、客観的チャンスが絶対的必然性と絶対的不可能性のあいだに位置するのでなければならない。行為者はゼロ（サイコロのすべての振りで負ける）でもなければ、百パーセント（すべての振りで勝つ）でもない勝つチャンスを与えられていなければならない。言い換えれば、なにひとつ絶対に確実でない、かといってすべてが可能ではない、というのでなければならない。ゲームにはある程度の非決定性、偶然性、「遊び《ジュー》」が、しかしまた、偶然性のなかにはある種の必然性が、したがって認識の可能性が、適切な先取り――慣習が、あるいはパスカル[10]が作りあげようとした「不確実なもののために働く」ことを可能にしてくれる「確率決定の規則」が保証する先取り――の可能性がなければならないのである。（また事実、社会秩序は二つの限界のあいだに位置している。一方は根底的な、論理主義的あるいは物理学主義的決定論で、「不確実なもの」にいかなる余地も残さない。他方は全面的な非決定論である。物理的なものと心的なものとのデカルト的区別を盾にして自然世界には認める必然性を社会世界にはいっさい拒否する者たちの信条をヘーゲル[11]は「精神世界の無神論」と呼んで非難している。徹底的な非決定論者はいまでも少なくないが、ドナルド・デヴィッドソンはそのひとりである。「真面目な」決定論にもとづいた「厳密な」法則と「精確な」予測は物理の領域にしかありえないと断言している[12]。）

　社会世界に内在する諸傾向性との関係、また社会世界の規則性と規則のなかに書き込まれた確率との関係のなかではじめて、あるいは分配と再分配原理との安定性を、したがって、さまざまな「市場」におけるチャンスの安定性を保証するメカニズムのなかではじめて、ゲームに無関心・無関係でない《アンディフェラント》、ゲームで違い《ディフェランス》を作り出すことができる性向（選好、趣味）が形成される。そしてこの性向が希望と絶望を、期待と焦りを、その他すべての、それを介してわれわれが時間を実感する経験を生み出すことができるのである。より精確に言えば、議論の余地のない規則性を呈する社会世界との持続的対決の所産であるからこそ、ハビトゥスは、客観的なチャンスに（計算とはまったく無縁に）大ざっぱに適合した先取り、そしてそれら規則性の循環的強化に寄与しうる「適切な」先取りを介して、社会世界の蓋然的な流れへの最低限の適応を保証することができるのである（そのために、合理的行動仮説にもとづくモデル、とくに経済モデルに根拠づけるように見えるのである[13]）。

社会世界は賭け事ではない。ルーレットのように互いに独立した賭けの不連続の連なりではない（ルーレットの魅力は、ドストエフスキーが『賭博者』で示唆しているように、一瞬のうちに社会の最底辺から最高の位置に上昇しうるという点にある）。機会均等を言う者たちは、経済的ゲームであれ、文化的ゲーム（宗教界、法曹界、哲学界など）であれ、社会的ゲームはフェア・ゲーム〔fair games〕でないということを忘れている。イカサマというわけではないが、競争は何世代も前から続いている障害物競走に似ている。あるいは、各プレーヤーが自分に先行したすべてのプレーヤーのプラスあるいはマイナスの獲得物、すなわちすべての先祖のスコアを合わせたスコアを所有しているゲームに似ている。また、プレーヤーがプラスあるいはマイナスの利益を次第に蓄積していく、したがって大小さまざまな資本——彼らのハビトゥスに固有の（慎重さ、大胆さなどへの）傾向性、部分的にはこの資本の量に関わりのある傾向性と相まって、彼らのゲーム戦略を方向づける資本——を蓄積していくゲームと比較すべきである。

社会的ゲームは歴史を持っている。そのことからして、このゲームはプレーヤーの意識と意志から独立した内的力学の場である。客観的確率の構造を再生産しようとする、より精確には、資本と連関する利益のチャンスとの分布構造を再生産しようとする傾向性を持つメカニズムの存在と結びついた一種のコナトゥスの場である。傾向性とかコナトゥスという言葉を使うのは、ポパーとともに、確率関数が取る数値を、対応する出来事の発生力（ライプニッツはこれを出来事の「存在への意欲」〔pretentio ad existendum〕と呼んだ）をはかる尺度と見なすということである。社会世界の時間の論理を指示するために「継起・相続の順序」〔l'ordre des successions〕と言うことができるのはそのためである。というのも、この succession という語の「継起」「相続」という二重の意味によって、ライプニッツによるこの時間の定義は社会的再生産の論理、権力と特権の移譲（これはルシオネス、確率、あるいは客観的期待値の規則的な分布としての社会秩序の持続の条件である）の規則性と規則をも想起させてくれるからである。

何が社会世界のこの過剰性を決定しているのか。何が、可能態の空間を制限することによって、社会世界を生きることができるものにしているのか、ハビトゥスの実践的演繹を介して実践的に予見可能なものにしているのか。それはまず、（大体において）整合的であり、時間において（相対的に）恒常的であり、（多かれ少なかれ精密に）統合されている、そして（統計的に）みずからがその所産であるところの諸構造を再構成することをめざすハビトゥスの形で行為者に内在する諸傾向性である。他方それは、社会的領域、とくに界に内在する諸傾向性――意識と意志から独立したメカニズムの所産、あるいは既成の秩序の保存を確保するために明示的に整備された規則やコードの所産である諸傾向性――である（前資本主義社会は再生産のために主としてハビトゥスに依存するが、資本主義社会は主として客観的なメカニズムに依存する。たとえば経済資本と文化資本の再生産を保証することをめざすメカニズムである。これらのメカニズムに加えて、あらゆる形の組織的拘束（アルフレッド・シュッツが語っている郵便配達夫[14]のことを想起するとよい）がある。また、さまざまな実践、慣習、慣例、法のコード化（これらのうちのいくつかは、マックス・ヴェーバーが指摘しているように、予見可能性と計算可能性を保証するために意図的に整備された）がある）。

願望とチャンスのあいだの関係

時間的経験は二つの次元から構成されている。ひとつは主観的願望、他方は客観的なチャンス、より精確に言えば、行為者（あるいはその位置）に帰属するチャンス（「可能態《ピュイサンス》」と言いたいところだが）を統御する社会世界の内在的傾向性に対する現勢的あるいは潜勢的権力である。わたしはこれまで、これら二つの次元が万人にとって同一であるかのごとく、言い換えれば、すべての行為者が物質的・象徴的利益にたいして同じチャンスを持っている（したがって、いわば同じ経済的・社会的世界を相手としている）、と同時に、投資に対する同じ性向を持っているかのごとく議論を進めてきた。ところが行為者たちはきわめて不均等な（彼らの資本の量と構造によって定義される）権力を持っているのである。彼らの期待と願望はどうかといえば、これがまたきわめて不均等に配分されている（充足能力からすれば達成度が低すぎるというケースはあるが）。ハビトゥスの性向（これ自体たいていは位置に適合しているのだが）を介して願望は普遍的傾向として客観的なチャンスにほぼ一致する、という法則に従うわけである。

利益の主観的期待は利益の客観的確率に釣り合う傾向性を持つという、この人間行動の傾向的法則はさまざまな界に（金、労働、時間、感情などを）投資する意欲を統御する。こうして教育に投資する家族と子どもの意欲（これ自体、学業面での成功の重要な要因のひとつなのだが）は、彼らがみずからの資産と社会的位置の再生産のために教育制度に依存している程度によって、また、彼らが所有している文化資本の量と比較してこの投資に見込まれる成功のチャンスによって左右される。つまりこれら二つの種類の要因が相乗して、教育に対する態度と教育面での成功とにおける大きな差異（たとえば大学教員の子どもと工場労働者の子どもを、あるいは小学校教員の子どもと小商店主の子どもをも分ける差異）をもたらすのである。

意志がどれほど可能性に適合するか、欲望がどれほどそれを充足する能力に適合するかを見ていつも驚く。また、プラトンが語った、常にもっと持ちたいという欲望〔pleonexia〕は例外（もっともこの例外も後に見るように、根本法則から理解できるのだが）であることを発見していつも驚く。しかもこのことは、学校教育の一般化によって学歴の価値が低下し、構造的な階層脱落《デクラスマン》が進み、同時に賃金労働の不安定が一般化するにつれて、願望とチャンスの乖離がより頻繁になる社会においても妥当するのである。行為者が社会空間におけるおのれの現勢的・潜勢的位置を守るために、あるいはより広く、おのれの自己像（これは常に他者によって媒介される）を守るために駆使する戦略は性向が作り出すわけだが、その性向それ自体がその戦略が展開される状況と同一の、あるいは相似した状況に由来しているとき、その戦略はその状況に客観的に適合する（かといって、それはその戦略が行為者の利害に必然的に一致することを意味しない）。たとえば、被支配階級の成員を、他の性向の持ち主から許しがたい憤激すべき状況と判断されるような客観的状況と折り合うように仕向ける現実主義的な性向、それどころか成り行き任せの、あるいは運命論者的な性向が合目的性の外観を持つのは、まさに、現実への適応というパラドクサルな反合目的性によって、その性向が抑圧の条件を再生産することに寄与するということを忘れているからである。

このように権力（つまり資本、社会的エネルギー）は各プレーヤーに客観的に提供されている潜勢態、彼の可能性と不可能性、彼の威力、彼の貫禄、また同時に、根本的に現実主義的であるがゆえに、彼の実力とほぼ見合っている彼の権勢欲を統御する。一定程度の権力によって定義された条件のなかに早期から持続的に組み込まれていることはその条件が提供する、あるいは拒否する可能性を経験することをとおして、これらの潜勢態に（傾向的に）釣り合おうとする性向を身体のうちに持続的に形成する。ハビトゥスとは、現在の状況のなかに書き込まれている可能性の知覚と評価を方向づけることによって、可能性に客観的に適合した実践を作り出そうとする「存在力」〔pouvoir-être〕である。

この適合の現実主義を理解するためには、生存条件によって課せられた条件づけの自動的効果に、家族や同輩集団、教員がおこなうまさに教育的な介入が加重されるという事実を考慮に入れる必要がある。この（成績評価、助言、命令、勧告といった）介入は願望をチャンスに、欲求を可能性に適合させること、可視的あるいは不可視な、明示的あるいは暗黙の境界を先取りし受け容れることを意図的にうながす。達成不可能な目標に向けられた願望を正当でない思い上がりとして意気阻喪せしめることによって、こうした警告は必然性からの処罰を強化する、あるいはその先手を打つ。そして、願望を、より現実主義的な、つまり、占めている位置に書き込まれているチャンスにより合致した目標に向かわせるのである。それゆえに、すべての道徳教育の原理はこう表現できる。「きみが社会的に現にある者（そしてなるべき者）となれ。きみがなすべきであることをなせ。きみに課せられていること、きみに固有に属していることをなせ」。これはまさにプラトンの「みずからの役目をはたす」〔ta autou prattein〕に他ならない。つまり、自己を越えることを励ますこともあれば（「ノブレス・オブリージュ」）、適切さの範囲内にとどまるよう勧めることもある（「きみには向いてないな」）存在義務〔devoir-être〕である。

技術的学習という機能によって覆い隠されることが他の儀礼より少ないがゆえに願望の社会的操

作が歴然と目に見える叙任儀礼は家族集団が行使しようとするすべての示唆行動の極限的ケースに他ならない。厳粛な催告・警告として、叙任儀礼は(割礼の場合なら、男児を男児として)叙任するという非通常《エクストラ・オルディネール》な遂行的行為――すべての集団が新成員に加える、連続的な、微小な、気づかれないことが多いすべての介入をひとつの社会的にきわめて強烈な不連続な介入のなかに凝縮している行為――に集合的・公共的形態を付与する。各種の辞令に記されている参照事項や指令がそうだが、ありとあらゆる命令・禁止が暗示的に、あるいは遠回しに、または相互行為のなかに実践的に書き込まれた形で、コドモに向けて発せられ、コドモが自己の(類的あるいは個的)行動能力、自己の価値、自己の社会的存在についての自己表象を決定することに寄与するのである。

余談　さらにいくつかのスコラ的捨象

マックス・ヴェーバーのように「典型的チャンス」とか「平均的チャンス」を論ずることができるのは、関与するメカニズムの現実的理解を妨げる捨象をおこなっているからである(この概念にはしかし、経済理論が暗黙裏に持ち込む諸前提、とくに投資はそれ以前に見込まれた、あるいは実際に獲得された利益率に適応する傾向があると措定するときに持ち込む諸前提を明示化するというメリットがある)。「客観的に平均値として存在する」類的チャンスと「主観的期待」とのあいだには理解可能な因果関係がある[15]という仮説を立てるのは、第一に、行為者と行為者を決定する原理とのあいだの差異を捨象することができる、と仮定するにひとしい。第二に、行為者は「合理的に」あるいは「適切に」行動する、すなわち「客観的に価値のある」[16]ことを参照しつつ行動する、あるいは「参加者のすべての状況とすべての意図について知識を得ていたかのように」[17]（ちょうど、すべての事情を知った上で遂行された行動が適合すべき客観的チャンスのシステムを、ひとりで、計算によって、そして一般的には戦闘の済んだ後になってはじめて、構築することができる科学者のように）行動する、と仮定するにひとしい。

（さまざまな市場が提供する平均利益率のような）「潜勢的機会」に対する交換可能な、非決定な行為者の「合理的回答」という、合理的行動についてのヴェーバーの定義はわたしにはスコラ的非現実主義の典型的な例であると思われる。行為者が、状況について合理的決定が要求するすべての情報を集めることができることは実践的にけっしてないこと、いずれにせよ行為者は情報においてきわめて不均等に配分されていることを、どうして否定することができようか。この異論を回避するために、ハーバート・サイモン[18]のように、所有している情報の不確実性と不完全性によって、また人間精神の計算能力の限界によって常に一般的に制限されている「限定合理性」〔bounded rationality〕を持ち込んだり、また、最大化の意図を「受け容れ可能な最小値」の追求として控えめに定義しなおしたりして、欠陥のあるパラダイムを用意するだけでは不十分である。

「合理的先取り」理論にとどまることも不可能である。この理論は、先取りと確率のあいだの対応を措定するがゆえに一見したところ事実により近いと見えるが、非現実的かつ抽象的である。顧望とチャンスは不均等に分布していること、この分布はさまざまな種類の資本の不均等な分布に対応していることを無視しているため、この理論は、必然性から十分に切り離されているので経済的な構造と経済的な性向のあいだの高度な対応を特徴とする経済世界に合理的に立ち向かうことができる科学者の特殊なケースをそれと知らずに普遍化しているだけなのである。同様に、慣例的かつ条件つきの刺激に反応するべく予め性向づける条件づけの所産としてのハビトゥス理論に一見きわめて近いけれども、確率は個人の「信念の合理性の程度」として解釈することができるというベイズの決定理論[19]は（新しい情報を信念の構造のなかに同化することという意味での）「条件化」に持続的効果をまったく付与していない。ベイズの決定理論は、さまざまな出来事に付与される信念の合理性の程度（主観的確率）は新しい事実との関連で連続的に（これは間違いではない）また完全に（これが完全に真であることはけっしてない）変化する、と仮定しているのである。行動は情報に依存すること、そして情報は完全でないことがありうること、合理的行動は持っている情報の限界のなかにその限界を見出すこと、そして十分な情報を持った合理的行動だけが「慎重な〔prudential〕行動」と呼ばれるに値するということを認めてはいるが、最良の結果をもっとも確率の高いものとする行動と理解された合理的行動を、熟慮にもとづく決定、したがって行動のさまざまな可能性を選択したときの可能な結果の検討にもとづく決定、そしてまた、さまざまな行動のメリットについてそれらの結果の視点からなされた評価にもとづく決定の所産と考えていることに変わりない。

いつものことだが、このような仮構を突きつけられると、いったいそれらにどんなステイタスを与えればよいのか考え込まざるをえない。規範的理論なのだろうか（「いかに決定しなければならないか？」）。それとも、記述的理論なのだろうか（「行為者はいかにして決定するか？」）。規則性という意味での規則なのだろうか（「……ということが規則的に起こる」）。それとも、規範としての規則なのだろうか（「……というのが規則である」）。逃げ道として、無意識とか神秘めかした直感を持ち出すだけではいかにもお粗末である。「人々がある決定をするとき、彼らが形式的な決定理論の装置を意識的に操作するかどうかは問題ではない。力学の法則の直感的・無意識的把握が競輪選手や綱渡り芸人の巧みさの根底にあるのとおなじように、決定理論の原理の無意識的・直感的な把握が人間の決定の根底にあるのである。(21)」催眠効果たっぷりの言説とはまさにこれである。「平均的チャンス」の言語を明示的に語ることによってマックス・ヴェーバーにはすくなくともチャンスの不平等を暗黙裏に取り入れ、それを彼の階層化理論の中心に据えたという功績があったのに、典型的にスコラ的な合理的決定理論は経済的・文化的資本の不均等性と、それに由来する、客観的確率と信念あるいは所有する情報とにおける不均等性を無視する。だが、戦略は、労働市場のある状態とか平均利益率とかいった抽象的状況に対する抽象的な回答ではない。戦略は、不特定の万人を対象にするのではなく、ある種・ある量の資本とある種のハビトゥスの所有によって性格づけられた行為者のみに「語りかける」（「自分には関係ない」というのと正反対の意味で）プラスあるいはマイナスの指標という形で世界そのものに書き込まれている促し《ソリシタシオン》との関係で定義されるものなのである。

ある社会的経験――未来のない者たち

こうして通常の実践の、とりわけ経済世界の実践を可能ならしめている経済的・社会的諸条件がきわめて規則的に忘れ去られる。だが、社会世界にはあるカテゴリー、下層プロレタリアというカテゴリーが存在する。そしてこのカテゴリーが、生活がアルジェリア人失業者が言ったように「ばくち」〔qmar〕に変わってしまったときに、力《ピュイサンス》への限定された欲望（つまりハビトゥス）が完全な無力《アンピュイサンス》の多かれ少なかれ持続的な経験にさらされて消滅してしまったときに、何が起こるかを鮮明にすることによって、それらの条件を思い出させる。心理学者たちの観測によると、危機的な状況にあってチャンスが完全に消滅すると心理的防衛機構も消滅する。それと同様に、下層プロレタリアの場合も、チャンスの完全な消滅は未来に対する整合的な照準を喪失させ、行動と思考の全面的持続的崩壊を引き起こす。あらゆる「想像力のヴァリエーション」よりもずっと効果的に、この下層プロレタリアという分析器は、スコラ的世界観に暗黙裏に投入されている諸前提――現象学的分析と合理的行動理論あるいはベイズ理論の分析に共通する諸前提――を浮き上がらせることによって、通常の明証性との断絶を余儀なくさせる。

その日その日の成り行きに翻弄され、幻想と投げやり、想像の世界への逃避と現実の宣告への諦めきった服従とのあいだを揺れ動くこれら未来なき者たち、彼らの無秩序な、一貫性のない、言葉とは裏腹の行動は、客観的チャンスのある閾値以下では、未・来（ときには家族計画のように遠い未・来）への実践的指向が前提となる戦略的性向そのものが形成されえないことを立証している。未来を（ましてや合理的先取り理論が主観的期待効用〔subjective expected utility〕と呼ぶものを構想し、合理的に追求する計画を）実践的に統御しようという現実の野心は、この未来を統御する、つまりまず現在そのものを統御する現実の能力に釣り合う。それゆえ、もっとも恵まれない者たちがときに表明する夢想的野心と至福願望は、構造とハビトゥスのあいだの、あるいは位置と性向のあいだの照応法則に対する反証であるどころか、このような想像上の要求と違って、現実の要求は現実の力のうちにその根拠を、したがってその限界を見出すのであることを立証しているのである。実際、一九六〇年代のアルジェリア人失業者や九〇年代の近郊大規模住宅団地の未来なき少年たちのような下層プロレタリアの話を聞いてみると、無力が可能性を消滅させ、社会的ゲームへの投資を消滅させてしまうこと、それによって幻想を作り出すということがよく分かる。すでに小学校で不登校になってしまっているのに娘を大学まで行かせたいとか、旅費さえないのに極東のどこかで観光施設を経営したいとか、現在から完全に切り離されている、そして現在からすぐに否定されてしまう計画(22)が証明しているように、現在と未来の絆が切断されてしまっているのである。

失業者は、自分の仕事を失うと同時に、社会的に認識され認知された役割《フォンクシオン》が具体的に現実化し顕現する数々のものを失ったのである。すなわち、意識的計画としてではなく、必要と緊急事の形で（「重要な」アポイントメント、納入すべき仕事、切るべき手形、作成すべき見積り書など）前もって措定された目的のすべてを、また、守るべき期限・日付・時間割の形で（乗るべきバス、遵守すべき作業速度、終えるべき仕事など）この今現在のなかにすでに与えられている未来を失ったのである。行動を、またそれを介して社会生活を方向づけ刺激する誘因と指示から成るこのような客観的世界を奪われた彼らは、残された自由時間を死んだ時間、何の役にも立たない、いっさいの意味を抜きとられた時間として生きるほかない。時間が無になるように思われるのは、賃金労働は大半の利害、期待、要求、願望の源泉でないにしても、支えであるからである。また現在への投資、さらに現在が内含する未来あるいは過去への投資の源泉でないにしても、支えであるからである。言い換えれば、賃金労働は、人生ゲームへの、つまり現在へのアンガージュマンとしてのイルーシオ――時間をつくる、時間そのものである本源的投資としてのイルーシオ――の主要な根拠のひとつであるからである（時間からの離脱は世界からの離脱である、と古来すべての教えが説いているではないか）。

ある役割、あるいは使命を持っているという、何かでなければならない、あるいは何かをなさねばならないという、生きていく上で欠かせない幻想を奪われたこれらの者たちは、ゲームから排除された今、何ごとも起こらない生活、期待すべき何もない生活の非時間から逃避するために、それでも自分が存在していることを実感するために、競馬やトトカルチョ、ホゴ・ド・ビチョ（「動物・ゲーム」。ブラジルの賭博）、また世界中のスラム街でおこなわれている賭博のように、正当化する理由がない、とくに投資の可能性がない生活の無化した時間から離脱することを可能にしてくれる活動――時間のベクトルを再創造してくれる活動、そしてしばらくのあいだ、ゲームが終了するまで、あるいは次の日曜日まで、期待を再導入してくれる、すなわちそれ自体が満足感の源である目的性のある時間を再導入してくれる活動――に手を出す。そして、外的拘束の玩具であるという感覚（「おれは水に浮かんだ野菜クズみたいなもんだ」と、アルジェリア人下層プロレタリアがいみじくも言った）から逃れようとして、また、世界の諸力への諦めきった服従ときっぱり縁を切るつもりで、とくに若い者たちは、それ自体で、それがもたらす利益よりも（または同程度に）価値のある暴力行為のうちに、あるいは、自動車、とくにバイクが可能にしてくれる命を賭けた暴走ゲームのうちに、他者に対して、他者の目に存在するための手段、ひとつの認知された社会的存在形態にアクセスするための手段、あるいは単に、何も起こらないよりは何かが起こるようにするための絶望的な手段を探し求めるのである。

こうして、下層プロレタリアのように、通常の（経済）世界から排除された者たちの極限的経験には根底的懐疑を強いる効用がある。彼らの経験は、あまりにも当然なので気が付きさえしないものとしての時間の経験にアクセスすることを可能にする経済的・社会的条件の問題を提起することを余儀なくさせる。スコラ的経験は、その根元からして、時間に関して、通常の行動論理に対する根本的自由にもとづくきわめて特殊な関係を持っているがゆえに、世界と時間についての多様な経験を理解するのに明らかに無力である。また、みずからをその特殊性において、とくに時間的特殊性において理解するのに無力である。

下層プロレタリアにはすでに就労年齢に達している者たちの他、学校生活と失業あるいは不完全雇用のあいだの不安的な場所に、しばしば長期にわたって、留め置かれている庶民階級の多くの若年者がいるわけだが、彼らの窮乏は（未・来への実践的関係――そのなかで時間の経験が生成する関係――は権力に、また権力が開く客観的チャンスに依存することを明らかにすることによって）時間と権力のあいだの関係の自明性を白日のもとにさらす。したがって、ゲームの未・来への投資はゲームにおける最小限のチャンスを、したがってゲームに対する、ゲームの現在に対する最小限の権力を前提するということ、また、将来との関連において実践を調整する能力は未来を統御する実際のチャンス、現在の条件のなかに書き込まれているチャンスに厳密に依存するということは、統計的に証明できることになる。要するに、経済世界の暗黙の要求への適応は最小限の経済的・文化的資本を持っている者、すなわち、自分が統御しなければならないメカニズムに対して最小限の権力を持っている者のみに可能なのである。この点はとくに強調しておかなければならない。というのも、重力とおなじように、目には見えないが、われわれが考えることすべてに影響するスコラ的条件の効果に加えて、公的時間に固有の効果が働くからである。数学的あるいは物理的に定義されるこの天文学的時間は中性化され、脱歴史化され、脱社会化されて、ニュートンが言ったように「おのずから、その自然にしたがって」流れていく外在的なものになり、それが作り出すコンセンサスの外観の下に、権力と可能態のあいだの関係を隠蔽するのである。

時間の複数性

実は、本質分析という普遍主義的幻想（合理的決定という主知主義的な見方に対立させて時間的経験を記述した際、わたしもこの幻想に多少譲歩せざるをえなかったのだが）と真に絶縁するためには、自己を時間化する多様なやり方を、その経済的・社会的可能条件と関連させつつ、記述する必要がある。つぶさなければならない空《から》っぽの時間が、ビジネスに熱中する者のフルタイム（あるいは充実した時間）に対立する。時の経つのを忘れるとよく言うが、逆に無力は、パラドクサルなことだが、直近未来への没入関係を断ち切るから、何かを待っている時のように、時間の経過を意識させる。空っぽの時間はまた、スコレーに対立する。スコレーとはすなわち、自由に選ばれた無償の目的——知識人あるいは芸術家の場合のように、仕事にかかわる目的であることもあるが、そのリズム、その時機、その持続時間においていっさいの外的拘束から解放された、とりわけ直接的な報酬を介して課せられる拘束から解放された仕事の目的——のために自由に費やされる時間である。この、枠組みがゆるやかな、昼夜が逆転した時間性、時刻表と緊急性（みずから自分に課した緊急性を除いて）と無縁の時間性が成立したのは、すなわち世界に対する純粋な待機《ディスポニビリテ》（実は世界への距離、普通の人間の普通の生活の凡庸な心配事への距離の上に成り立つ待機）として詩人的性向のうちに具現した時間への関係が成立したのは、画家の卵や学生の生活と併行して、ボヘミアンとしての芸術家の生活スタイルが創始されたときであった。おなじパースペクティヴのなかで、キャリアという概念――何の驚きもない、極端に言えば何の出来事も起こらない人生の展開の原理を内蔵している、あのライプニッツの本質に似たキャリアという概念――を構成する時間的保証が、どのように、仕事と余暇のあいだの通常の区分が曖昧な大学人という条件が許す、時間についてのきわめてパラドクサルな経験をいっそう容易にするかを示すこともできる。スコラ的幻想のもっとも恒常的な効果のひとつ、すなわち時間を括弧に入れることと相関する特異な経験である。この時間を括弧に入れるということ自体がまた、実践の世界から排除されていることに由来する欠乏を認識上の特権に変えてしまう傾向性と相関する。そして、ゲームとしてのゲームへの展望を開くあの、諸視点に対する視点への独占的アクセス権を持った「公平な観察者」「アウトサイダー」(ジンメル)という神話が生まれる。

以上のようなほぼ自由な時間、あるいは下層プロレタリアの無化された時間と比べると、工場労働者、下級公務員、カフェのギャルソン、酷使されている管理職などの多様な経験にはある共通点がある。すでに述べた、各人が組み込まれている、そして頼りにすることができる経済的・社会的秩序の恒常的傾向性の存在のような一般的条件の他に、安定した職を持ち、確保された未来、場合によっては予見可能な軌跡としてのキャリアを内含する社会的位置を占めているという事実のような個別的な条件である。その効果そのものからして目には隠されているこれらの保証、担保は、未来に対する安定した秩序ある関係――既成の秩序を多かれ少なかれラディカルに変革することを狙った行動を含めて、「適切」と言われるすべての行動の根元にある関係――を成立させるための条件である。現在と未来に関して最小限の保証（これは定職とそれに伴う安全を持っているという事実に書き込まれている）を持っていることは、そうした条件を与えられた行為者たちに、チャンスにほぼ適合した願望を持ってゲームに参入することによって、あるいは個人レベルの人生計画を抱いて、または集合的レベルの（幻想的な反逆心の燃焼とはまったく無縁の）改革計画、あるいは革命計画を掲げて、ゲームを主導しようと試みることによって、未来と積極的に対決するために必要な性向を付与する。(23)

権力が不均等に分布しているとき、経済的・社会的世界は可能なすべての主体が均等にアクセスできる可能態（占めるべきポスト、なすべき学習、獲得すべき市場、消費すべき財、交換すべき物件など）の世界としてではなく、むしろ、標識を立てられた世界、指示と禁止、私有地の表示と立ち入り禁止、一方通行あるいは越えることができないバリアなどが仕切る世界、要するに、安定した期待を奨励し充足させるためにふさわしい安定したチャンスを提供する度合いに応じて、きわめて分化した世界として立ち現れる。さまざまな種類の資本は未来に対するさまざまな先買権の総体である。資本は、一部の者たちに、ある種の可能態――教育を受ける権利のように公式には万人に保証されている可能態――の独占を保証する。法が認定する独占権は私有化されたチャンスと先買いされた可能態――したがって他の者たちにとっては、権利としては禁止に、事実としては不可能性に転換されたチャンスと可能態――の総体の、目に見える、そして明示的に保証された形に他ならない。こうした過程を介して現在の力関係が未来に投射され、ひるがえって現在の性向を方向づける。

したがって、世界の未・来への直接的投資としての時間経験の記述が、下層プロレタリアと違って、仕事があるがゆえに世界において忙しくしている者たち、世界において未来を持っているがゆえに未・来に参入する者たちについて真であるとしても、この記述が、世界の必然性が課せられてくる際のその緊急性の形と度合いに応じて特殊化することは言うまでもない。客観的チャンスに対する権力は願望を、したがって未来に対する関係を制御する。世界に対して権力を持っていればいるほど、その実現のチャンスに適合した、適切で安定した、象徴的操作に影響されない願望を持つ。逆に、ある閾値以下であると、願望は不安定になり、現実から遊離して、ときには狂ったものになる。なにひとつ可能でなくなるとすべてが可能になるのと同じである。未来に関するすべての言説、預言、占い、お告げ、終末論的予告などが、欲求のうち、おそらくもっとも痛ましい欲求である未来の欠如を満たすという目的以外に目的を持たないのと同じである。

下層プロレタリアは、自分の時間が何の価値もないので、財が不足し、時間は過剰である。それに対し、酷使されている管理職は、財は過剰、時間がこの上もなく不足している。前者は有り余る時間があり、こまごましい器用な手仕事に熱中して時間を「浪費」する。物品の持ちを何としても長引かせようとしたり、多くの最貧国の路上や市で見かける、工業製品の凝りに凝った代替物を作りあげたりする。その反対に後者は、皮肉なことに、いつも時間が足りずに、絶えずせわしなく（プラトンが哲学的スコレーに対立させた）アスコレー〔askholia〕のなかに暮らしている。自分の消費能力を超える財とサービスに埋もれ、維持と修理の労を惜しんで、それら財とサービスを「浪費」する。それは、さまざまな市場における彼らの時間（と彼ら自身）の経済的・象徴的価値ゆえに、彼らが多くの、また有利な投資機会を持っているので、時間の希少性について実践感覚を獲得するから、そしてこの感覚が彼らの経験の総体を方向づけるからである。

ある人間の時間の希少性、したがってその人間の時間が持つ価値、とくにその人間がひとに与える時間が持つ価値、もっとも個人的なものであるがゆえにもっとも貴重な贈与である時間（誰も彼に代わってその贈与をおこなうことはできない。時間を与えると言うことは、まさに「身を切る」ことである）の価値はその人間の社会的価値の根本的な次元である。この価値は――一方では懇願、期待、要求をとおして、他方では、もちろん労働時間に認められた価格のような対価をとおして、しかしまた、急いでいるひと、時間が貴重なひとであることが分かっているがゆえに「重要な」人物に対して表明される恭敬の表われであるまめまめしく意を迎える態度〔empressement〕のような象徴的対抗パフォーマンスをとおして――不断に顕揚される。

労働の価格の上昇（これは生産性の増大に連結しているのだが）に伴う時間の希少性と価値の増大の効果は、その結果としての利益の増大の直接的効果のひとつ、すなわち（財とサービスの）消費に充てられる諸可能性の増大によって倍加する。ところが消費もまた時間を取る。直ちにすべてを持つことを可能にする社会的全能性といえども、すべてを消費することの生物学的不可能性のうちにその限界を見出す。それゆえ特権者の過労のパラドクスは次のように説明できる。経済的・社会的資本が増大すればするほど、社会的ゲームにおいて成功するチャンスと、その結果として、社会的ゲームに時間とエネルギーを投資する傾向性とが増大すればするほど、物質的・象徴的な生産・消費の可能性のすべてを拡大不可能な生物学的時間の限界のなかに収めることは困難になる。

このモデルは、保守的諸哲学が風俗の退廃とさまざまな道徳的原因に帰する多くの社会変動をすっきりと説明することを可能にする。たとえば昔の農民の「ハイデガー的な」生活スタイル、彼らの「手づくり」の産物、控えめな言葉遣いの消滅である。あるいは、財（プレゼント、あるいはずばりと安直に金）を与えるよりは、（コドモたち、高齢者たち、近隣の人々、同僚たち、友人たちに）時間を与える術を土台にした社会的交換のシステムの消滅である(24)。平等な者たちのあいだの、いや、不平等な者たちのあいだのそれも含めて、魔術的な関係の維持に費やされる努力は、膨大な時間の支出——愛情とか感謝、友愛などの感情で縛り「掴んでおく」ために必要な支出——を前提するだけに、社会全体において、あるいは、ある個別のカテゴリーのなかで、時間の価格が上昇するにつれて（また、経済的拘束や契約のような、持続的関係を作り出す、より経済的な手段が発達するにつれて）縮小するほかない。それがあたかも宿命、流行であるかのように、あるいは憎むべき「集合主義《コレクティヴィスム》」との選択的・普遍的な断絶であるかのように「個人主義への回帰」を語る者たちは、多くの実践的・慣習的連帯関係の漸進的消滅と、財とサービスの分割を円滑におこなうことをめざす協同的あるいは集合的調整の漸進的消滅（これは、他の条件は同じであるとき、個人と集団の資源、とくに金銭資源が増大するにつれて顕著になる）の根元を可処分資源の価格上昇の側に探すべきであろう。

時間と権力

権力は社会世界の客観的傾向性（これは客観的確率が測定する）の上に、またその結果、主観的願望あるいは期待の上に行使される。あまりに当然のことなので忘れられているが、時間的権力は、再分配原理を維持あるいは変革することによって、さまざまな種類の資本の分布を永続させる、あるいは変革する権力である。安定した再分配原理にもとづく世界は予見可能な世界、リスクのなかにあっても信頼できる世界である。その反対に、絶対的恣意は世界を恣意的にする、狂気にする（たとえばナチズムの人種主義的暴力。その極限が強制収容所。そこではすべてが可能になる）権力である。完全な予見不可能性は願望操作のすべての形態（たとえば噂）に好都合な地盤を作り出す。その必然的結果としての先取りの絶対的不可能性が、過剰あるいは欠如のために通常の適切な行動と断絶した絶望の諸戦略（たとえばテロリズム）を生み出す。

絶対権力はおのれを予見不可能にし、他者に適切な先取りをいっさい拒否する権力である。他者の予見能力にいかなる手がかりも与えないことによって他者を絶対的不確実性のなかに置く権力である。邪悪なる神の非道な全能という神学的想像の世界は別として、けっして到達されることのない極限であるこの絶対権力はその所有者を無力としての時間の経験から解放する。全能者は待たない者、待たせる者である。

　待つことは時間を、そして時間と権力のあいだの関係を実感する特権的な仕方のひとつである。他者の時間に対する権力行使に関連するすべての行為を調べ上げ分析すべきである。権力者側の行為（後に回す、引き延ばす、気を持たせる、遅らせる、時機を待つ、延期する、先送りにする、遅刻する。あるいは逆に急がせる、不意を打つ）はもちろん、「受動者」（「受動者《パシアン》」は「患者《パシアン》」である。病院こそ不安と無力感のなかで待つ場所である）側の行為も。待つことは服従を含意する。待つことは強く欲しているものを、利害関心をもって、狙うことだが、それは待たれている決定にぶらさがっている者の行動を、持続的に、すなわち期待が続いている時間のあいだ、修正する。つまり、セルバンテス[25]が言ったように、「ゆっくり時間をかける」、「時間を取らせる」術、待たせる、気を持たせながら引き延ばす、完全に失望させることなく延期する（完全に失望させたら待つこと自体を無にしてしまう）術は権力行使の不可欠な一部なのである。これはとくに、大学権力のように、主として「受動者」の信念に依拠しているような権力、願望に対して願望によって、時間に対して時間によって行使される権力、時間と、期待を満たすテンポとを掌握して行使される権力の場合に妥当する。まさに、うんざりさせてしまうことなく斥ける、絶望させることなく気を張らせておく術である（「彼にはまだ時間がある」「まだ若い」「若すぎる」「もう少し待ってもよい」――教授たちがときとしてこともなげに下す宣告である[26]）。

カフカの『審判』のなかに、絶対的で予見不可能な権力、極度の不安全と連関した極度の投資に追いやることによって不安を極度に募らせることのできる権力が支配する社会世界のモデルを読むことができる。その非《エクストラ・オルディネール》＝通常の外観にもかかわらず、この小説が描く社会世界は、通常な社会世界の数多くの通常な状態の極限的ケースであるかもしれない。あるいは、通常な社会世界のなかの特殊な状況――たとえば烙印を押されたある種の集団（カフカの時代と場所のユダヤ人、アメリカのゲットーの黒人、多くの国の最貧の移民など）、あるいは私企業のなかで、いや公共機関においてさえ、人が考える以上に頻繁に観察される、大小のボスの絶対的恣意に振り回されるある種の隔離集団《イゾラ》――の極限的なケースであるかもしれない。（カフカの作品出版の歴史を研究したヨアキム・ウンゼルト(27)によると、ある作品が刊行される、すなわち公的な存在にアクセスできるかどうかはひとえに出版者の裁決にかかっているがゆえに、出版者は文学生産の過程において、裁判官の位置に似た位置を占めている。この分析は、『審判』のなかに、大学の世界の権力とおなじように、他者の時間の支配を原理とする権力が行使される文化的生産の界のきわめて現実的なモデルを読み取るように奨励している。）

『審判』の主人公Kは中傷された。はじめは何ごともなかったように振る舞う。次に心配になりはじめ、弁護士を依頼する。ゲームのなかに入る。つまり時間のなかに、待ち、不安のなかに入る。このゲームの特徴は高度の予見不可能性である。そこでは何も信用できない。好ましい継続という、自己恒常性という暗黙の契約、つまりデカルト的神学において真実を語る神によって保証されている当のものが棚上げにされる。安全も客観的な保証もない。したがって主観的な安心もなければ、自分を委ねうるなにものもない。なにが起こるかわからない。最悪の事態もありうる。通常は恣意を抑制することを委託されているはずの機関である裁判所が、ここでは、まさに恣意の場となっている、それを隠そうともせず、みずからそう宣言している。それが偶然ではない。たとえば、法廷は、自分自身がいつも遅刻しているのに、遅刻したことを責める。規則は規則を制定した者にも適用されるという原理、すなわちすべての普遍的規準の暗黙の基礎を踏みにじる。要するに、裁判所は物事の秩序の根元に恣意を、つまり偶然《アレア》を据えているのである。

絶対的権力は規則を持たない。より精確に言えば、絶対的権力は規則を持たないことを規則とする。いや、それどころか、そのたびに、気の赴くまま、自分の利害との関連で規則を変えることを規則とする。「おもて、おれの勝ち。うら、お前の負け」である。銀行は明確に定義された目的に合わせて方法的に組織された手続きに従った適切で効果的な活動の場であるが、これに対して法廷は手続きにおいても効果においてもまったく不透明な、偶然的な働き方をする。勝手なときに開廷し、勝手なことを論議する。銀行員とおなじく、法廷の成員は類的な名前しか持たない。しかし彼らの場合、彼らの氏名の使用はタブーである。ある裁判官の肖像を描いている画家ティトレリにKがその名前をたずねると、画家は名前を言うことは「許されていない」と答える。

この制度化された無秩序を前にしてKに何ができるだろうか。彼は最初むしろ無関心だったが、次第にゲームに捉えられ、ゲームの極度の不確実性を発見していく。他の大半の人物とおなじく弁護士は、ゲームを掌握しているかのように振る舞って、Kの願望と期待を手玉に取り、曖昧な希望で彼の気を引き、漠然とした脅しで彼を悩ます。（このように図式化してみると、この弁護士は幅広い行為者カテゴリーのパラダイム的な相貌を帯びてくる。すべての全体的な制度（学校の寮、刑務所、精神病者施設、兵営、強制収容所など）の古参やスタッフ、あるいはもっと広く、強力であると同時に不気味な制度（学校、病院、官僚制など）との親近性を武器にした情報豊富な中間管理者たちである。彼らは、脅したりすかしたり、不安がらせたり安心させたりして、ゲームへの投資を増大させ、ゲームの内在的構造の身体化を促進させて、「受動者」が経験する不安に比例する圧力と支配を行使するのである。）

不確実性と投資が同時に最大限に達する極限的状況においては、専制体制や強制収容所におけるように、もはや恣意と予見不可能性に限界がなくなるがゆえに、生死を含むすべての終局的争点が絶えず賭けられる。そこでは、すべての者が（Kのように、あるいは下層プロレタリアのように）無防備なまま、怖れと期待の操作のもっとも凶暴な形態にさらされる。たとえば平価切り下げとか定員削減、定年制導入など、あるカテゴリーの人間全体に与えられたチャンスをゼロにしたり縮小したりする措置によって、あるいは、マートンが言う「社会的に期待された持続時間」[28]〔socially expected durations〕を変革することを狙った他のすべての決定によって、客観的なチャンスを変更する権力を介して時間に働きかける権力が願望の直接的操作にもとづいた権力の戦略的行使を可能にする（あるいは蓋然的にする）のである。

絶対的権力状況の外では、権力が存在するあらゆる場で（出版の可否の決定を遅らせる出版者と著者のあいだ、公開審査の日取りの決定を引き延ばす指導教授と学位申請者とのあいだなどの権力関係の場で）演じられる時間ゲームは犠牲者の（無理強いされた）共犯性とゲームへの投資があってはじめて成立する。誰かを持続的に「掌握」する（そして待たせ、期待させておく可能性を手中にする）ことができるのは、その相手がゲームに投資している限りにおいて、また、彼の性向の共犯性に期待できる限りにおいてのみなのである。

願望とチャンスのあいだの関係再論

願望をチャンスに合わせて調整させる「蓋然的なもの《ル・プロバブル》の因果性」は社会秩序を保守するためのもっとも強力な要因のひとつである。一方でこの因果性は、既成の秩序に対する被支配層の無条件の服従——世界へのドクサ的な関係が内含する服従——を確保する。この直接的な帰依が（他の条件のもとで形成されたハビトゥスの視点からすると）耐え難い生存条件が疑問や異議申し立ての対象になることを妨げるのである。他方、この因果性は、不利な位置、落ち目で消滅する可能性のある位置、過去のものとなった位置に適合しているために、社会秩序の要求と対決することなど思いも及ばない性向——それどころか、さまざまな形態の自己搾取を助長する性向——の獲得を促進する。（たとえば高利率のローンを組んで自分の住宅を獲得した下層サラリーマンや中間管理職が支払わなければならなくなった犠牲を考えてみればよい）[29]。

被支配層は神秘的民衆主義が信じている以上に、また彼らの生存条件を観察する者たちが考える以上に、さらには、政党や労組によって組織され媒介された彼らの要求の表現が示唆する以上に、常にはるかに忍従的である。彼らを作りあげた社会の諸要求に慣らされているがゆえに、自分の生活の大半部分を当然のこととして受け容れているのである。さらに、既成の秩序は、どんなに重苦しいものでも、簡単には犠牲にすることができない秩序という利益をもたらしてくれるがゆえに、憤激とか反逆、侵犯（たとえばストライキの発動）は常に困難で苦痛を伴う、そしてほとんど常に、物質的・心理的コストがきわめて大きいものとなる。

しかもそれは、見かけに反して、家庭や学校や工場での彼らの「おっちゃん」たちに対する態度から判断して社会秩序とラディカルな断絶関係にあると思われがちな若者にもあてはまる[30]。ポール・E・ウィリス（スコラ的思考が愛用する二項対立によって彼の仕事は「再生産」と対極の「抵抗」側に組み込まれてしまったが）は被支配階級の若年者たちが学校に対して、また彼らが言う「老いぼれ」に対して、さらに「老いぼれ」を介して民衆的な伝統と価値に対して向ける、しばしばアナーキーで非行に近い抵抗行為を取り上げている。ウィリスはその一方で、苛酷な世界、強さと男らしさを崇拝する世界（そこでは女は男によってのみ存在する、そしてみずからの従属性を認めているとされる）の硬直性を指摘している[31]。そして、この男らしい力の崇拝（これの極限的表われが「ワル」礼賛である。これが言語面における民衆主義的神話の元にもなる）が、堅固で、安定し、恒常的な、そして（不法あるいは合法的な集団によって）集合的に保証された世界――またとりわけ自己の自明性のうちに固く閉じこもり、自分と違うものに対しては攻撃的な世界――の肯定の上に成り立っていることを解明した。きわめて硬直した話し言葉――抽象を嫌って具体性と常識を好む話し言葉、派手な比喩、個人攻撃、芝居がかった悪態でもって、またステレオタイプ化した呼びかけ、ニックネーム、乱闘のまねごと、小突き合いなど一連の儀礼でもって情動的に支えられリズムを付けられた話し言葉――が証明しているように、この世界観は、とりわけ、単に男女間のヒエラルキーだけでなく、すべての社会的ヒエラルキーという本質的な点について、きわめて順応主義的《コンフォルミスト》なのである。（アメリカのゲットーの黒人に関する研究、とくにロイック・ヴァカンの研究[32]からまったく同じような結論を導き出すことができるだろう。）反逆が表現されるときでも、直接的な世界の境界で止まってしまう。不服従、権威に対する虚勢、侮辱を越えることがないため、反逆は構造よりは個人に向かうことになる。[33]

性向を自然化してしまうのを避けるためには、性向というこの持続的な在り方（たとえば、ざっくばらんな話し方、あるいは、それ自体ひとを感動させるものだが、感動した時の、つっけんどんな口ぶり、善良さを示すむっつりした口ぶりなど）をその獲得条件に関連づけなければならない。必然と見えるハビトゥスは必然性に対する防衛メカニズムであり、パラドクサルなことだが、必然性に先んずることによって、またそのことで必然性の有効性に寄与することによって、必然性の厳しさを免れようとする。道徳的秩序としても作用する社会秩序の賞罰と命令が課する学習の所産であるこれらの性向、根底的に現実主義的である（そしてときに運命論に近い）性向は地平を多かれ少なかれ閉鎖することによって先取りと成果のあいだの不協和を縮小しようとする。諦めは、（とくに教育市場と労働市場による賞罰という形での）社会という自然との無媒介の出会いのなかで事物の秩序そのものがおこなう教育である実行学習〔learning by doing〕のもっとも普通の効果である。社会という自然に比べると、「国家のイデオロギー装置」〔アルチュセール〕なるものが及ぼす意図的な飼いならし作用の効果は微々たるものでしかない。

今日、「抵抗」という安直なレトリックを糧にしている民衆主義的幻想は被支配層の条件のもっとも悲劇的な効果のひとつ、すなわち早期から連続的に暴力にさらされたことが原因の暴力への傾斜を無視させる。エネルギー保存の法則とおなじく、暴力保存の法則が存在するのである。医学的・社会学的・心理学的研究のすべてが、幼少期に虐待を受けたこと（とくに親にぶたれたこと）が後に自分が暴力（殺傷、窃盗、強姦、テロ行為）を他者に（しかもしばしば、自分と同じ不運を経験した者に）対して、また自分に対して（アルコール依存や麻薬依存）ふるうチャンスの増大に有意的につながっていることを証明している。それゆえに、この種の、目に見える、また明らかに処罰すべき暴力を現実に縮小しようとするならば、目に見えない、そして処罰を免れている暴力、家庭、工場、作業場、銀行、オフィス、警察署、刑務所、さらには病院や学校で日常的に行使されている暴力——そして結局のところ、人間の能動的暴力によって中継される経済的構造と社会的メカニズムの「慣性暴力」の産物である暴力——の総量を減少させる以外に道はない。象徴的暴力、とりわけ烙印を押された集団に行使される象徴的暴力の効果はヒューマニズムの牧歌の愛好家たちが信じているように、人間の理想を成功裏に実現するために常に有利に作用するといったものではない。人間性を剥奪する苛酷な条件が課する荒廃に対しては、行為者は常に個人的また集合的な、一時的あるいは（ハビトゥスのなかに持続的に書き込まれているがゆえに）持続的な防衛装置（たとえば皮肉、ユーモア、あるいはアルフ・リュトケが言う「執拗な頑固さ」〔Eigensinn〕、またその他多くの、いまだ認識されていない抵抗形態[34]）を対峙せしめるものではあるが。（被支配層について的確に、またリアルに語ることがかくも難しいのはそのためである。とかく、彼らをおとしめているとか賛美しているとか見られることになってしまう。とくに人道的な説教家たちは、自分の無知に比例する失望あるいは驚きゆえに、十分な情報にもとづいて物事をあるがままに言う試みのうちに断罪あるいは賞讃を読み取る傾向がある。）

自由の余地

しかしながら、願望とチャンスの環は断ち切れないと結論づけてはならない。一方では、教育へのアクセスの一般化（その結果、学歴、したがって期待される位置と実際に獲得されるポストとのあいだの構造的ずれが発生する）と職業上の不安全の一般化は緊張とフラストレーションを生み出す不適合状況を増加させる。[35] 客観的傾向性と期待がほぼ完全に一致していたために、世界経験は先取りが連続的に裏付けられるという経験であった世界は完全に終わった。それまでは「飢えたる者」〔「インターナショナル」の歌詞の冒頭の句。=プロレタリア〕に特有のものとされていた、未来の展望の欠如が、すべてではないにしても、次第に多くの人々の経験となっていく。しかし他方ではまた、象徴的領域の相対的自律というものがあって、これがいかなる状況にあっても、とりわけ願望とチャンスが食い違う時機には、諸可能態の空間をふたたび開くことをめざす政治的行動に一定の自由の余地を残す。象徴的権力は、とりわけ、多かれ少なかれ霊感に突き動かされて未来を謳い上げる遂行的言説（預言、予測、展望）によって、願望と期待を操作する力を持っているわけだが、この象徴的権力が願望とチャンスのあいだの対応関係に一定の遊びを導入し、さまざまな確率の諸可能態を多かれ少なかれ意志主義的に措定することによって、一定の自由の空間（確率の純粋理論からすれば実践的に不可能と排除されてしまうようなユートピア、プロジクト、プログラム、プラン）を拓くのである。

身体化過程の力はハビトゥスを未来存在〔esse in futuro〕として、すなわち教育活動の明示的・意図的な介入によって強化される持続的投資の持続的原理として構成しようとする。そうした身体化過程の力ゆえに、たとえもっとも既成秩序転覆的なものであっても、象徴的行動は、挫折に追い込まれるのを避けるためには、性向を、また、性向が革新的想像力と行動に課する限界を考慮に入れなければならない。象徴的行動は、拡散している違和感や不満、社会的に制度化された多かれ少なかれ混乱した欲望を（説明し公共化することによって）正当化し承認することができる象徴的始動装置として作用するのだが、そうすることによって、以前の教え込み活動が人々の身体のうちに定着させた性向を再活性化するにいたる。象徴的行動が成功するのはその限りにおいてのみである。

しかしながら象徴的権力の効力の条件が、その権力が保守する、あるいは変革することをめざしている構造自体のうちに書き込まれている、その限りにおいてのみ象徴的権力は作用することができるということを確認することは、それら構造に対するいっさいの独立性を象徴的権力に認めないということではない。拡散している諸経験を公認《オフィシアリザシオン》としての「公共化《ピュブリカシオン》」という十全な存在に至らしめることによって、この表現する権力、明示化する権力は、あの、実践が記号、シンボル、言説に転換される社会生活の不確かな場所に介入する。そして、客観的チャンス、あるいは客観的なチャンスに暗黙裏に適合している暗示的性向と、人々の明示的願望、表象、表現とのあいだに一定の自由の余地を導入する。

自由の余地は二重の不確実性の場所である。客観性の側〔a pante objecti〕、世界の側では、世界の意味は、それが依存している未来として開かれているがゆえに、複数の解釈が可能である。主観性の側〔a pante subjecti〕、行為者の側では、彼らのゲーム感覚はさまざまな仕方で自己を表現する、あるいは表現される。あるいはさまざまな表現のうちに自己を認める。社会世界の意味、その意義と方向、その生成、（象徴的闘争の主要な争点のひとつである）その未来をめぐる闘争の自律性は、まさにこの自由の余地のうえに成り立っているのである。望まれた、あるいは怖れられた、あれこれの未来は可能である、確率が高い、あるいは不可避であるという信念は、ある種の歴史的状況において、ひとつの集団を動員し、その未来の到来を促進したり、阻止したりすることができる。異端《エレズィ》は（語源的に「選択」の観念を含んでいるこの語が含意しているが）、そしてすべての形態の批判的預言は未来を開くことをめざすが、それに対して正統《オルトドクシー》は象徴秩序を維持するための言説であり、危機に続く復古期によく見られるように、ゲームはすでに終わったと信じさせるために可能態のリストを封鎖することによって、また、遂行的言説を確認的言説に偽装して、歴史の終焉（至福千年説的ユートピアの対極の、人々を安心させる見解）を告げることによって、いわば時間を止める、つまり歴史を止める方向に作用する。（この種の運命論は社会学的法則をほとんど自然的な鉄則と見なす社会学主義の形、あるいは不動の人間性という信仰にもとづく本質主義的ペシミズムの形を取ることもありうる。）

　こうした象徴的行動はいわば未来をハビトゥスの形で身体に書き込むことをめざす（しばしば儀礼に委ねられる）すべての作業をひたすら強化する。いたるところで叙任儀礼に枢要な位置が与えられていることはよく知られている。この儀礼によって集団は、より精確に言えば（構成された）身体＝団体《コール》は、認知された成員として、しばしば生涯にわたって、その儀礼が叙任する者たちの身体のうちに、その団体の要求への無媒介の帰依の撤回できない契約を、きわめて早期に、また生涯にわたって、刻み込もうとする。この儀礼は主として構造の自動的な作用を強化しているだけなのだが、ほとんど常に時間との関係を活用して、候補者を待たせ期待させることによって統合への願望を作り出す。さらにまた、この儀礼は、それが聖別する者に権利と威厳を厳かに付与することによって、この特別扱い（これはときには極度の苦痛を伴うこともあるわけだが）の受益者が、おのれの心理的エネルギーのすべてをこの威厳、この権利、この権力に傾注するように、あるいは、この叙任によって授与された威厳に相応しい者となるよう（「ノブレス・オブリージュ」）に促す。言い換えればこの儀礼は、任務（これの最良の保証はもちろん適合したハビトゥスである。互選の作業はまさにこの適合したハビトゥスを発見することを目的としている）の明示的な、とくに暗示的な義務を立派に果たすという持続的誓約――始まり〔inceptio〕の儀礼、組み入れ《アンコルポラシオン》＝身体化の儀礼が象徴する誓約――と引き替えに持続的な社会的ステイタス〔dignitas〕を保証するのである。

　しかしながら、先在の性向に対する、すべての効果的な象徴的行動の依存関係は既成秩序転覆の言説あるいは行動のうちにも見てとれる。転覆の言説あるいは行動は、挑発とすべての形態の偶像破壊的断絶[36]とおなじく、課せられた限界、とりわけもっとも強固な限界、つまり人々との頭脳のなかに書き込まれた限界を侵犯することが可能であることを実践的に立証することをその機能として、いずれにせよその効果として持っている。それは、転覆の言説あるいは行動が、力関係を変革する現実のチャンスに注意を払いつつ、願望を、それが自生的に適合しようとする客観的なチャンスを超えたところに高めようと（かといって願望が非現実的で無謀なものになってしまう閾値を超えることがないように）努めることができるかぎりにおいて、可能なことである。社会的境界の象徴的侵犯は、考えられない事態を実践的に招来するがゆえに、それ自体、解放効果を持つ。しかしこの侵犯は、一定の客観的条件が満たされてはじめて可能になる。また（当人に跳ね返ってくるスキャンダルとして片づけられてしまうのでなく）象徴的な効果を持つ。客観的構造を変革することをめざす言説あるいは行動が（適切とでなくとも）正当と認知され、範例的効果を及ぼすチャンスを持ちうるためには、異議を申し立てられた構造自体が不確実性と危機の状態にあること、それゆえに、その構造に対する不確実感と、その構造の恣意性と脆弱性の批判的意識化とが高まることが必要である。

正当化の問題

『審判』のKに戻らなければならない。未来に関して彼が置かれている不確実性は、彼は何であるか、彼の社会的存在、今日の言い方をすれば、彼の「アイデンティティ」に関する不確実性のもうひとつの形態に他ならない。自分の人生に意味《サンス》と方向《サンス》を与える権力、自分の生存の意義《シニフィカシオン》と方向《ディレクシオン》を言う権力を奪われたKは、他者によって方向づけられた時間、疎外された時間のなかで生きることを余儀なくされている。これはまさしく、すべての被支配者の運命である。被支配者はすべてを他者に、ゲームとゲームが提供することができる利得の客観的・主観的可能性とに対する権力の所有者である他者に、したがって期待の強さと充足の不可能性とのあいだの緊張から不可避的に生まれる不安をもてあそぶことができる他者に期待することを余儀なくされているのである。

だが実は、このゲームに賭けられているのは存在理由の問題に他ならない。その普遍性における人間の生存の正当化ではなく、個別的な、特殊な人間の生存の正当化の問題に他ならない。人種主義の烙印のように起源のない一種の原罪である最初の中傷によってその社会的存在において異を立てられているひとりの人間の生存の正当化の問題である。ある生存の正当性《レジティミテ》の問題、一個人が現に生存する仕方で生存していることを正当化されていると感じる権利の問題である。これはまさに不可分離的に終末論的であると共に社会学的な問題である。

「自分はいっさいの正当化なしで済ます」と他者の前で、また自分の前で真に言い切ることができる者はひとりもいない。ところで、神は死んだとするなら、この正当化を誰に求めるべきなのか。他者の判断に求めるほかない。ところが他者の判断とは、不確実性と不安全性の、しかしまた、矛盾することなしに、確実性、安心、聖別の主要な根元なのである。カフカほどみごとに、非両立的な諸視点の対決、いずれもが普遍性を主張する諸個別的判断の対決を、疑惑と否認の、悪口と賞讃の、中傷と名誉回復の不断の衝突を、社会世界の判決、すなわち他者の無数の判断の仮借ない産物が練り上げられる恐るべき社会ゲームを描き出した作家はいない（プルーストがいるがカフカほど悲劇的な次元ではなかった）。

『審判』はこのような真実ゲームのモデルと言えるが、そのゲームのなかで、中傷された無実の人ヨーゼフ・Kは諸視点に対する視点を、最高裁判所、最終審級を必死に探す。商人ブロックがKに説明する。彼らの共通の弁護人が自分を「大弁護士」のうちに数えるのは間違っている、と。「誰でもそうしたいなら自分を『大』と称することができる。しかしこの場合は、裁判所の慣習が決めることだ。」そして、ひとりひとりの人間について彼が本当は誰であるかを言うことができる権威ある機関が厳かに下す判断である評決の問題は、小説の最後に、ヨーゼフ・Kの最後の問いかけのなかに再び提起される。「彼が一度も見なかった裁判官はどこにいたのか。彼が到達しなかった最高裁判所はどこにあったのか。」

命名の権力、あるいはカテゴリー化の権力が賭けられている、各人が自分の存在、自分の価値、自己認識を賭ける、万人の万人に対する象徴的闘争以上に死活に関わる、全体的なゲームがあるだろうか。なにも競争に加わることを強制していないという反論、ゲームに捕らわれるチャンスを得るためにはゲームに参加しなければならないという反論があるだろう。Kが、弁護士、画家、商人、聖職者ら、彼の仲介者でもある情報提供者たち、また、自分らは権力を持っていると彼に信じ込ませることによって、彼が投げ出しそうになると自分らの人脈なるものを仄めかして続けるように励ますことによって、彼に権力を行使しようとする者たちひとりひとりと維持する関係が示しているように、メカニズムは期待や不安と、願望されている、あるいは怖れられている未来の客観的不確実性とのあいだの関係のなかでのみ作動することができる。Kを弁護することではなく、自分の訴訟に投資するようKを押しやることを主たる役割としているかのように、弁護士は「漠然とした希望で彼をあやし、漠然とした脅しで彼を苦しめる」ことに知恵を絞る。ゲームの帰結についての客観的・主観的な不確実性と関連した願望あるいは怖れがゲームへの帰依の条件であるならば、ブロックは司法制度の理想的な顧客である。「誰かがひとこと発言すると、きみはまるで彼らがきみの最終評決を告げようとしているのであるかのように彼らを見つめる。」ブロックはゲームにすっかり適合しているので、裁判官の処罰を先取りする。彼が制度に与える絶対的認知は制度が彼に対して持つ絶対的権力を根拠づける。同様に、Kが司法装置の対象になるのは彼が自分の訴訟に関心《アンテレ》＝利害を持つからこそ、自分の訴訟を気にかけるからこそである。自分の弁護の労を弁護士から引き上げることによって、Kは、ゲームへのKの投資と自分への依存とを増大させようとする弁護人の戦略を挫折させるのである。

だが、裁判所はそれに与えられる認知からその権力を引き出すということを指摘するのはよいが、それは象徴的な生と死が賭けられているゲームを免れることができると信じ込ませるためではない。中傷が最初の文から現存する『審判』におけるように、もっとも決定的な諸カテゴリーがはじめから、人生への参入時からそこに在る。プラハのユダヤ人であるカフカはそのことをよく知っているが、人生はあるカテゴリー、階級、民族、性、あるいは人種主義者の目からすると人種を指示するアイデンティティの割り当てから始まるのである。社会世界は本質主義である。ひとは、象徴的に貧しければ貧しいほど、聖別されていなければいないほど、烙印を押されていればいるほど、したがってパスカルが言う「人々の評価」をめざす競争で不利な立場にあればあるほど、現在及び未来の自分の社会的存在についての、自分の力あるいは無力に見合った不確実性を余儀なくされていればいるほど、願望と主観的期待を操作されることから免れるチャンスがすくなくなる。ゲームへの投資と他者との協力的な競争がもたらす認知とがあってこそ、社会世界は人々にもっとも全面的に欠けているもの、すなわち生存することの正当化をもたらすのである。

象徴的な玩具（勲章、メダル、賞状）が、また、それらが記念し永続化する聖別行為が、さらに社会的ゲームへの投資のもっとも普通な形（負託された職務や特命、大臣や聖職者の職務）がほとんど普遍的に及ぼす魅惑を（思考習慣が形而上学の領域に追いやってしまっているひとつの人間学的所与、つまり人間の生存の偶然性、とりわけその有限性を考慮に入れることなく）理解することは、はたして、可能だろうか。人間の生存の有限性は人生において唯一確実なものであるにもかかわらず、われわれは気晴らし《ディヴェルティスマン》に身を投ずることによって、あるいは「共にいること＝社会《ソシエテ》」のなかに逃れることによって、それを忘れることに躍起になっている、とパスカルが指摘している。「われわれが、われわれの仲間と共にいることで安らぎを得ているのは奇妙なことである。彼らは、われわれと同じように惨めであり、われわれと同じように無力であるのだから、われわれの助けにならないだろう。ひとはひとりで死ぬ。だからひとは、ひとりであるかのように振る舞わなければならない。とすれば、立派な家など建てるだろうか。ためらうことなく、真理を求めるだろう。それを拒むとしたら、真理の探究よりも、人々の評価を重んじていることを示すことになる。[37]」

こうしてわれわれは「死への存在」〔Sein-Zum-Tode〕を実存主義的に謳い上げるような真似をすることなしに、異論の余地のない、そして不可分離の、三つの人間学的事実のあいだに必然的な関係を確立することができる。人間は死すべき存在であり、かつそのことを知っている。自分が死ぬという考えは人間には耐え難い、あるいは不可能なことである。死はハイデガーの言葉によれば

「不可能性の可能性」を表象しているのであるから、死は「目的」〔fin〕と考えることができない「終り」〔fin〕であるが、その終りである死に定められている人間は、正当化《ジュスティフィカシオン》、正統化《レジティマシオン》、認知《ルコネサンス》の欲求に取り憑かれた、存在理由のない存在である。ところが、パスカルが示唆しているように、この生存することの正当化の探求において、彼が「世界」あるいは「社会」と呼ぶものは、神を頼りにすることに代わりうる唯一の審級なのである。[38]

神＝社会という同等性を頼りに、われわれは、パスカルが「神なき人間」すなわち存在理由なき人間の「悲惨」として記述したものは、不条理性のうちに捨て置かれた必然性なき生存の無意味性に委ねられた社会的存在理由なき人間のまさに形而上学的な悲惨という形で社会学的に確認される、ということを理解する。また、それと対照的に、望むと望まざるとにかかわらず、社会世界が握っている、人間を偶然性と無償性から奪い返す、ほとんど神に等しい権力を理解する。そして、社会世界のその権力は国家という制度を介して行使される。象徴資本の中央銀行としての国家はみずからのうちにみずからの正当化を蔵していることを特徴とするこの資本を授与する力を持っているのである。

象徴資本

社会世界はさまざまな社会的ゲームを提起するが、そのゲームを介して目に見える成果以上のもの、あるいはそれ以外のものを獲得させてくれる。パスカルが指摘しているが、狩猟には、獲物以上ではなくとも、それと同等の価値がある。給料、賞金、報奨金といった明白な利益を超える行動の喜びがある。無関心（あるいは無気力）から抜け出すこと、忙しいこと、目的に向かっていること、自分が客観的に、したがって主観的に、ある社会的使命を託されていると感じることの幸福感である。待たれている、頼みごとをされている、責務と約束に押しつぶされそうになっているということ、それは単に孤独あるいは無意味から引き離されることではなく、自分は他者にとって大切だ、他者にとって、したがって自分自身が重要だという感覚を、もっとも連続的に、もっとも具体的に、実感することである。そして、依頼、期待、招待など、絶え間ない関心の表明である他者からの不断の支持のうちに、生存することの連続的な正当化を見出すことである。

だが、認識され認知された社会的機能を付与することによって、必然性なき生存の無意味と偶然性という感覚から引き離すことができる聖別効果を、より肯定的に、より説得的に示すためには『自殺論』を読み返すとよい[39]（デュルケームは科学主義信仰を極端に推し進めて、生存の理由の問題をもっとも高度に提起する自殺という行為の存在理由の問題を排除してしまったのだが）。『自殺論』によると、自死への傾向性は認知された社会的重要性に反比例して変化する。社会的行為者が聖別された社会的アイデンティティ、つまり夫とか父親、主婦などのアイデンティティを付与されていればいるほど（すなわち、独身者よりは既婚者、コドモのいない夫婦よりはコドモのいる夫婦の方が）自分の生存の意味を疑うことが少なくなる。社会世界はもっとも稀少なもの、認知、敬意、要するに存在理由を与えるのである。生命に意味を、また、死にさえも、それを至上の犠牲として聖別することによって、意味を与えることができるのである。

すべての分布のうち、もっとも不均等な、いずれにせよもっとも残酷な分布は象徴資本の配分、つまり社会的重要性と生きる理由との配分である。たとえば、よく知られていることだが、病院とその職員が死んでいく患者にほどこす看護や配慮は、意識的であるよりは無意識的にだが、患者の社会的重要性に比例している。[40] 人間の価値のヒエラルキー(これは富と権力のヒエラルキーと完全に重なることはけっしてない)において、貴族(伝統的な意味での、またわたしが国家貴族と呼ぶ現代的な意味での貴族)は烙印を押されたパリア、すなわち、カフカの時代のユダヤ人、あるいは今日の、ゲットーの黒人、ヨーロッパ諸都市周縁部の労働者街のアラブ人やトルコ人など、否定的象徴資本の呪いを担っている者たちと対立する。象徴資本をつくる社会的認知のすべての具体的形態、すなわち、よく知られ、目立つ、有名な、賛美され、話題にされ、招待され、愛される社会的存在をつくる被知覚存在のすべての形態は、いずれもすべて恩寵(つまりカリスマ)の現われである。この恩寵が、それが触れた者を、正当化なき生存の悲嘆から引き離し、彼らに、マックス・ヴェーバーの言う宗教のごとき「彼らの特権の神義論」(これだけでもすでにたいしたことだが)のみか、彼らの生存の神義論をも付与するのである。

逆に、認知されるための、社会的に認知された社会的存在にアクセスするための、要するに人間性にアクセスするための象徴的闘争で敗北した者の状況以上に悲惨な剥奪状態、貧窮状態はない。

この闘争は、自分について好ましい表象を与えるためのゴフマン的なたたかいに還元されない。それは、同じ権力をめざす他の競争者からしか手に入れることができない権力のための競争である。他者に対する権力――その存在を他者から、他者の視線から、他者の知覚から、他者の評価から獲得する権力――のための競争である（だからホッブズの「人間は人間にとって狼」とスピノザの「人間は人間にとって神」のいずれかを選ぶ必要はない）。つまり、権力欲に対する、そして権力欲の対象に対する権力のための競争なのである。意味を与えるという主観的行為（これは意識と表象をかならずしも内含しない）の産物ではあるが、この象徴的権力（魅力、誘惑、カリスマ）は客観的実在性を付与されて現われる。そして、それを生み出す他者の視線を決定する（バンヴェニストが記述した忠誠〔fides〕のように[41]。あるいはマックス・ヴェーバーが分析したカリスマのように。ヴェーバー自身、視線の凝集から生ずる超越性と、とりわけ社会的諸構造と身体化された諸構造の一致との物神化の効果の犠牲者であるが）。

経済資本、文化資本、社会的資本、どんな種類の資本も、それが明示的あるいは実践的認知を獲得するとき、つまり、その資本が生み出された空間とおなじ諸構造にしたがって構造化されたハビトゥスからの認知を獲得するとき、象徴資本として機能する傾向性（程度の違いはあるが）を持っている（だから、厳密には資本の象徴的効果と言うほうがよいかもしれない）。言い換えれば、象徴資本（地中海沿岸諸社会の男の名誉、有力者《ノターブル》あるいは中国のマンダリンの名望、著名な作家の威信など）は資本の個別的な種類なのではなく、すべての種類の資本が資本として、すなわち（現勢的あるいは潜勢的）搾取の力、権力、能力として認識されなくなったとき、したがって正当と認知されたとき、象徴資本になるのである。より精確に言えば、資本は、それを記号として、重要性の記号として知覚するように性向づけられたハビトゥス——すなわち、その資本に適合しているがゆえにそれに認知を与えるように仕立て上げられた認識構造との連関でそれを認識し認知するように性向づけられたハビトゥス——との関係のなかで、象徴資本（たとえば「正直は最良の策」〔honesty is the best policy〕という確認＝教訓が示唆しているように、この資本は利益をもたらす）として存在し作用するのである。力関係の意味関係への変化の産物である象徴資本は重要性と意味の不在としての無意味から行為者を救う。

認識され認知されること、それはまた、認識され認知されるに値するものごとを認知する、聖別する、言う、うまく言う権力を持っている、ということである。より一般的に言えば、存在するものを言う、あるいは存在するものがどうなっているかを言う、存在するものについてどう考えるべきかを言う、それも、言われたことを言行為に一致せしめて存在させることができる遂行的言行為（あるいは予言行為）によって言うことである（この権力の官僚的バリアントが法的文書、カリスマ的バリアントが預言的発話である）。聖別された者がいま現にあるところの者であることを正当化する、彼がいま存在するように存在することを正当化することを目的とする象徴的儀式である叙任儀礼は、その対象者を不法な権力行使から、ペテン師の妄想的虚構から（その極限的形態は自分をナポレオンと信じる狂者である）、あるいは簒奪者の恣意的強制から切り離すことによって、彼を文字どおりつくり上げる。言い換えれば、叙任儀礼は、その対象者がみずからそうと称する者であることを、彼がみずからそうと称する者であることは正当であることを、彼が、虚構であれペテンであれ、万人の目の前で普遍的に認知されるに値するものと宣言されたがゆえに（オースティンの言い方によると）[42]「正当なペテン」――つまりそれと認識されない、ペテン師自身をはじめ万人によってペテンであることを否認された「正当なペテン」――となった役割をになうのは正当であることを公に言明するのである。

叙任儀礼というこの遂行的な魔術行為は、その対象者に彼を定義する職名あるいは称号を、信任式典（中世の学位授与式、司祭の叙階式、騎士の叙任式、国王の戴冠式、教授就任講義、裁判所の開廷式など、また次元は違うが、割礼式や結婚式など）において、厳粛に授与することによって、対象者がその人物に、すなわち自分がなるべき者になること、自分の役割、すなわち自分の社会的虚構のうちに心身ともに投ずること、職名、称号、免状、ポスト、名誉などの形で自分に付与された社会的なイメージあるいは本質を引き受けること、法人格として、集団の普通あるいは特別の成員として、集団の化身となること（彼は集団の模範的な化身となることで集団を存在せしめることに寄与する）を可能にする、またそう命令するのである。

一見、非人格的に見えるが、叙任儀礼は常に高度に人格的なものである。本人出席の上、本人みずから遂行しなければならない（例外中の例外を除けば、聖別式典に代理を出席させることはできない）。尊厳性（この尊厳性はそれを所有する者の身体が滅びても生き続けることを示すために「不滅の尊厳性」〔dignitas non moritur〕と言われる）のなかに引き上げられた者はこの尊厳性を、自分の全存在において、すなわち自分の身体をもって、怖れおののきつつ、事前の煩悶と苦しい試練のなかで、引き受けなければならない。彼は自分の叙任に全人格的に自己を投資しなければならない。すなわち、自分の信心、信念、身体を賭けなければ、担保として与えなければならない。自分の全行動、全言説（儀礼言語の認知的機能）によって、自分の役割に対する信仰を、またその役割を授与する集団——見返りとして同じ保証を期待できるからこそ、その役割に絶大な保証を与える集団——に対する信仰を証明しなければならないのである。この保証されたアイデンティティはその代償としてアイデンティティの保証（「ノブレス・オブリージュ」）——社会的定義が作り出すはずの人物像、そして、集団を集団として存在せしめること、集団を認識・認知させつつ作り出すことを目的とする個人的・集団的表象《ルプレザンタシオン》＝代表作業によって維持されるべき人物像に一致していることの保証——を与えることを要求する。

　言い換えれば、叙任儀礼とは、集団の正規の成員としての自己の存在、彼の正当性について対象者を安心させるために存在する。しかしまた、聖別することができる聖別された集団として集団が存在していることについて、また、自分が生産し再生産する、そして対象者がそれらを受領することを受け容れることによって存在せしめる社会的諸虚構（職名、称号、名誉）の実在性について集団を安心させるために存在する。集団は表象《ルプレザンタシオン》＝代表作業によって生産されるわけだが、その表象＝代表作業は、自分が表象《ルプレザンテ》＝代表する（演劇的な意味で。また、全権委任〔procuratio ad omnia facienda〕をされた者という法的な意味で）集団を象徴することを負託されているがゆえに、無条件の信念のうちに素朴に投資されたハビトゥスの保証を、自分の身体を賭して、与えなければならない行為者だけがなすことができる作業である。（それに対して、反省的な、とりわけ叙任儀礼とそれが制度化するものに関して反省的な性向の持ち主は象徴権力と権威の円滑な流通に対して脅威となりうる。あるいは無責任な、不穏な主観性の持ち主に誤って象徴権力を与えてしまうことになりかねない。[43]）生物学的人間としては、全権代表、受任者《マンダテール》、代表《デレゲ》、スポークスマンは愚鈍であったり熱血漢すぎたりするし、いずれにせよ、死すべき存在である。代表者としての彼らは、彼らが永続的なもの、遍在的なもの、超越的なものとして存在させることに寄与している集団——そして彼らが彼らの口をとおして語らせ、象徴及び動員力のある標識となった彼らの身体によって代表することで一時的にその化身となっている集団——の永遠性と遍在性を分有しているのである。

フロイトの分析で知られるダニエル＝パウル・シュレーバー院長は、一八九三年六月、ドレスデンの控訴院院長に任命されたときパラノイア妄想に陥った。このケースについて述べるなかでエリック・L・サントナーが指摘しているように、[44]危機の可能性あるいは脅威は、潜勢的に、常に、とりわけ制度の恣意が顕わになる初期段階に現存している。というのは、新任者が職務をわがものにするということは職務が新任者をわがものにするということでもあるからである。タイトル取得者はみずからの身体において職務に所有されることを受け容れてはじめて職務を所有するにいたる。叙任儀礼はまさにそのためにある。ある服装（しばしば制服）を、ある言語（制服とおなじようにやはり標準化・様式化された言語）を、適切な身体ヘクシスの採用を強制することによって、叙任儀礼は新任者をひとつの非人格的な存在様式に持続的に縛りつけ、こうして彼をほとんど無名化することによって、彼が私的人格としての自己を犠牲にするという途方もないことを受け容れていることを鮮明にすることを狙っているのである。相続が素直に進行しないのは、相続の権利者になるためには遺産によって所有されなければならないという必然性が予感されるからこそ（あるいは、この必然性を、ことのはじめの恣意性のうちに突然発見するからこそ）である。すべての者に、秩序に従うように警告する、社会的秩序が彼に指示した社会的存在（「男」「女」「長男」「次男」）になるように警告する（「あれはお前の妹だろ」「お前の方が年上だろ」）すべての行動と言葉、そしてまずは家族内で、次いであらゆる種類の制度内で、象徴資本の世代間流通を規制することによって象徴秩序の維持を保証しようとするすべての行動と言葉、無数の、しばしば微細であるため、無限小であるため、感知できず目に見えない行動と言葉……叙任儀礼とはこれらの行動と言葉を凝縮したものなのである。おのれの役割に、またその役割を介して、彼にその役割を委ねた構成体〔corps constitué〕（教会法学者たちはウニヴェルシタス、コレギウム、ソキエタスなどさまざまに呼んでいたが）に、心身共に自己を捧げることによって、高位にある、あるいは公務を負託された、正当な後継者は、彼以前から存在する、そして彼の後にも存在し続ける職務の永遠性と、彼がその化身である、彼がその一部をなす、それゆえにその永遠性を分有する神秘的な団体の永遠性とを確保することに寄与するのである。

制度とは、人を恣意性から救う権力をもつ恣意的存在である。至上の存在理由、すなわち病気、身体障害、死にさらされた偶然的な存在である人間は、社会秩序とおなじように超越的で不滅の尊厳性を与えられている、それに値するという主張を人間に認める権力をもつ恣意的存在である。叙任儀礼はこの恣意的な存在である制度の効果の拡大した、きわめて見やすいイメージを映し出す。そして命名行為——身分証明書や診断証明書、あるいは身体障害証明書の発行のような日常行政的次元の卑近な行為から、諸貴族を聖別するような厳かな行為にいたるまでの命名行為——は、いわば無限の退行の果てに、この地上における神の具現化である国家に到達する。国家こそが、正当な生存（病人、身体障害者、教員あるいは司祭としての）の諸証明書の有効性を代行によって証明する無限に繰り返される権威行為を最終的に保証する。社会学はかくて、いわば、国家という最終審級の神学として完結する。カフカの法廷のように真実の陳述と創造的知覚の絶対的権力を付与された国家は、カントの言う神的な根源的直感〔intuitus originarius〕とおなじように、命名することによって、また、区別することによって、存在せしめる。

「社会とは神である。」

カフカの言でもありうるが、デュルケームの言である。デュルケームは、人が言いなすほど、素朴ではなかった。

注

（1）E. Husserl, *Idées directrices pour une phénoménologie*, trad. P. Ricœur, Paris, Gallimard, 1950. とくに p.141 *sq*.

（2）lusiones〔遊び〕は casus〔偶然〕, alea〔偶然〕, sors〔運命〕, fortuna〔運〕とともに、ホイヘンス〔一六二九―九五〕が「チャンス」を指示するために使った語である。(I. Hacking, *The Emergence of Probability. A Philosophical Study of Early Ideas about Probability, Induction and Statistical Inference*, Cambridge, Cambridge University Press, 1975).

（3）Cf. J. Vuillemin, *Nécessité ou contingence, l'aporie de Diodore et les systèmes philosophiques*, Paris, Éditions de Minuit, 1988.

（4）情動を、知覚のドクサ的様態を備えた予感としての未来志向《プロタンシオン》としてでなく、偶然的未来をめざす投企《プロジェ》として扱っているために、サルトルは恐怖のような情動の真摯さを根拠づけることができず、一種の「自己欺瞞」に還元してしまっている。

（5）Pascal, *Pensées*, Br., 172.

（6）G. W. F. Hegel, *Principes de la philosophie du droit*, trad. A. Kaan, Paris, Gallimard, éd. 1940, p.106-108.

（7）V. Woolf, *La Promenade au phare*, trad. M. Lanoire, Paris, Stock, 1979. また E. Auerbach, *Mimésis. Les représentations de la réalité dans la littérature occidentale*, trad. C. Heim, Paris, Gallimard, 1968, p.518-548.

（8）Pascal, *Pensées*, Br., 464.

（9）〔訳注〕エイモス・トヴェルスキー（Amos Tversky　一九三七―九六）。ダニエル・カーネマン（Daniel Kahneman　一九三四生まれ）。共にアメリカの心理学者。認知バイアスの実験的研究にもとづき、判断と意志決定に関して、合理的選択理論を否定するプロスペクト理論を提唱した。カーネマンは行動経済学、実験経済学への貢献で二〇〇二年、ノーベル経済学賞を受賞している。

（10）Pascal, *Pensées*, Br., 234.

（11）G. W. F. Hegel, *Principes de la philosophie du droit*, *op.cit.*, p.24.

(12) D. Davidson, *Essays on Actions and Events*, Oxford, Oxford University Press, 1980.

(13) まさにこのケースにおいて、社会的メカニズムはみずからそのヴェールを剥ぐどころか、目的性、合理性、さらには自由な選択という錯誤となって身を隠すという論理がもっともよく読み取れる。スコラ的幻想は、それと知らずにメカニズムに捕われている目に見えるがままの社会的現実を素朴な記述のなかに記録させる。

(14) Cf. A. Schütz, *op. cit.*, II, p.45.

(15) M. Weber, *Essais sur la théorie de la science*, trad. J. Freund, Paris, Plon, 1965, p.348.

(16) M. Weber, *op. cit.*, p.335-336.

(17) M. Weber, *Économie et Société*, Paris, Plon, 1967, I, p.6.

(18) 〔訳注〕ハーバート・サイモン（Herbert Alexander Simon　一九一六―二〇〇一）。アメリカの認知心理学者。経済学者。一九七八年、「限定合理性」の概念を導入して経済組織内部の意志決定過程を解明した業績でノーベル経済学賞を受賞した。

(19) Cf. P. Suppes, *La Logique du probable*, Paris, Flammarion, 1981.〔トマス・ベイズ（Thomas Bayes　一七〇二―六一）はイギリスの長老派教会牧師また数学者。«Essay towards solving a problem in the doctrine of chances» の著者。〕

(20) Cf. Ellery Ells, *Rational Decision and Causality*, Cambridge, Cambridge University Press, 1982.

(21) R. C. Jeffrey, « Ethics and the Logic of Decision », *The Journal of Philosophy*, 62, 1965, p.528-535.

(22) P. Bourdieu, *Travail et Travailleurs en Algérie*, *op. cit.*, p.352-361. また *La Misère du monde*, *op. cit.*, p.607-611.

(23) 下層プロレタリアと呼びうる人々（不安定就労者、失業者）と定職を持った勤労者を切り離す差異、実践のすべての分野で切り離す差異、とくに政治との関係において切り離す差異についてわたしがおこなった分析をここで取り上げることはしない。次を参照されたい。P. Bourdieu, *Travail et Travailleurs*

en Algérie, op. cit. また *Algérie 60, op. cit.*〔邦訳『資本主義のハビトゥス』原山哲訳、藤原書店、一九九三年〕

(24) V. Zelizer, *The Meaning of Money*, New York, Basic Books, 1994.

(25) M. de Cervantes, *Nouvelles exemplaires*, trad. J. Cassou, Paris, Gallimard, «Folio», 1996, p.101.

(26) Cf. P. Bourdieu, *Homo academicus, op. cit.*, p.116-140.〔邦訳『ホモ・アカデミクス』石崎晴己・東松秀雄訳、藤原書店、一九九七年〕

(27) J. Unseld, *Franz Kafka. Une vie d'écrivain. Histoire de ses publications*, Paris, Gallimard, 1982.

(28) R. Merton, « Socially Expected Durations : A Case Study of Concept Formation in Sociology » in W. Powell, R. Robbins, *Consensus and Conflict*, New York, The Free Press, 1984, p.262-283.

(29) Cf. P. Bourdieu *et al.*, « L'économie de la maison », *Actes de la recherche en sciences sociales*, 81-82, mars 1990.

(30) Cf. M. Pialoux, « Jeunes sans avenir et travail intérimaire », *Actes de la recherche en sciences sociales*, 26-27, 1979, p.19-47.

(31) P. E. Willis, *Profane Culture*, Londres, Routledge & Kegan, 1978. また « L'école des ouvriers », *Actes de la recherche en sciences sociales*, 24, novembre 1978, p.50-61.

(32) Cf. Loic Wacquant, « The Zone : le métier de "hustler" dans le ghetto noir américain », *Actes de la recherche en sciences sociales*, 93, juin 1992, p.38-58.

(33) わたしは、アルジェリアの下層プロレタリアのうちに、制度あるいはメカニズムよりは個人を告発したり断罪したりする同じ傾向を観察した。

(34) A. Ludtke, « Ouvriers, *Eigensinn* et politique dans l'Allemagne du XXe siècle », *Actes de la recherche en sciences sociales*, 113, juin 1996, p.91-101.

(35) P. Bourdieu, *La Distinction*, op. cit., p.109-185.〔邦訳『ディスタンクシオンI』石井洋二郎訳、藤原書店、一九九〇年、一五六―二五八頁〕

(36) Cf. O. Christin, *Une révolution symbolique. L'iconoclasme huguenot et la reconstruction catholique*, Paris, Éditions

de Minuit, 1991.

(37) Pascal, *Pensées*, Br., 211.

(38) モラリストとして語りつつパスカルが、社交的な慰めや栄誉を、見捨てられた状態と孤独に対する偽りの逃避として、また人間の条件の真実との断固たる対決を避けるための自己欺瞞の術策として記述しているのはそのためである。

(39) É. Durkheim, *Le Suicide. Étude de sociologie*, Paris, PUF, 1981.

(40) Cf. B. G. Glaser, A. Strauss, *Awareness of Dying*, *op. cit.*, et *Time for Dying*, Chicago, Aldine, 1968.

(41) Cf. É. Benvéniste, *Le vocabulaire des institutions indo-européennes*, Ed. de Minuit, 1969, t.2.

(42) J. L. Austin, *Quand dire, c'est faire*, trad. G. Lane, Paris, Éditions du Seuil, 1970, p.40.

(43) Cf. P. Bourdieu, *Leçon sur la leçon*, Paris, Éditions de Minuit, 1982.

(44) E. L. Santner, *op. cit.*

訳者あとがき

本書はPierre Bourdieu, *Méditations pascaliennes*, Éditions du Seuil, 1997, 318 p.の全訳である。翻訳作業の過程で次の英訳を参照した。Pierre Bourdieu, *Pascalian Meditations*, translated by Richard Nice, Polity Press, 2000, 256 p.

おとろえない影響力

一般にどんなに有力な思想家、作家でもその没後には影響力が漸次的に減退するのがふつうであるが、二〇〇二年に亡くなったブルデューの場合、すくなくとも今まではその気配がない。

ナタリー・エニックが二〇〇七年はじめに調べたことだが、GoogleにPierre Bourdieuと打ち込むと三七七万件が検索される。そのうち、八九万件がフランス。この数字はフーコーやデリダのそれよりすくないが、マックス・ヴェーバーの一・五倍、デュルケームの二倍だという(1)。

わたしがGoogle Franceで検索したところ、二〇〇九年八月一三日現在で、次の結果が得られた。ブルデュー、一七一万三二一〇〇件。フーコー、一八二万二二〇〇件。デリダ、七五万八五五〇件。ヴェーバー、九八万八一〇〇件。デュルケーム、八〇万九一八〇件。

これもエニックの調査だが、三二冊あるブルデューのフランス語の著作について、二〇〇一年までに二七言語で二一六点の翻訳が出ている。英訳は二七点あるが、そのうち二〇点は一九九〇年から二〇〇一年のあいだに出版された。

これらの数字は、ブルデューの国際的影響力が彼の死後もおとろえていないこと、とくにアメリカでは、フーコーやデリダに一〇年あまり遅れはしたが、じわりじわりと存在感を増していることを示している。

それには、国際的な、また各国それぞれの政治、経済、社会のここ一〇年間の状況が関係していると思われるが、同時に、ブルデューの仕事がきわめて多くの領域に及んでいることが作用している。没後刊行された五点に及ぶ大部な追悼論文集[2]の内外の寄稿者の専門を見ると、哲学・言語・ジェンダー・宗教・メディア・歴史・民族学・経済・教育・都市計画・美術史、そしてもちろん社会学とじつに多岐にわたっている。いずれも自分の専門の分野で彼の仕事から刺激を受けた人たちである。

はじめての体系的理論書

アルジェリアの農民と労働者、ベアルン地方の農民に始まり、学生、教育制度、写真、美術鑑賞、趣味、言語、大学人、国家官僚、文学……などを実証的・経験的に分析する過程でハビトゥス、資本、界といった理論的概念が生み出され練り上げられた。ブルデューはいつも「自分は理論ではブリコルールだ」と言っていたが、彼の理論の特徴は、それが思弁的に構築されたのではなく、個別的研究のなかで提起された個別的問題を解決するために着想され、繰り返し再検討され深化してきたものであることにある。ブルデューの理論は体系ではない、「道具箱」boîte à outils だ、と言われるのはそのためである。このことは、影響が多分野にわたることとも無縁ではない。

自分の理論を全体的に正面切って展開したのは一九九七年刊の本書『パスカル的省察』がはじめてである。大規模なアンケート調査を主導して刊行した『世界の悲惨』（一九九三）のあと、ブルデューとしては、個別的研究は一区切りついた、この辺でこれまでの仕事をとおして築いてきた、そしてそれら仕事を支えてきた理論をまとめてみようと考えたのではないだろうか。その年のはじめのわたし宛の手紙には「ご無沙汰しました。ここ数週間、執筆活動に文字どおり没頭していたのです。『パスカル的省察』というむずかしい本を終えたところです」とあった。ブルデューの意気込みが読み取れた。この本を自分の仕事の総括と考えていたと言えるだろう。最初から最後まで一人称で書かれていることにも、それは表われている。フーコーの『知の考古学』、レヴィ＝ストロースの『構造人類学』とおなじように、この本は「国際的にも、インスピレーションの元になる、討論と批判の対象になる、ひとつの時代を画する参照文献であることはまちがいない」と『ヌーヴェル・オプセルヴァトゥール』誌に載った書評のなかでディディエ・エリボンが書いているのもうなずける。

人間にかんする科学の書

本書の内容を簡潔に伝えるためには、原書裏表紙に掲げられている著者自身による紹介文に沿うのがいちばんである。

「人間にかんする科学の研究過程と成果にはある人間観が内含されている。だが、それは概して暗黙の状態にとどめられている。この科学が一定の発展段階に達したいま、その人間観を明示することが求められている。人間にかんする科学をよりよく実践するために、また、この科学をよりよく理解し受け入れてもらうためにも、この真理開示の作業は不可避である。」

冒頭のこの一文はある意味で「えっ！」とひとを驚かせるようなひとつのマニフェストである。なにより、「人間にかんする科学」la science de l'homme という語句に驚く。

フランスの研究教育機関である社会科学高等研究院 École des hautes études en sciences sociales の本拠はパリ六区のラスパーユ大通りにあるが、その建物には la Maison des sciences de l'homme という名前が付けられている。つまり「人間にかんする諸科学会館」である。伝統的には人類学、歴史学、心理学、社会学、言語学などを総称して sciences humaines「人文諸科学」と言っていた。その後 sciences de l'homme「人間にかんする諸科学」という言い方がなされるようになったわけだが、この表現がいわゆる sciences sociales「諸社会科学」と重なるものでもあることは、社会科学高等研究院＝人間にかんする諸科学の会館の関係をみればわかる（ちなみに、社会科学高等研究院は「歴史学」「社会学・心理学・社会人類学」「諸文化圏」「経済学と数学的諸方法」の部門から構成されている）。

ところで、紹介文の末尾でブルデューは自己を anthropologue「人類学者」、sociologue「社会学者」と規定しているが、従来、自分の実践する学問領域を anthropologie、sociologie とだけでなく、les sciences sociales と言うこともあった。それどころか la science sociale と単数形で言うこともあった。つまり、世間では諸社会科学 les sciences sociales あるいは人文諸科学 les sciences humaines の一分野と考えられている社会学 la sociologie を単数形で la science sociale「社会科学」と呼んだわけである。しかし、la science de l'homme「人間にかんする科学」と単数形で言ったことはないと思う。本書で、ブルデューは、まさに、la sociologie「社会学」＝ la science de l'homme「人間にかんする科学」、自分のやっている学問は人類学でも社会学でもなく、「人間にかんする科学」だと言い切っているのである。そして、この本で、自分が実践している「この科学が一定の発展段階に達したいま」（この科学の研究過程と成果に内含されている）「人間観を明示する」と予告しているのである。驚くべき自負（一部からすれば「思い上がり」）ではないだろうか。

スコラ的性向

「教」という漢字は「棒で打って習わせる」という意味であるのに対し、school（フランス語では

école）という語は「余暇」を意味するギリシア語のスコレー skholè が語源である、というのは日本の大学の教員養成課程の講義で意味ありげにかならず言及される。したがって多くの小学校や中学校で教師によって反復されるトピックであるから、多くの日本人が知っている。ブルデューは「問題提起をあれほど好む哲学がけっして提起しようとしない」このスコレーの問題から議論をはじめる。

スコレー、すなわち余暇とは「世界の緊急事と世界とに対する自由な、解き放たれた関係を可能にしてくれるところの、世界の緊急事から解き放たれた自由な時間」（本書八ページ）である。そしてスコレーは学問・思想・芸術、象徴生産のすべての界の存在条件である。

右に引用した本書の説明文の冒頭に続けてブルデューは言う。

「というのも、思考についてのもっともラディカルな問い直しさえも、すべての精神的所産のひとつの条件、隠された、あるいは抑圧された条件を考えずにいるからである。その条件とは、すべての精神的所産はスコレー skholè のなかで生産される、つまり、余暇《レジャー》のなかで、世界と実践に距離をおいたところで生産される、という条件である。ところが、この状況こそが数々の体系的、認識論的、倫理的、美学的誤謬を生み出すのである。この誤謬原理を方法的批判にさらさなければならない。」

哲学を嗤う哲学

わたしは一九八七年から八九年までの二年間、コレージュ・ド・フランスでブルデューの講義に連なったが、そのなかでブルデューは「もちろん当時、社会学は存在しなかったけれども、パスカルは比類のない、もっともすぐれた社会学者です」と繰り返し述べていた。本書の序論でブルデューは自分をマルクスのエピゴーネン視しようとする者たちに対する韜晦の意図もあって、自分を「パスカリヤン」と称することがあったと述べているが、パスカルとの関係が皮相なものでなく、彼の思想、理論の根底に及ぶ深いものであることは本書を読みすすむうちに納得されることであろう。ブルデュー没後、歴史学者ロジェ・シャルチエが、追悼文のなかで、ブルデューはその生き方までも含めて「パスカリヤン」だと言っていたことが思い起こされる。ブルデュー自身による本書の紹介文には右に続いてこうある。

「この批判はパスカルに依拠しておこなうことができる。パスカルの人間学的省察はスコラ的視線が見てとることができない人間の実存の諸特徴、すなわち力、慣習、自動機械、身体、想像力、偶然性、確率に及んでいるからである。また、パスカルは人間にかんする科学がみずからの解放をなしとげるために遂行しなければならない象徴革命のスローガンを提示しているからである。いわく『真の哲学は哲学を嗤う』』。

人間にかんする科学はひとつの否定的哲学に行き着く。根本的な諸前提、とりわけ自由かつ自己に透明な「主体」という前提を問い直す哲学である。ヴィトゲンシュタインやオースティン、デューイ、パースなど異端派の哲学者も援用しながら、暴力、権力、時間、歴史、普遍についての、さらには実存《エグジスタンス》（生存）の意味についての伝統的な考察を一新する哲学である。そこからひとつの人間像が浮かび上がってくるはずである。この人間像はたぶん読者を驚かすであろう。憤慨させるかもしれない。なぜならこの人間像は自生的《スポンタネ》な見方（学問的な見方はこれを否認するように見えながら実は是認していることが多い）と断絶するものであるからである。」

否定的哲学から理性の現実政策へ

「数々の体系的、認識論的、倫理的、美学的誤謬を生み出す」「誤謬原理」、すなわちスコラ的性向を「方法的批判」にさらした結果としての認識論的断絶、すなわち「人間にかんする科学がみずからの解放をなしとげるために遂行しなければならない象徴革命」の過程はたしかに「否定的」哲学であるかもしれない。しかし、ブルデューがこの段階にとどまらなかったことは本書をよく読めば明らかである。一九九五年以降の、つまり本書の執筆と一部かさなる時期のブルデューの言説と行動、つまり『向かい火[3]』*Contre-feux* に収められたようなメディアへの寄稿や労組・社会運動の集会での発言で展開された、ネオ・リベラリズムとグローバリゼーション批判のアンガージュマンは、「ポピュリスム」だ、「ミゼラビリスム」だ、「デマゴギー」だと、盛んに非難された。学問の自立・自律《オートノミー》を説いてきた立場と矛盾するではないか、というのである。

たしかにブルデューは長い間サルトル的な「預言者的知識人」l'intellectuel prophétique、グラムシが説いた「機関的知識人」l'intellectuel organique という在り方を批判してきた。安易な社会参加《アンガージュマン》を拒否し、一貫して詳細・緻密な調査に基づいた研究を積み重ね、力動的な構造主義的社会理論を構築するという禁欲主義的な態度を持してきたのである。しかしこの、社会参加について自己抑制的な姿勢が変化したことをはっきり示すテクストがある。「一九九〇年三月一四日、ローマ」の注記がある「政治的独占と象徴革命」と題する短い文章[4]である。このなかでブルデューは、その誕生時に社会主義と臍の緒で結ばれていた社会学は科学としての自立（律）性を確立するために自己純化に努めてきた（デュルケーム、ヴェーバーら）わけであるが、いまや本来の「ユートピア機能」fonction utopique を回復しなければならないと説き、ある意味で自己批判をおこなっているのである。

「やや単純化して言えば、社会科学は科学の地位へのアクセスの代償としてある大きな犠牲を払ったのであった。みずからの四肢を切断するに等しい自己検閲によって社会学者たち（私を筆頭として。というのも私はしばしば預言者志向と社会哲学の誘惑を告発してきたのであるから〔傍点は引用者〕）は、社会についての理念的でグローバルな表象〔傍点部は原文で斜体〕を提示するすべての試みを、科学のモラルにたいする侵犯であり科学研究者の恥として、退けなければならないと考えてきたからである。」

しかしながら「自立（律）とアンガージュマンの間に、分離と協力の間に、人々が考えるような二律背反《アンティノミー》はない。対立を孕んだ批判的協同というものがありうる。『機関的知識人』というのは党機関の文化生産者という職業的イデオロギーにすぎないが、そのような幻想とはちがって、真の知識人とは分離の中での協同を確立することができる者のことである。……真の知識人は、固有の意味で知的な権威と、みずからの責任においてあえて政治に介入する資格とを……ただ自分自身と自分の学問的業績に負っているのである（多くの先人のあるなか、最近の例で言えば、チョムスキーやサハロフのように）。」

つまり、研究者たちはそれぞれの専門分野における、集合的・協同的研究の成果をもって、既成の秩序、自然的なものとして、したがって自明的なものとして強制され受け入れられている秩序を転覆する仕事に寄与すべきだと主張しているのである。

「理性の現実政策」Realpolitik de la raison あるいは「普遍の現実政策」Realpolitik de l'universel とか、挙げ句の果てには「幸福の経済学」economics of happiness とか、ユートピア主義的なことを欧州諸国のみか日本にまで来て説くにいたったについては、そのようなブルデューの意識的な位置取り prise de position があったのである。

信管を売る

ブルデューが最後に来日したのは二〇〇〇年一〇月のことだが、このときの講演(5)のなかで彼は、労働組合、社会運動の指導者のなかには専門的知識と能力において大学人に勝るとも劣らない人々が出現していることを指摘して、彼らを「研究者である活動家」militants-chercheurs と呼んだ。その一方で、大学人ら職業的専門研究者に「信管を売る」こと、つまり「活動家である研究者」chercheurs-militants となることを勧めた。「信管を売る」とは vendre la mèche というフランス語の成句の「直訳」だが、比喩的に trahir un secret ; dévoiler un dessein qui devait être tenu secret「秘密をばらす。秘密にしておくべきであったたくらみを暴露する」という意味である。みずからの研究によって獲得した政治や経済や社会の仕組みについての専門的な知識を被支配層のために生かせ、と言っているのである。

おなじ講演のなかでそのブルデューがおのれ自身について次のように言っている。

「わたしは公共機関の研究者です。公共機関によって生み出された存在です。わたしは自分の仕事の成果で報酬を受けているわけですが、その成果を公共に返還すべきであると考えます。わたしは社会を理解しようと努めることで報酬を得ています。その報酬を還元することが社会的義務と思うわけです。」

公共機関と訳したのは le service public という表現だが、これは文字どおり「公共サービス」であり「公共サービス機関」であるから、交通、郵便、水道・ガス・電気、医療、社会保障などの公共サービス業務、またそれらをおこなう機関、行政組織も含まれる。国家の公共サービス機関（官僚総体、厚生労働省をはじめとする省庁）の評判が地に墜ちているわれわれの国の現状からすると信じがたいような発言だが、ブルデューが言っているのは、自分は公共サービス機関である小学校以来、公共サービス機関である国立の学校で無償の教育を受け、公共サービス機関である国立の大学・研究所、またコレージュ・ド・フランスで研究・教育をおこなうことで生活の糧を得ている、だから「信管を売る」という仕方で、その成果を le public（「公共」、「公衆」）に還元するのは自分にとって「社会的義務」と考えている、ということである。価値論的中立あるいは倫理的中立の概念を作りあげ、社会学者の職業的イデオロギーの絶対的な中核としたマックス・ヴェーバーの『職業としての学問』などを根拠に、ブルデューのアンガージュマンを非難することがいかに的はずれであるかがわかる。

「未来のない者たち」

ところで、たとえ「活動家である研究者」であろうとも、「研究者」という知識人はスコレーに恵まれた存在、スコレーのなかで象徴生産をおこなう存在である。自分の理論を全面的に展開しようとする書物の冒頭で「わたしは自分のなかの知識人が好きになれない」（本書一九ページ）という告白にぶつかって驚くが、みずからを拘束するスコラ的条件に無自覚であるために、人間と社会について誤謬をおかす知識人の対極にあるのが、スコレーをもたない人間、「未来のない者たち」である。不安定な就業状態にある者たち、失業者たち、未来の展望をもてない若者たちである。本書の第VI章でブルデューが彼らの「生存・実存」existence の意味を問うにいたったとき（三七七ページ）、わたしたちはようやく、権力・支配・暴力・歴史・正当化をめぐるブルデューの難解な理論の土台には彼らの存在があることを理解する。そしてブルデューが一九六二年に書いた一文を思い起こす。それは、彼が自分の生まれ故郷であるベアルン地方の農家の息子たちの結婚難を調査した論文[6]の結語である。

「観察の対象とした個々の人間たちを操っている糸を発見することだけが社会学の目的であるとしたならば、社会学が人間を相手としているのであること（たとえ彼らが操り人形のように自分の知らない規則に従うゲームを演じているときでさえ）を忘れたならば、要するに、社会学が人々に彼らの行為の意味を取り戻させることをみずからの任務としていないのならば、社会学には三文の価値もない。」

「三文の価値もない」と訳したフランス語は ne pas mériter une heure de peine、つまり「一時間の苦労にも値しない」。これを書いた一九六二年からブルデューは、二〇〇二年に死ぬまでの四〇年間、社会学をやってきた。社会学はブルデューにとって四〇年間汗水流してやる苦労に値する営みであった。それは、観察の対象とした人々に「彼らの行為の意味を取り戻させること」を常に心がけてきたから、「未来のない者たち」を意識しながらであったからである。

ブルデューの学問ははじめから根底的に政治的であった。ブルデューにおいては「学問」と「政治」は不可分である。ブルデューの仕事の根幹はここにある。ブルデューを理解する鍵はここにある。

「驚き」「憤慨」する者たちもいるかもしれないが、「社会とは神である」というデュルケームのことば、デュルケームとおなじく「社会学主義」というレッテルを貼られかねないような挑発的なことばを結語とした本書に続くブルデュー最後の二著が

Science de la science et réflexivité, Raisons d'agir, 2001, 239 p.『科学の科学と反省性』

Esquisse pour une auto-analyse, Raisons d'agir, 2004, 142 p.『自己分析のための素描』

である。前者はコレージュ・ド・フランス定年退職前の二〇〇〇／〇一学年度の講義録、後者は没後出版の自伝である。本書に続けて刊行の予定である。

なお、本書のタイトルについてひと言付け加えておく。

Méditations pascaliennes の méditation は辞典 *Le nouveau Petit Robert* の定義によれば「ある主題について長く深く考えること、その結果」である。デカルトの著作のひとつに *Les Méditations métaphysiques*

『形而上学的省察』がある。またよく知られているように、フッサールの著作に *Cartesianische Meditationen und Pariser Vorträge*『デカルト的省察とパリ講演』がある。ブルデューが本書のタイトルを考えたとき、この二つの著作を意識していたことはまちがいない。

また、繰り返しになるが、「自分は理論的にはブリコルールだ」とブルデューはよく言っていた。本書で説明されている理論的諸概念はいずれも、経験的研究を積み重ねる過程で少しずつ練り上げられ、体系化されてきたものである。本書を十分に理解するためには、『再生産』『ディスタンクシオン』『実践感覚』『ホモ・アカデミクス』『国家貴族』『芸術の規則』などブルデューの主著を併せ読まれることをお勧めする。(7)

わたくしの責任で翻訳が大幅に遅れてしまったことを藤原良雄社主にお詫び申し上げる。この間、担当者が何度か代わったが、最終的にお世話になった西泰志氏に深く感謝する。

二〇〇九年八月一五日

訳者

注

（1）Nathalie Heinich, *Pourquoi Bourdieu*, Gallimard, 2007.

（2）*Travailler avec Bourdieu*, Flammarion, octobre 2003 ; *Pour une histoire des sciences sociales*, Fayard, octobre 2004 ; *Pierre Bourdieu sociologue*, Fayard, octobre 2004 ; *La liberté par la connaissance Pierre Bourdieu*, Odile Jacob, novembre 2004, *Rencontres avec Pierre Bourdieu*, Éditions du Croquant, mars 2005.

（3）邦訳『市場独裁主義批判』加藤晴久訳、藤原書店、二〇〇〇年。

（4）*Propos sur le champ politique*, Presses universitaires de Lyon, 2000（邦訳 ピエール・ブルデュー『政治』藤原書店、二〇〇三年）所収。

（5）ピエール・ブルデュー『新しい社会運動——ネオ・リベラリズムと新しい支配形態』恵泉女学園大学発行、藤原書店発売、二〇〇一年。ここ一〇年間の、とりわけ二〇〇八年のサブプライム問題をきっかけとする危機的状況が、この講演と『市場独裁主義批判』でブルデューが「予言」していたとおりであることに、改めて驚く。

（6）Pierre Bourdieu, *Le bal des célibataires, Crise de la société paysanne en Béarn*, Éditions du Seuil, 2002（邦訳『結婚戦略——家族と階級の再生産』丸山茂・小島宏・須田文明訳、藤原書店、二〇〇七年）所収。

（7）『実践感覚』については邦訳でなくフランス語原書あるいは次の英訳を読まれるようお勧めする。Pierre Bourdieu, *The Logic of Practice*, translated by Richard Nice, Stanford University Press, 1990, 333p.

ポー，エドガー　149-150
ボードレール，シャルル　141-152, 157-158
ボーフレ，ジャン　60-61, 85
ボールドウィン，ジェームズ　290
ポパー，カール　286, 368

マ

マートン，ロバート・キング　185, 392
マキャベリ，ニッコロ　163, 287
マシス，アンリ　227
マネ，エドゥアール　107, 142, 172
マラルメ，ステファヌ　17-18, 22, 318
マラン，ルイ　84, 164, 215
マリノフスキー，ブロニスワフ　34
マルクス，カール　8, 20, 107, 114, 154, 175, 209, 233, 294, 302-303, 343-344, 425
マンハイム，カール　225
ミュンヒハウゼン男爵　72
ミル，スチュアート　271
ムーア，G・E　55
メートル，ジャック　193, 216
メナール，ルイ　145, 157-158
メルロ＝ポンティ，モーリス　60, 67, 243, 250
毛沢東　70
モース，マルセル　263, 294, 327, 329, 333
モーラス，シャルル　227
モンテーニュ，ミシェル・ド　163
モンテスキュー，シャルル・ド　175

ヤ

ヤスパース，カール　85
ユゴー，ヴィクトル　143, 149

ラ

ラ・フォンテーヌ，ジャン・ド　255
ラ・ロシュフコー　336
ライプニッツ，ゴットフリート　66, 229, 246, 275, 368, 383
ライル，ギルバート　55, 106, 252
ラカン，ジャック　50
ラブレー，フランソワ　44
ラボフ，ウイリアム　128-129
ラマルティーヌ，アルフォンス・ド　148
リクール，ポール　67
リッケルト，ハインリヒ　47, 49, 85
リュトケ，アルフ　397
ルイ十四世　258, 278
ルカーチ，ジェルジ　239
ルコント・ド・リール（本名シャルル＝マリ・ルコント）　148
ルソー，ジャン＝ジャック　114
ルナン，ルナン　227
ルフェーブル，アンリ　83
レヴィ，ベルナール＝アンリ　158
レヴィ＝ストロース，クロード　50, 84, 94, 141, 301, 327, 331
レヴィ＝ブリュール，リュシアン　90
ローティ，リチャード　187
ロールズ，ジョン　133-134, 156, 162

ワ

ワグナー，リヒャルト　151

ドゥルーズ，ジル　62, 85, 158, 232
ドストエフスキー，フョードル　367
トムスン，E・P　164
ドラクロア，ウジェーヌ　143

ナ

ニーチェ，フリードリヒ　12, 182, 185
ニザン，ポール　58
ニュートン，アイザック　381
ネーゲル，トマス　182, 216
ネルソン・グッドマン　317
ノーデ，ガブリエル　164, 215
ノラ，ピエール　84

ハ

パース，チャールズ・サンダース　56, 426
ハーバーマス，ユルゲン　40, 113-115, 120, 122, 134, 140, 154, 156, 182, 185-186, 203, 206
ハイデガー，マルティン　9, 47-51, 54, 60-62, 66, 73, 78, 80, 83, 85, 119, 126, 138, 225-226, 235, 239, 242, 364, 387, 406
バシュラール，ガストン　64-67, 90, 165, 200
バシュラール，シュザンヌ　67
バタイユ，ジョルジュ　67
パノフスキー，エルヴィン　43
バブー，イポリット　143
バフチン，ミハイル　44, 94
パリアント，ジャン＝クロード　154
パリアント，フランシーヌ　286
パレート，ヴィルフレド　271, 332
バレス，モーリス　227
ヒエロニムス，カール　85
ヒューム，デイヴィッド　163, 232, 304
ビュトール，ミシェル　234
ピント，ルイ　83
ファイヒンガー，ハンス　29
ファビアニ，J-L　60
ブーヴレス，ジャック　233
フーコー，ミシェル　62, 65, 85, 140, 153, 175, 182, 185, 240, 301, 421-423
ブーリコー，フランソワ　279
フェーヴル，リュシアン　44
フォコニエ，ジル　36
フッサール，エトムント　48, 62, 67, 85, 92, 100, 137-138, 156, 226, 242, 250, 264, 325, 354-355, 432
プトレマイオス，クラウディオス　335
ブラーエ，ティコ　335
プラトン　13, 29-30, 54, 78, 80, 83, 97, 115, 126, 193, 195, 225-226, 234, 244, 370, 372, 385
プルースト，マルセル　403
ブルデュー，ピエール　6, 84, 155-156, 158, 215-216, 278, 421-433
フロイト，ジークムント　133, 283-284, 324, 414
ブローデル，フェルナン　50
フローベール，ギュスターヴ　225
ブロッホマン，エリザベート　84
ベイズ，トマス　418
ヘーゲル，ゲオルク・ヴィルヘルム・フリードリヒ　73, 76, 124, 229, 244, 250, 358, 360, 366
ベーコン，フランシス　278
ペギー，シャルル　227
ベルグソン，アンリ　226-227, 271
ヘルダー，ヨハン・ゴットフリート　132, 158
ベルンハルト，トマス　10
ベンサム，ジェレミ　238
ホイヘンス，クリスティアーン　417

クラウス，カール　183, 216
グラムシ，アントニオ　427
グリュンバウム，アドルフ　276
クローデル，ポール　227, 306
グローマン，ヨハン＝クリスチアン　86
クワイン，W・V・O　181
ゲルー，マルシアル　66, 73
ケルゼン，ハンス　163, 215
ゴーティエ，テオフィル　143, 148
ゴフマン，アーヴィング　35, 269, 314, 319, 346, 410
コペルニクス，ニコラウス　325

サ

サイモン，ハーバート　374, 418
サハロフ，アンドレイ　428
サミュエルソン，ポール　332
サルトル，ジャン＝ポール　34, 39, 58, 60-61, 65-66, 68, 195, 240, 253, 260-261, 262, 278, 328, 417, 427
サントナー，エリック・L　241, 414
シェン，ファン　82
ジッド，アンドレ　119, 195, 306
シャクター，アーネスト　43
シャルチエ，ロジェ　426
ジャンケレヴィッチ，ウラジミール　60
シャンフルリー（本名ジュール・ユソン）　143
シュッツ，アルフレッド　93, 250, 264, 296-297, 369
シュレーバー，ダニエル＝パウル　414
ショーペンハウアー，アルトゥル　10
ジンメル，ゲオルク　383
スターリン，ヨシフ　70
ストローソン，ピーター・フレデリック　55, 229
スピノザ，バールーフ・デ　78, 296, 410
セニョーボス，シャルル　227
セルバンテス，ミゲル・デ　389
センヌヴィル（→ルイ・メナール）
ソクラテス　100, 225, 346
ソシュール，フェルディナン・ド　169, 294
ゾラ，エミール　45

タ

ダーウィン，チャールズ　185
タレス　32, 81
チョムスキー，ノーム　94, 301, 428
ディルタイ，ヴィルヘルム　47, 49, 222
デヴィッドソン，ドナルド　366
テーヌ，イポリット　227
デカルト，ルネ　42, 108, 111, 117, 163, 194, 227-228, 246, 287, 354, 366, 390, 431-432
デュ・カン，マクシム　148
デューイ，ジョン　56, 91, 136, 426
デュシャン，マルセル　10
デュポン，ピエール　143
デュメジル，ジョルジュ　50
デュルケーム，エミール　35, 41-42, 50, 68, 82, 226-227, 264-265, 294-295, 300-301, 303, 306, 408, 416, 421, 427, 431
デリダ，ジャック　64, 85, 156, 158, 351, 421-422
ド・タルド，アルフレッド　227
ド・バンヴィル，テオドール　143, 148
ド・ラプラド，ヴィクトール　148
トゥールミン，スティーヴン　55
トヴェルスキー，エイモス　362, 417
ドヴォートゥール，ポール　10

人名索引

（本文・注・訳者あとがきに登場する主要人物）

ア

アウグスティヌス，アウレリウス　107-108
アガトン（→アンリ・マシス）
アスリノー，シャルル　143, 148
アペル，カール・オットー　186
アラン　61, 85
アリストテレス　136, 237, 313
アルチュセール，ルイ　64-65, 350, 396
アルベルティ，レオン＝バチスタ　43, 81
アレクサンドル，ミシェル　61, 66, 85
アロン，レイモン　65, 68
イェリネク，エルフリーデ　10
ヴァイニンガー，オットー　123
ヴァカン，ロイック　395
ヴィトゲンシュタイン　8, 20, 30, 55, 71, 92, 94, 169, 426
ウィリアムズ，レイモンド　45
ウィリス，ポール・E　394
ヴィンケルマン，ヨハン・ヨアヒム　143
ヴーヴレス，ジャック　71
ヴェーヌ，ポール　341
ヴェーバー，マックス　44, 47, 49, 133, 145, 150, 155, 184, 209, 251, 264, 271, 302-303, 321, 334, 369, 373-374, 376, 409-410, 421, 427, 430
ヴェーユ，エリック　66-67, 358
ヴュイユマン，ジュール　66, 73
ウンゼルト，ヨアキム　390
エニック，ナタリー　421
エリアス，ノルベルト　62, 85, 209, 330
エリボン，ディディエ　423
エルスター，ジョン　237
オークショット，マイケル　138-139
オースティン，ジョン・L　29-30, 56, 412, 426

カ

ガーダマー，ハンス・ゲオルグ　138
カーネマン，ダニエル　362, 417
カッシーラー，エルンスト　35, 81, 300, 303
カフカ，フランツ　241, 390, 403, 405, 409, 416
ガリレオ・ガリレイ　41
カンギレーム，ジョルジュ　65-66
カント，イマニュエル　8, 43-44, 47, 66, 72-74, 82, 91, 93, 111, 114-115, 123-125, 127-128, 131-132, 136, 156, 179, 185, 203, 206, 216, 237, 249-250, 278, 300-301, 318, 351, 365, 416
カントロヴィッチ，エルンスト・H　179, 216, 249, 278
キケロ，マルクス・トゥッリウス　48
キネ，エドガー　145-146, 158
キルケゴール，セーレン　16
グールドナー，アルヴィン　24
クールベ，ギュスターヴ　152
クーン，トーマス　171
グライス，ポール　206

著者紹介

ピエール・ブルデュー（Pierre Bourdieu）

1930年生まれ。高等師範学校卒業後，哲学の教授資格を取得，リセの教員となるが，55年アルジェリア戦争に徴兵。アルジェ大学助手，パリ大学助手，リール大学助教授を経て，64年，社会科学高等研究院教授。教育・文化社会学センター（現在のヨーロッパ社会学センター）を主宰し学際的共同研究を展開。81年コレージュ・ド・フランス教授。02年1月死去。主著『ディスタンクシオン』『再生産』『芸術の規則』『実践理性』（邦訳藤原書店）ほか多数。

訳者紹介

加藤晴久（かとう・はるひさ）

1935年生まれ。東京大学，恵泉女学園大学名誉教授。仏語仏文学。訳書に，ファノン『黒い皮膚・白い仮面』（共訳）みすず書房，ブルデュー『市場独裁主義批判』藤原書店ほか。

パスカル的省察《てきしょうさつ》

2009年9月30日　初版第1刷発行 ©

訳　者　加　藤　晴　久

発行者　藤　原　良　雄

発行所　株式会社　藤　原　書　店

〒162-0041　東京都新宿区早稲田鶴巻町523

電　話　03（5272）0301

FAX　03（5272）0450

振　替　00160 - 4 - 17013

info@fujiwara-shoten.co.jp

印刷・製本　中央精版印刷

落丁本・乱丁本はお取替えいたします

定価はカバーに表示してあります

Printed in Japan

ISBN978-4-89434-701-4

超領域の人間学者、行動する世界的知識人

ピエール・ブルデュー (1930-2002)

「構造主義」と「主体の哲学」の二項対立をのりこえる全く新しい諸概念を駆使して、人文・社会科学のほとんどあらゆる分野を股にかけた「超領域の人間学」者。

コレージュ・ド・フランス教授の職務にとどまらず、社会学の共同研究はもちろん、自ら編集した雑誌『Actes』、自律的出版活動〈レゾン・ダジール〉、「ヨーロッパ社会運動協議会」の組織などを通して、世界的な知識人として行動。最晩年は反グローバリゼーションの国際社会運動をリードした。拡大された「資本」概念（文化資本）、〈場=界〉（champ）の概念をはじめ、人文・社会諸科学への影響は日増しに深まっている。

ネオリベラリズム批判

市場独裁主義批判

P・ブルデュー
加藤晴久訳＝解説

ピエール・ブルデュー監修〈**シリーズ・社会批判**〉第一弾。「市場」なるものが独裁者然と君臨するグローバリズムへの対抗戦術を呈示。最晩年のブルデューが世界各地で行なった、緊張感溢れる講演・政治的発言を集成。「市場派」エコノミストの詭弁をあばき、「幸福の経済学」を提唱する。

四六変並製　一九二頁　**一八〇〇円**
（二〇〇〇年七月刊）
◇978-4-89434-189-0

CONTRE-FEUX　Pierre BOURDIEU

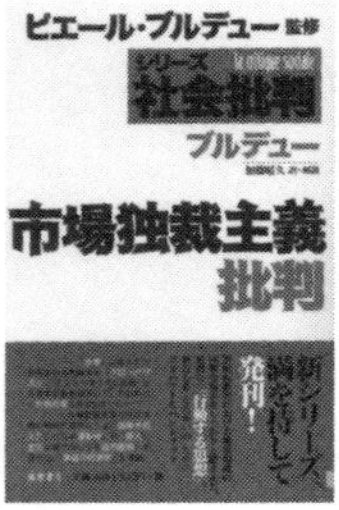

商業主義テレビ批判

メディア批判

P・ブルデュー
櫻本陽一訳＝解説

ピエール・ブルデュー監修〈**シリーズ・社会批判**〉第二弾。メディアの視聴率・部数至上主義によって瀕死の状態にある「学術・文化・芸術」を再生させるために必要な科学的分析と実践的行動を具体的に呈示。視聴者・読者は、いま消費者として「メディア批判」をいかになしうるか？

四六変並製　二一六頁　**一八〇〇円**
（二〇〇〇年七月刊）
◇978-4-89434-188-3

SUR LA TÉLÉVISION　Pierre BOURDIEU